विरोधी ताकतें

विरोधी ताकतें

अलडीवन टेक्सइरा टोर्रेस

GYAN

विरोधी ताकतें

ISBN : 978-81-212-1993-8

भारत में सन् 2020 में प्रकाशित
ज्ञान पब्लिशिंग हाऊस,
5, अंसारी रोड, दरियागंज,
नई दिल्ली-110002
Phone : 9811692060
ई-मेलः books@gyanbooks.com

मुद्रितः जी. प्रिंट प्रोसेस, दिल्ली

अनुक्रमणिका

“निष्ठा”

“सबसे पहले, परमेश्वर के लिए, वो निर्माता जिसके लिए सब कुछ जीवित रहता है; उन जीवन के शिक्षकों को जो हमेशा मुझे निर्देशित करते हैं; मेरे रिश्तेदारों को, हालांकि उन्होंने मुझे प्रोत्साहित नहीं किया; उन सभी को जो अभी तक अपने जीवन में “विरोधी ताकतों” से पुनर्मिलन नहीं कर पाए हैं।

सार

"विरोधी ताकतें" "दी सीर"" श्रृंखला की पहली पुस्तक है जिसमें मुख्य पात्रों के साथ दोहरी गतिशीलता है, दी सीर और उनके अविभाज्य साहसी साथी रेनाटो। इस पहले वॉल्यूम में, एकरसता से थक गए, दी सीर एक पर्वत की यात्रा करने का प्रस्ताव करता है जो वादा करता है कि वह पवित्र होगी, उसके सपने सच होने की उम्मीद के साथ। पर्वत पर चढ़ने के बाद, वह एक संरक्षक से मिलता है, जो प्राचीन ज्ञान से भरी होती है, जो उसके रास्ते पर उन्हें सहायता करने का वादा करती है। उनके द्वारा सहायता प्राप्त करने के बाद, वह तीन चुनौतियों का सामना करता है जो उसे वह पहचान दे सकें जिनकी निराशा की गुफा में प्रवेश करने के समय आवश्यकता होती है, वह जगह जहां असंभव संभव हो जाता है। वह प्रवेश करने का फैसला करता है। जालों के चलते और आगे बढ़ने वाले परिदृश्यों में, वह गुप्त कक्ष तक पहुंच जाता है जहां वह एक शक्तिशाली भेदक में बदल जाता है, जो कि अंतरिक्ष और समय की सीमाओं को पार करने में सक्षम होता है और दिल की गहरी इच्छाओं को समझता है। गुफा छोड़कर, वह संरक्षक को फिर से खोजता है, और लड़के रेनाटो के साथ एक मिशन पर भेजा जाता है जो कि और भी जटिल है। वहां उसे अन्याय का समाधान करना होगा, किसी को खुद को खोजने और असंतुलित "विरोधी ताकतों" के पुनर्मिलन में किसी की मदद करनी होगी। इस प्रकार उनका पहला महान साहसिक कार्य शुरू होता है जो उत्साह, रहस्य, रोमांस और नाटक का वादा करता है। क्या आपका

कोई सपना है? फिर इसे प्राप्त करने के लिए आवश्यक प्रमुख तत्वों को पढ़ें और खोजें। पढ़ने का आनंद लें!"

"स्वर्ग का राज्य उस मनुष्य की तरह है जो खेत में अच्छे बीज बोया है। एक रात जब सब सो रहे थे, तो उसका दुश्मन आया और गेहूँ के बीच में घास का बीज बोया, और भाग गया। जब गेहूँ बढ़ गया, और कान बनने लगे, तब घास दिखाई दिया। कर्मचारी मालिक की तलाश में थे, और उनसे कहा, "हे प्रभु, क्या तूने अपने खेत में अच्छा बीज नहीं बोया है? मालिक ने जवाब दिया: "'यह एक दुश्मन है जो उसने किया है।" कर्मचारियों ने पूछा: "क्या हम घास निकालेंगे?" मालिक ने जवाब दिया: "नहीं, यह हो सकता है कि घास को उखाड़ने पर, तुम गेहूँ भी उखाड़ लो। यह फसल तक एक साथ बढ़ेगी। और फसल काटने के समय मैं बोने वालों से कहूंगा: कि पहले घास काट लो और जलाए जाने के लिए बंडलों में बांधो। तब गेहूँ को मेरे खलिहान में इकट्ठा करो।" मैथ्यू 13: 24-30

परिचय

"विरोधी ताकतें" खुद को हम में से हर एक में मौजूद महान द्वंद पर काबू पाने के विकल्प के रूप में प्रस्तुत करती हैं। जीवन में कितनी बार हम उन परिस्थितियों का सामना करते हैं जिनमें दोनों विकल्प अनुकूल और प्रतिकूल परिस्थितियों के होते हैं और उनमें से एक को चुनने का कार्य ही सही बलिदान हो जाता है। हमें प्रतिबिंबित करने और ध्यान से सोचने के लिए सीखना चाहिए कि किस तरह सच्चे मार्ग का पालन किया जाना चाहिए और उस चुनाव के परिणाम क्या हैं। अंत में, हमें अपने जीवन में "विरोधी ताकतों" को इकट्ठा करने और फल पैदा करने की जरूरत है। इस प्रकार, हम एक बहुत ही वांछित खुशी प्राप्त कर सकते हैं।

पुस्तक के पहलू के लिए, हम कह सकते हैं कि जो यह रोना मैंने निराशा की गुफा में सुना है। यह रोना किताब में बताये गए सभी कारनामों का कारण था। मिशन पूरा हुआ, मुझे आशा है कि मैं अपने अंतिम लक्ष्य तक पहुंच गया हूँ जो सिर्फ एक व्यक्ति का सपना बनाना है। यह वही है जिसका मैं अभी भी प्रस्ताव देता हूँ क्योंकि हम हिंसा, क्रूरता और अन्याय से भरी दुनिया में रहते हैं। "विरोधी ताकतें" फिर कभी इसके प्रकाशन के बाद पहले के समान नहीं रहेंगी और मैं पाठकों के साथ एक नया जोखिम उठाने का इंतजार नहीं कर सकता जो भी ऐसा करने का इरादा रखते हैं।

लेखक

एक नया युग

पुस्तक प्रकाशित करने के असफल प्रयास के बाद, मुझे लगता है कि मेरी ताकत बहाल और मजबूत हो रही है। आखिरकार, मैं अपनी प्रतिभा में विश्वास करता हूँ और मुझे विश्वास है कि मैं अपने सपनों को पूरा करने जा रहा हूँ। मैंने सीखा है कि सब कुछ अपने समय में होता है और मेरा मानना है कि अपने लक्ष्यों को पूरा करने के लिए मैं खुद को परिपक्व मानता हूँ। हमेशा याद रखें: जब हम वास्तव में कुछ करना चाहते हैं तो यह दुनिया ऐसा करने के लिए साजिश करती है। इसी तरह मुझे लगता है: नई शक्ति के साथ, एक नजर पीछे डालते हैं। मैंने बहुत पहले पढ़ा था जो निश्चित रूप से मेरी संस्कृति और मेरे ज्ञान को समृद्ध करते थे। किताबें हमें वायुमंडल और ब्रह्मांड के अज्ञात स्थानों में लेकर जाती हैं। मुझे लगता है कि मुझे इस इतिहास का हिस्सा होना चाहिए, यह महान इतिहास साहित्य है। इससे कोई फर्क नहीं पड़ता अगर मैं गुमनाम रहा या एक महान लेखक बन गया जिसको दुनिया भर में मान्यता प्राप्त है। क्या महत्वपूर्ण है कि प्रत्येक व्यक्ति इस महान ब्रह्मांड को अपना क्या योगदान देता है?

मैं इस नए दृष्टिकोण से खुश हूँ और मैं एक महान यात्रा करने के लिए तैयार हूँ। यह यात्रा मेरे भाग्य को बदल देगी और उन लोगों के भाग्य भी बदलेगी जो इस किताब को धैर्यपूर्वक पढ़ सकते हैं। हम इस रोमांच में एक साथ चलते हैं।

तैयारियां

मैं अपने सूटकेस को अपनी व्यक्तिगत और अत्यंत महत्वपूर्ण वस्तुओं के साथ पैक करता हूँ: जैसे कुछ कपड़े, कुछ अच्छी किताबें, मेरा अविभाज्य क्रॉस और बाइबिल और लिखने के लिए कुछ कागज। मुझे लगता है कि इस यात्रा से मुझे बहुत प्रेरणा मिलेगी। कौन जानता है, शायद मैं इतिहास की अविस्मरणीय कहानी का लेखक बनूंगा। जाने से पहले, हालांकि, मुझे सभी को विदाई देनी होगी(विशेष रूप से मेरी मां को) वह अतिरंजनात्मक है और मुझे अच्छे कारण के बिना या कम से कम एक वचन के साथ जाने की इजाजत देगी कि मैं जल्द ही वापस आऊँगा। मुझे लगता है कि मुझे एक दिन आजाद पक्षी के रूप में उड़ जाना चाहिए, जिसने अपने पंख खुद बनाए हैं ... और उसे इसे समझना होगा, क्योंकि मैं उसके प्रति ही नहीं हूं, बल्कि मेरी जगह ब्रह्मांड में है जिसने कि बदले में मुझसे कुछ भी वापिस लिए बिना मेरा स्वागत किया है। यह ब्रह्मांड के लिए है कि मैंने अपनी भूमिका और प्रतिभा को विकसित करने के लिए एक लेखक बनने का निर्णय लिया है। जब मैं सड़क के अंत में आऊंगा और खुद का कुछ बना लूँगा तब मैं निर्माता के साथ झुकाव के साथ भोज करने के लिए तैयार रहूंगा और नई योजना सीखूंगा। मुझे यकीन है कि इसमें भी मेरी एक विशेष भूमिका होगी।

मैं अपने सूटकेस को पकड़ लेता हूँ और इसके साथ ही मेरे भीतर कष्ट पैदा होता है। प्रश्न मेरे मन को और परेशान करने के लिए आते हैं: यह यात्रा कैसी होगी? क्या अज्ञात खतरनाक हो सकता है? मुझे कौन

सी सावधानियां बरतनी चाहिए? मैं क्या जानता हूँ कि कौन सा विचार मेरे कैरियर को चिंतित करेगा और मैं इसे करने को तैयार हूँ। मैं अपने सूटकेस को (फिर से) जाने से पहले पकड़ता हूं, मैं अपने परिवार को अलविदा कहने की तलाश करता हूँ। मेरी मां रसोई में मेरी बहन के साथ दोपहर के भोजन की तैयारी कर रही है। मैं करीब गया और महत्वपूर्ण मुद्दे को संबोधित किया।

--इस बैग को देखिए? यह मेरा एकमात्र साथी होगा (पाठकों,,आप को छोड़कर) उस यात्रा में जो मैं करने के लिए तैयार हूँ। मुझे बुद्धि, ज्ञान और मेरे पेशे की खुशी की तलाश है। मुझे उम्मीद है कि मैंने जो निर्णय लिया है उसे आप दोनों समझते हैं और उसे स्वीकार करते हैं। आइए; मुझे गले लगाएं और शुभकामनाएं दें

ऊँऊँ--- मेरे बेटे, अपने लक्ष्यों को भूल जाओ क्योंकि वे हमारे जैसे गरीब लोगों के लिए असंभव हैं। मैंने हजार बार कहा है: तुम एक मूर्ति या और कुछ के समान नहीं होंगे। तुम एक महान व्यक्ति होने के लिए पैदा नहीं हुए थे- समझे: मेरी माँ जूलियटा ने कहा।

----- हमारी माँ की सुनो। वह जानती है कि वह क्या कह रही है और वो बिल्कुल सही है। आपका सपना असंभव है क्योंकि आपके पास प्रतिभा नहीं है। स्वीकार करें कि आपका मिशन सिर्फ एक सरल गणित शिक्षक होना है। मेरी बहन दलवा बोली, कि आप उस से कहीं ज्यादा आगे नहीं बढ़ेंगे।

----- तो फिर, कोई आलिंगन नहीं? तुम लोग क्यों नहीं मानते कि मैं सफल हो सकता हूं? मैं आपको विश्वास दिलाता हूँ: यहां तक कि अगर मैं अपने सपने को पूरा करने के लिए भुगतान करता हूँ तो मैं सफल रहूंगा क्योंकि एक महान व्यक्ति वह है जो खुद पर विश्वास करता है। मैं इस यात्रा को करूँगा और मुझे पता चल जाएगा कि सब कुछ वहाँ है। मैं खुश रहूंगा क्योंकि खुशी में पथ का अनुसरण करना शामिल है जो परमेश्वर हमारे चारों तरफ प्रकाश डालता है ताकि हम विजेता बनें।

यह कहने के बाद, मैं खुद को निश्चित रूप से दरवाजे की ओर ले जाता हूँ कि मैं इस यात्रा पर एक विजेता बनूँगा: यह यात्रा मुझे अज्ञात स्थलों में ले जाएगी।

पवित्र पर्वत

लंबे समय पहले, मैंने पेसकुएइरा के क्षेत्र में एक बहुत ही अजीब पर्वत के बारे में सुना था। यह ओरोरुबा पर्वत श्रृंखला (स्वदेशी नाम) का हिस्सा है जहां स्वदेशी क्सुकुरु(स्वदेशी) लोग रहते हैं। वे कहते हैं कि यह क्सुकुरु जनजातियों में से एक से एक रहस्यमय दवा आदमी की मौत के बाद पवित्र बन गया। यह किसी भी इच्छा को वास्तविकता में बनाने में सक्षम है, जब तक कि इरादा शुद्ध और ईमानदार हो। यह मेरी यात्रा का शुरुआती बिंदु है जिसका उद्देश्य असंभव को संभव बनाना है। पाठको क्या आप विश्वास करते हैं? फिर मेरे साथ रहें और व्याख्या पर विशेष ध्यान दें।

232 राजमार्ग के बाद, केंद्र से लगभग पंद्रह मील की दूरी पर पेसकुएइरा की नगर पालिका तक पहुंचने वाला मिमोसो पइसके जिलों में से एक है। हाल ही में बनाया गया एक आधुनिक पुल, मिमोसो और ओरोरुबा के पहाड़ों के बीच की जगह तक पहुंचा देता है, जो मिमोसो नदी से घिरी हुई है जो कि घाटी के नीचे जाती है। पवित्र पर्वत बिल्कुल इस बिंदु पर है और यही वह जगह है जहां मैं गाड़ी चला रहा हूँ।

पवित्र पर्वत जिले के बगल में स्थित है और थोड़े समय में मैं इसके नीचे पहुँच जाऊँगा। अज्ञात स्थितियों और घटनाओं की कल्पना करने के लिए मेरा मन अंतरिक्ष और दूर के समय के माध्यम से घूमता है। इस पर्वत पर चढ़ने के लिए मुझे क्या इंतजार है? ये निश्चित रूप से पुनरुद्धार और उत्तेजक अनुभव होंगे। पर्वत छोटे कद का है (2300 फीट) और प्रत्येक चरण के साथ मैं अधिक आत्मविश्वास और उम्मीद महसूस करता हूँ।

मैं अपने गहन अनुभवों को याद करता हूँ जिनके साथ मैं अपने छब्बीस वर्षों के दौरान जीवित रहा हूँ। इस संक्षिप्त अवधि में, ऐसी कई शानदार घटनाएं हुई जिससे मुझे विश्वास हो गया था कि मैं विशेष था। पाठको, धीरे-धीरे, मैं इन यादों को आपके साथ बिना किसी ग्लानि के साझा कर सकता हूँ। हालांकि, यह समय नहीं है। मैं अपनी सारी इच्छाओं की तलाश में पर्वत के मार्ग पर जाना जारी रखूंगा। यही मैं आशा करता हूँ और पहली बार थक गया हूँ। मैंने आधे रास्ते का सफर तय कर लिया है। मुझे शारीरिक थकावट नहीं लगती है, लेकिन अजीब आवाजों के कारण मुख्य रूप से मानसिक कारणों से मुझे वापस जाने के लिए कहा जा रहा है। वे काफी जोर देती हैं। हालांकि, मैं आसानी से हार नहीं मानने वाला हूँ। मैं हर चीज के लिए पर्वत की चोटी तक पहुंचना चाहता हूँ जो इसके लायक है। पर्वत मेरे लिए परिवर्तन की हवाओं के साथ सांस लेता है जो इसकी पवित्रता में विश्वास करते हैं। जब मैं वहां जाता हूँ, मुझे लगता है कि मुझे पता चल जाएगा कि उस रास्ते तक पहुंचने के लिए क्या करना है जो मुझे इस सफर के माध्यम से ले जाएगा जिसके लिए मैंने इतने लंबे समय तक इंतजार किया है। मैं अपने विश्वास और अपने लक्ष्यों को रखता हूँ क्योंकि मेरे पास एक ईश्वर है जो असंभव का ईश्वर है। चलो चलना जारी रखें।

मैं पहले से ही तीन चौथाई मार्ग पर चला गया हूँ लेकिन फिर भी मेरा आवाजों द्वारा पीछा किया जा रहा है। मैं कौन हूँ? मैं कहां जा रहा हूं? मुझे क्यों लगता है कि पर्वत पर अनुभव के बाद मेरा जीवन नाटकीय रूप से बदल जाएगा? आवाजों के अलावा, ऐसा लगता है कि मैं अकेले ही सड़क पर हूँ। क्या ऐसा हो सकता है कि अन्य लेखकों ने ऐसी ही चीज को पवित्र पथों से गुजरते हुए महसूस किया है? मुझे लगता है कि मेरा रहस्यवाद किसी भी अन्य के विपरीत होगा। मुझे जारी रखना होगा, मुझे सभी बाधाओं को दूर करना होगा और उनका सामना भी करना होगा। कांटे जो मेरे शरीर को चोट पहुँचाते हैं, वे मनुष्यों के लिए अत्यंत खतरनाक हैं। अगर मैं इस चढ़ाई के बाद बचता हूं, तो मैं पहले से ही अपने आप को एक विजेता मानता हूँ।

कदम से कदम चलते हुए मैं शीर्ष के करीब हूँ। मैं अब कुछ ही फुट दूर हूँ। मेरे शरीर से जो पसीना निकल रहा है वो ऐसा लगता है कि पर्वत की पवित्र खुशबू से भरा हुआ है। मैं थोड़ी देर के लिए रुका। क्या मेरे प्रियजन सोच रहे होंगे? खैर, वास्तव में अब कोई फर्क नहीं पड़ता है। फिलहाल, पर्वत की चोटी पर पहुंचने के लिए मुझे अपने बारे में सोचना है। मेरा भविष्य इस पर निर्भर करता है। बस कुछ और कदम और मैं शीर्ष पर पहुंच गया। फिलहाल एक ठंडी हवा चल रही है, पीड़ा से भरी हुई आवाजें मेरे तर्क को भ्रमित करती हैं और मुझे अच्छा नहीं लगता। चिल्लाने की आवाजें आती हैं:

--- वह सफल हुआ, उसे सम्मानित किया जाएगा! क्या वह योग्य भी है? उसने पूरे पर्वत पर चढ़ने का प्रबंधन कैसे किया? मैं उलझन में हूँ और चकरा रहा हूं; मुझे नहीं लगता कि मैं ठीक हूँ।

पक्षी रोते हैं, और सूर्य की किरणें अपनी संपूर्णता से मेरे चेहरे की तरफ मुड़ती हैं। मैं कहाँ हूँ? मुझे ऐसा लगता है जैसे कि मैं एक दिन पहले नशे में था। मैं उठने की कोशिश करता हूं, लेकिन एक हाथ मुझे रोकता है। मैं देखता हूँ कि मेरे बगल में एक मध्यम आयु वर्ग की, लाल बालों और सांवली त्वचा वाली महिला है।

--- तुम कौन हो? मेरे साथ क्या हुआ था? मेरे पूरे शरीर में दर्द है। मेरा दिमाग भ्रमित और अस्पष्ट लगता है। क्या इस सब का कारण पर्वत की चोटी पर आना है? मुझे लगता है कि मुझे अपने घर में रहना चाहिए था। मेरे सपनों ने मुझे इस बिंदु तक उकसाया। मैं धीरे-धीरे पर्वत पर चढ़ गया, एक बेहतर भविष्य की आशा से भरा और व्यक्तिगत विकास की ओर कुछ दिशा के साथ। हालांकि, मैं व्यावहारिक रूप से स्थानांतरित नहीं कर सकता। यह सब मुझे समझाओ, मैं तुम से प्रार्थना करता हूँ।

--- मैं पर्वत की संरक्षक हूँ मैं धरती की आत्मा हूँ जो कि यहां और वहाँ पर चलती है। मुझे यहां भेजा गया था क्योंकि आपने जीत प्राप्त की थी। क्या आप अपने सपने सच करना चाहते हैं? मैं तुम्हारी

मदद करना चाहूँगी, परमेश्वर के बच्चे! तुम्हारे लिए अभी भी कई चुनौतियां हैं। मैं तुम्हें तैयार करुँगी। डरो नहीं। तुम्हारे ईश्वर तुम्हारे साथ हैं थोड़ा आराम कर लो। तुम्हारी आवश्यकताओं को पूरा करने के लिए मैं भोजन और पानी के साथ वापस आऊँगी इस बीच में, आराम कर लो और ध्यान कर लो जैसे तुम हमेशा करते हो।

यह कहने के बाद, यह महिला मेरी दृष्टि से गायब हो गई। इस परेशान छवि ने मुझे और अधिक परेशान और संदेह से भरा छोड़ दिया। मुझे किन चुनौतियों का सामना करके उनसे जीतना होगा? इन चुनौतियों में क्या कदम शामिल हैं? पर्वत की चोटी वास्तव में बहुत शानदार और शांत जगह थी। ऊपरी ऊँचाई से, मिमोसो में घरों की छोटी जमावट देखी जा सकती है। यह एक पठार है जिसका पूरा पहाड़ी रास्ता हर तरफ से पौधों से भरा हुआ है। यह पवित्र स्थान, प्रकृति से अछूता है, क्या यह वास्तव में मेरी योजनाओं को पूरा करेगा? क्या यह मुझे मेरे प्रस्थान के समय मुझे एक लेखक बना देगा? केवल समय इन सवालों के जवाब दे सकता है।

चूंकि उस महिला को कुछ समय लग रहा था, इसलिए मैंने पर्वत की चोटी पर ध्यान लगाया। मैंने निम्नलिखित तकनीक का इस्तेमाल किया: सबसे पहले, मैंने अपने मन (किसी भी विचार से मुक्त) को साफ किया। मैंने अपने चारों ओर प्रकृति के साथ सद्भाव में आना शुरू किया, मानसिक रूप से पूरे स्थान पर विचार करना शुरू किया। वहां से, मैंने समझना शुरू किया कि मैं प्रकृति का हिस्सा हूँ और हम पूरी तरह से अलौकिकता के एक महान अनुष्ठान में जुड़े हुए हैं। मेरी चुप्पी माँ प्रकृति की चुप्पी है; मेरा रोना भी उसका रोना है; धीरे-धीरे, मैं उसकी इच्छाओं और आकांक्षाओं को महसूस करना शुरू कर देता हूं, और इसके विपरीत। मानव विनाश से बचने के लिए उसकी अपनी जिंदगी की वकालत करने में मेरी मदद करने के लिए उसका व्यथित रोना महसूस करता हूँ: वनों की कटाई, अत्यधिक खनन, शिकार और मछली पकड़ने, प्रदूषक गैसों के वातावरण में प्रदूषण और अन्य मानव अत्याचार। इसी तरह, वह मेरी बात सुनती है और मेरी सभी योजनाओं में मेरी सहायता करती है मेरे ध्यान करने के दौरान हम पूरी तरह से आलिंगन कर रहे हैं। सभी सद्भाव और

सहभागिता ने मुझे पूरी तरह से शांत और मेरी इच्छाओं पर केंद्रित कर दिया है। जब तक कुछ बदलता: मुझे वैसा ही स्पर्श महसूस हुआ जिसने मुझे एक बार जागृत किया था। मैंने अपनी आँखों को धीरे-धीरे खोला, और देखा कि मैं उसी महिला से सामंजस्य था जिसने खुद को पवित्र पर्वत का संरक्षक कहा था।

--- मैं देख रही हूँ कि आप ध्यान के रहस्य को समझते हैं। पर्वत ने आपको अपनी क्षमता का पता लगाने में मदद की है। आप कई तरह से बढ़ेंगे। इस प्रक्रिया के दौरान मैं आपकी मदद करूंगी। सबसे पहले, मैं आपसे कहती हूँ कि आप कुटिया बनाने के लिए छतरियों, स्लेट, रस्सी और लाइनों को ढूंढने के लिए प्रकृति की ओर मुड़ें और एक अलाव बनाने के लिए जलाऊ लकड़ी इक्कठा करें। रात नजदीक ही आ रही है और आपको अपने आप को क्रूर जानवरों से बचाने की आवश्यकता है। कल शुरु करके, मैं आपको जंगल के ज्ञान के बारे में सिखाऊंगी ताकि आप वास्तविक चुनौती को पार कर सकें: जो निराशा की गुफा है। केवल शुद्ध ह्रदय वाला ही अपने विश्लेषण की आग से बचता है। क्या आप अपने सपने सच करना चाहते हैं? फिर उनके लिए कीमत का भुगतान करें। ब्रह्मांड किसी को भी मुफ्त में नहीं देता है। यह हम हैं, जिन्हें सफलता हासिल करने के लिए योग्य बनना है। मेरा बेटे आपको इस सबक को सीखना चाहिए।

--- मै समझता हूँ। मैं उम्मीद करता हूँ कि मैं सब कुछ सीख जाऊँगा मुझे गुफा की चुनौती से मुकाबला करने की आवश्यकता है। मुझे नहीं पता कि यह क्या है लेकिन मुझे विश्वास है यदि मैं पर्वत पर विजय प्राप्त करता हूं, तो मैं गुफा में भी सफल रहूंगा। जब मैं जाऊँगा, मुझे लगता है कि मैं जीतने और सफलता हासिल करने के लिए तैयार रहूंगा।

--- रुको, इतने आत्मविश्वासी मत बनो। आप उस गुफा को नहीं जानते हैं जिसके बारे में मैं बात कर रही हूँ। पता है कि कई योद्धा पहले ही इसकी आग से परखे गए और नष्ट हो गए। गुफा किसी को दया नहीं दिखाती है, यहां तक सपने देखने वालों को भी नहीं।

धैर्य रखो और जो कुछ मैं आपको सिखाऊंगी वह सब सीखो। इस प्रकार, आप एक असली विजेता बन जाएंगे। याद रखें: आत्मविश्वास तो मदद करता है, लेकिन सही मात्रा के साथ ही।

--- मै समझता हूँ। आपकी सभी सलाह के लिए धन्यवाद। मैं आपसे वादा करता हूँ कि मैं अंत तक इस का पालन करूंगा। जब संदेह की निराशा मुझे फेंकेगी तो मैं अपने आप को आपके शब्दों की याद दिलाऊंगा और स्वयं को याद दिलाऊंगा कि मेरे ईश्वर हमेशा मुझे बचाएंगे। जब आत्मा की अंधेरी रात में कोई बच नहीं पाता तो भी मैं डरूंगा नहीं। मैं निराशा की गुफा को हरा दूंगा, उस गुफा को जहाँ से कोई नहीं बच पाया!

महिला ने अलविदा कहा कि और अगले दिन शांतिपूर्ण वापसी का वादा किया।

झोंपड़ी

एक नया दिन प्रकट होता है। पक्षी सीटी बजाते हैं और अपनी धुन में गाते हैं। हवा पूर्वोत्तर है और वर्षा के इस समय उष्णता से उगते सूरज को ताजा करती है। वर्तमान में, यह दिसंबर है और मेरे लिए यह महीने के सबसे सुंदर महीनों में से एक है क्योंकि यह स्कूल की छुट्टीयों की शुरुआत है। यह गणित के एक कॉलेज पाठ्यक्रम में पढ़ाई के लिए समर्पित एक लंबे वर्ष के बाद एक अच्छा और योग्य ब्रेक है; जिस समय आप सभी इनटीग्रल्स, डेरिवेटिवज और पोलर कोअरडीनेट्स को भूल सकते हैं। अब मुझे उन सभी चुनौतियों के बारे में चिंता करने की आवश्यकता है जो जीवन मुझ पर डाल देगा। मेरे सपने इस पर निर्भर हैं। मेरी पीठ में दर्द हो रहा है क्यूंकि में रात को धरती पर ही सोया था, जो मैंने बिस्तर के रूप में तैयार की थी। जिस अविश्वसनीय प्रयास के साथ मैंने झोंपड़ी बनाई थी और जो आग मैंने रोशन की, वह मुझे रात में एक निश्चित सुरक्षा प्रदान करती थी। हालांकि, मैंने गर्जना और पैरों की आवाज को बाहर सुना। मेरे सपने मुझे कहाँ ले गए? इसका जवाब है कि दुनिया के अंत तक जहां सभ्यता अभी तक नहीं आई है। पाठको, आप क्या करेंगे,? क्या आप भी अपने गहरे सपने को सच करने के लिए एक यात्रा का जोखिम उठा सकते हैं? चलो कहानी जारी रखें।

अपने विचारों और प्रश्नों में लिपटा, मैंने महसूस किया कि मेरे बगल में, वह अजीब औरत थी जो मेरे रास्ते में मेरी मदद करने का वादा करती थी।

–क्या तुम्हे अच्छी नींद आई?

– अगर अच्छी तरह से मतलब है कि मैं अभी भी पूर्ण हूं, हाँ

– सब कुछ से पहले, मुझे तुम्हें चेतावनी देनी चाहिए कि तुम जिस जमीन पर चल रहे हो वह पवित्र है। इसलिए, उपस्थिति द्वारा या लालसा से गुमराह न होना। आज तुम्हारी पहली चुनौती है। मैं तुम्हारे लिए और अधिक भोजन या पानी नहीं लाऊंगी। तुम्हे उसे अपने आप ढूँढना होगा। सभी स्थितियों में अपने दिल का पालन करना। तुम्हें यह साबित करना होगा कि तुम योग्य हो।

–इस झाडी के नीचे भोजन और पानी है और मुझे इसे इकट्ठा करना चाहिए? देखो, मैडम, मैं एक सुपरमार्केट में शॉपिंग करने का आदी हूँ। इस केबिन को देखिए? ये मेरे पसीने और आँसुओं की कीमत है और फिर भी मुझे नहीं लगता कि यह सुरक्षित है। तुम मुझे मेरी आवश्यकतानुसार उपहार क्यों नहीं देती? मुझे लगता है कि जब मैं उस पर्वत पर चढ़ गया: मैंने अपने आप को इसके योग्य सिद्ध करके दिखाया है।

– भोजन और पानी को तलाशो। पर्वत तुम्हारी आध्यात्मिक सुधार की प्रक्रिया में केवल एक कदम है। तुम अभी भी तैयार नहीं हो। मुझे तुमको याद दिलाना होगा कि मैं उपहार नहीं देती हूँ। मेरे पास ऐसा करने की कोई शक्ति नहीं है मैं केवल वह तीर हूँ जो पथ दर्शाता है। ये गुफा ही है जो तुम्हारी इच्छाओं का अनुदान देती है। इसे निराशा की गुफा कहा जाता है जिनके सपने असंभव हो गए हैं उनके द्वारा इसकी मांग की जाती है।

–मैं कोशिश करने जा रहा हूँ। मेरे पास खोने के लिए और कुछ नहीं है। गुफा मेरी सफलता की आखिरी उम्मीद है।

यह कहते हुए, मैं उठा और पहली चुनौती का सामना शुरू किया और स्त्री धुएँ की तरह गायब हो गई।

पहली चुनौती

पहली नजर में मैंने देखा कि मेरे सामने कुछ अलग सा है। मैंने चलना प्रारम्भ किया। एक कांटो से भरे उपवन में बेहतर यही होगा कि पथ पर आगे बढ़ते रहें। ऐसा लग रहा था कि जिन पत्थरों पर चलते हुए मै आगे बढ़ रहा हूँ वो मुझसे कुछ कहना चाहते हैं। क्या यह हो सकता है कि मैं सही पथ पर हूँ ? मैं उन सब चीजों के बारे में सोचता हूँ जिनको मैंने अपने सपनों की खोज में पीछे छोड़ दिया: घर, खाना, अच्छे कपड़े और वो मेरी गणित की किताब। क्या यह इस सब के लायक है? मुझे लगता है मैं पता लगा लूँगा। (समय बता देगा)। लगता है उस अजीब सी औरत ने मुझे सब कुछ नहीं बताया। जितना ज्यादा मै चलता हूँ, मुझे उतना ही कम मिलता है। अब जब मैं यहाँ पहुँच गया हूँ तो यह चोटी उतनी बड़ी नहीं लगती। एक प्रकाश, मुझे आगे एक प्रकाश दिखाई दे रहा है। मुझे वहाँ जाना चाहिए। मैं एक बड़ी सी जगह आ पहुँचा जहाँ सूर्य की किरणें पहाड़ के रूप को प्रतिबिंबित कर रही है। पथ अब समाप्ती की ओर आ गया है और दो अलग-अलग पथ में बंट गया है। अब मैं क्या करूँ? मैं घंटो से चले जा रहा हूँ और मेरी ताकत खत्म हो गई है। मैं सुस्ताने के लिये बैठता हूँ। दो रास्ते और दो विकल्प। जिंदगी में हम कितनी बार ऐसी परिस्थितियों का सामना करते है: एक व्यवसायी, जिसे कंपनी के भविष्य या कुछ कर्मचारियों को निकालने में से किसी एक को चुनना होता है; ब्राजील के उत्तरपूर्वी इलाके के ग्रामीण आंचल में बसने वाली माँ को कौन से बच्चे को खाना खिलाए ये चुनना है; एक विश्वासघाती पति जिसे अपनी पत्नी और रखैल में से एक को चुनना है; खैर, जीवन में ऐसे बहुत सी अलग-अलग परिस्थतियां होती है। मेरे

चुनाव में फायदेमंद होगा कि महिला की सिफारिश के अनुसार मैं अपने अंतर्ज्ञान का पालन करूँ।

मैं उठता हूँ और दाई तरफ वाले रास्ते का चुनाव करता हूँ। मैं उस पर आगे बढ़ता हूँ और मुझे फिर एक बात समझ आने में ज्यादा वक्त नहीं लगता। इस बार, मैं एक तालाब देखता हूँ और उसके आस-पास जीव-जंतु। वो उस स्वच्छ और साफ पानी से अपनी ताप बुझा रहे हैं। मैं अब आगे कैसे बढ़ूँ। मैंने आखिरकार पानी तो ढूंढ लिया लेकिन यह तो जंतुओं से घिरा हुआ है। मैंने अपने हृदय को समझाया कि हर किसी को पानी का अधिकार है। मैं यूँ ही उन्हें भगा नहीं सकता और उन्हें इससे वंचित नहीं कर सकता। प्रकृति लोगों को जीने यापन के लिए प्रचुर मात्रा में संसाधन उपलब्ध कराती है। लेकिन मैं उन धागों में से हूँ जो अपना जाल खुद बुनता है। मैं उस बिंदु से बेहतर नहीं हूँ जो कि मैं खुद को इसका स्वामी मानता हूँ। मैं अपने हाथों से पानी लेता हूँ और इसे घर से लाई हुई छोटी सुराही (बोतल) में डाल देता हूँ। चुनौती का पहला चरण मिल गया। अब मुझे खाने की तलाश करनी चाहिये।

मैं रास्ते पर चलता गया, इस उम्मीद में कि मुझे कुछ खाने को मिल जाए। अब जबकि दोपहर भी बीत गई है, मेरे पेट में भूख बढ़ती है। मैं रास्ते के दोनों तरफ देखता हूँ। पर लगता है खाना जंगल में ही है। हम प्रायः आसान रास्ते की तलाश करते हैं लेकिन यह वह रास्ता नहीं होता जो सफलता कि ओर ले जाए? (हर वो पर्वतारोही जो पथ पर आगे बढ़ते हुए पहाड़ पर चढ़ता है वो प्रथम पर्वतारोही नहीं होता जो पहाड़ की चोटी पर पहुंचा हो) छोटे रास्ते आपको अपने लक्ष्य तक जल्दी पहुँचाते हैं। इस सोच के साथ कि कुछ वक्त के बाद मैं यह रास्ता छोड़ दूंगा और जल्द ही मुझे केले तथा नारियल के पेड़ मिल जायेंगे, और मैं उन्हें अपना खाना बना लूंगा। मुझे उसी शक्ति और भरोसे के साथ उन पेड़ों पर चढ़ना होगा जिस भरोसे और शक्ति के साथ मैं इस पर पहाड़ चढ़ा हूँ। मैं एक बार प्रयत्न करता हूँ, दो बार करता हूँ, तीन बार करता हूँ और सफल हो जाता हूँ। मैं अपनी झोपड़ी में वापस जाता हूँ क्योंकि मैंने अपनी पहली चुनौती पूरी कर ली है।

दूसरी चुनौती

जैसे ही मैं अपनी झोंपड़ी में पहुँचा मैंने देखा कि पहाड़ों की संरक्षक पहले से भी अधिक शानदार लग रही थी। उसकी आँखे मेरे से कभी दूर नहीं हुई थी। मुझे लगता है मैं परमेश्वर के लिए कुछ खास हूँ। मैं उनकी मौजूदगी हमेशा महसूस कर सकता हूँ। वो मुझे हर तरह से पुनः जीवित कर देते हैं। जब मैं बेरोजगार था, उन्होंने मेरे लिए दरवाजा खोला, जब मेरे पास पेशेवर तरीके से ऊँचा उठने के लिए पर्याप्त मौके नहीं थे, उन्होंने मुझे नया रास्ता दिखाया, मुसीबत के समय में, मुझे शैतान के बंधनों से मुक्त किया। कुछ भी हो, लेकिन उस अंजान औरत से अनुमोदन उस आदमी की याद दिलाता है जो मैं कुछ देर पहले था। मेरा तात्कालिक लक्ष्य था कि मैं उन बाधाओं की परवाह किये बिना जिन्हें मुझे पार करना है, जीत जाऊं।

–तो तुमने पहली चुनौती जीत ली। मै तुम्हे मुबारकबाद देती हूँ (औरत ने कहा)। पहली चुनौती का उद्देश्य था कि अपनी बुद्धिमता तथा अपनी निर्णय लेने तथा बॉटने की क्षमता का पता लगाना। दो रास्ते "विरोधी ताकतों" का प्रतिनिधित्व करते हैं (अच्छा और बुरा)। इंसान दोनों में से कोई भी रास्ता चुनने के लिए मुक्त हैं। अगर कोई दाईं तरफ वाला रास्ता चुनता है तो वह जिन्दगी के हर पल में स्वर्गदूतों द्वारा मदद पायेगा। वो वही रास्ता था जो तुमने चुना। जो भी हो, वो आसान रास्ता नहीं है। प्रायः बहुत से शंकायें आपको घेरेंगी और आपको सोचने पर मजबूर करेंगी कि क्या यह रास्ता उस लायक

है। दुनिया के लोग हमेशा धोखा देने वाले होंगे और हमेशा आपकी सद्‌भावना का फायदा उठाएंगे और तो और जो विश्वास आप लोगों पर रखेंगे वो हमेशा आपको दुखी कर देगा। जब भी आप उदास हों, याद रखें: आपके परमेश्वर ताकतवर हैं और वो आपको कभी नहीं छोडेंगे। कोई अमीरी या कोई लालच आपके हृदय को दु:ख ना पंहुचा सकें। आप खास हो और आपकी कीमत की वजह से परमेश्वर ने आपको अपना बेटा माना है। कभी इस अनुग्रह से गिरना नहीं। बाईं ओर जो रास्ता है वो हर उस मानव के लिए है जिन्होंने परमेश्वर की पुकार का विद्रोह किया। हम सब दिव्य कार्य को करने के लिए पैदा हुए है। हांलाँकि हम में से कुछ लोग भौतिकवाद, बुरे प्रभाव और हृदय की खोट के कारण इससे भटक जाते है। जो उस बाएँ रास्ते को चुनते हैं वो लोग अच्छे भविष्य की प्राप्ति नहीं करते, जीसस ने हमे सिखाया है: हर वो पेड़ जो फल नहीं देता वो जड़ समेत उखाड़ा जायेगा और बाहर अँधेरे में फेंक दिया जाएगा। बुरे लोगों की यही किस्मत है क्योंकि परमेश्वर न्यायोचित है। वह समय जब तुम्हें तालाब मिला था और वो दयावान जानवर, दिल ने जोरों से कहा। इसकी हमेशा सुनो और तुम बहुत आगे जाओगे। अपनी चीजों को उस समय बाँटने का उपहार था कि आपका आध्यात्मिक विकास आश्चर्यजनक था। जो बुद्धिमता आपके पास थी उसने आपका खाना ढूंढने में मदद की। सबसे आसान पथ हमेशा वो नहीं होता कि हमेशा सही रास्ते का अनुसरण करें। मुझे लगता है कि तुम अब दूसरी चुनौती के लिए तैयार हो गए हो। तीन दिनों में तुम अपने झोंपड़ी से बाहर निकलोगे और तथ्य की खोज करोगे। अपने विवेक से काम लो। अगर तुम सफल हुए तो तुम तीसरी और आखरी चुनौती पर पहुँच जाओगे।

– हमेशा मेरे साथ रहने के लिए धन्यवाद। मुझे नहीं पता कि गुफा में मेरा क्या इंतजार कर रहा है और ना जाने क्या होगा। आपका योगदान मेरे लिए बहुत ही महत्वपूर्ण है। अब जब मैं पहाड़ चढ़ चुका हूँ मुझे लग रहा है कि मेरी जिन्दगी बदल गई है। अब मैं ज्यादा

आत्मविश्वासी और शांत हूँ कि मुझे क्या चाहिये। मै दूसरी चुनौती पूरी कर लूंगा।

– बहुत अच्छे। अब मैं तुम्हे तीन दिन बाद मिलूंगी।

यह कहने के बाद औरत फिर से गायब हो गई। मुझे कीड़ों, मकोड़ों तथा मच्छरों और शाम की शान्ति के साथ अकेला छोड़ गई।

पहाड़ों का भूत

पहाड़ों में रात हुई। मैंने आग जलाई और इसकी चमक ने मेरे दिल को शांति पहुंचाई। मुझे पहाड़ में चढ़े अब दो दिन हो चुके हैं पर अब भी ये मुझे किसी अनजान की तरह लगते हैं। मेरे विचार विचरित हुए और मेरे बचपन में जा के रुके: हँसी मजाक, डर, घटनाएँ। मुझे याद है जिस दिन मैं एक भारतीय वेश भूषा में तैयार हुआ था: धनुष, बाण, और कुल्हाड़ी के साथ। मैं उस पहाड़ पर था जो पवित्र था क्योंकि इस पहाड़ पर रहस्यवादी स्वदेशी आदमी की मृत्यु हुई थी (जनजाति के वैद्य)। मुझे कुछ और सोचना होगा क्योंकि डर की वजह से मेरी आत्मा ठंडी पड़ रही है। मेरी झोंपड़ी के आस पास बहुत ही जोरदार आवाजें हो रही है और मुझे पता नहीं ये क्या और कौन है। कोई कैसे ऐसे समय पर अपने डर पर काबू पा सकता है? पाठक मुझे बताएं क्योंकि मुझे नहीं पता। पहाड़ से मैं अब भी अंजान हूँ।

आवाज मेरे नजदीक आती जा रही है लेकिन मेरे पास भाग जाने के लिए कोई जगह नहीं है। झोंपड़ी को छोड़ना बेवकूफी होगी क्योंकि मैंने ऐसा किया तो मैं क्रूर जानवरों का शिकार बन जाऊँगा। जो भी है मुझे सहना पड़ेगा। आवाज बंद होती है और एक रोशनी दिखाई पड़ती है। ये मुझे और डराती है। थोड़ी हिम्मत करके मै पूछता हूँ:

– परमेश्वर के नाम पर, कौन है वहाँ पर?

एक आवाज, अस्पष्ट झंकार के साथ कहती है:

– मैं एक साहसिक योद्धा हूँ जिसने निराशा की गुफा को तबाह कर दिया है अपने सपनों को छोड़ दो वरना तुम्हारी भी यही किस्मत होगी। मैं एक छोटा सा, स्वदेशी आदमी हूँ जो क्सुकुरु देश के एक गाँव का रहने वाला हूँ। मैं अपनी जाति का मुख्य प्रधान बनना चाहता था और सिंह से भी ताकतवर होना चाहता था। मैंने पहाड़ों के संरक्षक द्वारा दी गई तीन चुनौतियां जीत ली थीं। लेकिन, गुफा में घुसने के बाद, मैं उसकी आग द्वारा निगल लिया गया था जिसने मेरे दिल तथा लक्ष्य को चकनाचूर कर दिया था। आज मेरी आत्मा भटकती है और ना-उम्मीदी से इस पहाड़ में फंस गई है। मेरी बात सुनो वरना तुम्हें भी यही भुगतना पड़ेगा।

मेरी आवाज कुछ देर के लिए रुक गई और मैं उस सताई हुई आत्मा को कुछ प्रतिक्रिया नहीं दे पाया। उसने अपना मकान, खाना, घर जैसा माहौल सब पीछे छोड़ दिया था। मेरी अभी गुफा में दो चुनौतियाँ बाकी थीं, वह गुफा जो असम्भव को भी संभव कर दे। जल्दी से मैं अपने सपनों को नहीं छोडूंगा।

– परम योद्धा, सुनो मेरी बात। ये गुफा छोटे-मोटे चमत्कार नहीं करती। अगर मैं यहाँ हूँ तो किसी महान कारण की वजह से हूँ। मैं भौतिक वस्तुओं की परिकल्पना नहीं करता। मेरे सपने उससे ऊपर हैं। मैं अपने आपको पेशेवर तथा आध्यत्मिक रूप से विकसित करना चाहता हूँ। संक्षेप में कहें तो मैं वह करना चाहता हूँ जिसको करके मुझे खुशी मिलती है, जिम्मेदारी से पैसे कमाना चाहता हूँ और अपनी प्रतिभा के योगदान से एक बेहतर सृष्टि बनाना चाहता हूँ। मैं अपने सपनों के लिए इतनी जल्दी हार नहीं मान रहा।

भूत ने कहा:

–क्या तुम गुफा और उसके जाल के बारे में जानते हो? तुम कुछ भी नहीं लेकिन एक कमजोर जवान आदमी हो जो रास्ते में आने वाले (जिस पथ पर आगे बढ़ रहे हो) असीम खतरों से अंजान हो। वो संरक्षक एक मायावी है जो तुम्हे बहका रही है। वो तुम्हें बर्बाद कर देना चाहती है।

भूत के बहुत की हठ ने मुझे परेशान कर दिया। क्या वह मुझे जानता था, संयोग से? परमेश्वर अपनी दया से मुझे असफल नहीं होने देंगे। परमेश्वर और कुंवारी मैरी हमेशा मेरी तरफ रहे हैं। इस का सबूत मेरे पूरे जीवन में कुंवारी की आत्मीयता थी।। "vision of a medium" में (एक किताब जो मैंने अभी तक प्रकाशित नहीं की) एक दृश्य है जहाँ पर मैं एक भवन की मेज पर बैठा हुआ हूं, जहाँ हवाएं और पक्षी मुझे उत्तेजित कर रहे हैं, और मैं दुनिया और जिन्दगी की गहन सोच में डूबा हुआ हूँ। अचानक से, एक औरत की छाया दिखाई पड़ी जिसने मुझसे पूछाः

–क्या तुम परमेश्वर में भरोसा करते हो, मेरे पुत्र?

मैंने तुरंत जवाब दियाः

– निश्चित ही और अपनी सभी चीजों के साथ।

तुरंत ही उसने अपने हाथ को मेरे सर पर रखा और प्रार्थना कीः

– प्रभुता के परमेश्वर तुम्हें जीवन में रौशनी और उपहार प्रदान करें।

यह कहकर वह चली गई, और जब मुझे इसका अहसास हुआ, वो तब तक जा चुकी थी। वह गायब हो गई थी।

वह कुंवारी मैरी का मेरी जिंदगी में पहला दर्शन था। फिर से वह मेरे पास भिखारी के भेष में छुट्टा मांगने आई। उसने कहा कि वह किसान है और अब भी काम करती है। तत्परता से, जो भी सिक्के मेरी जेब में थे मैंने उसे दे दिए। पैसे मिलने के बाद उसने मुझे धन्यवाद कहा और जब तक मुझे यह पता चलता वह गायब हो गई थी। उस समय, पहाड़ों में, मुझे तनिक भी शंका नहीं थी कि परमेश्वर मुझसे प्यार करते हैं और मेरी तरफ हैं। इसीलिए मैंने भूत से रुखेपन से बात की।

– मैं तुम्हारी सलाह को नहीं सुनूँगा। चले जाओ, मुझे अपनी सीमायें तथा भरोसे का पता है। दूर जाओ, एक घर या कोई और जगह पर जाओ। मुझे अकेला छोड़ दो।

रौशनी चली गई और मैंने जाते हुए कदमों की आवाज सुनी जो झोंपड़ी से दूर जा रहे थे। मै भूत से मुक्त था।

डी-डे

दूसरी चुनौती के बाद से तीन दिन बीत चुके थे। वह शुक्रवार का दिन था, साफ, प्रकाशित और रोशनीपूर्ण। मैं क्षितिज पर विचार कर रहा था जब वह अजीब औरत मेरे समीप पहुँची।

– *क्या तुम तैयार हो? कोई भी अनहोनी घटना के लिए तैयार रहो तथा अपने सिद्धान्तों के अनुसार काम करो। यह तुम्हारी दूसरी परीक्षा है।*

– *ठीक है, मै तीन दिनों से इस घड़ी का इंतजार कर रहा था, मुझे लगता है मैं तैयार हूँ।*

जल्दी से मैं उस रास्ते के पास पहुंच गया जो मुझे जंगल ले जाता है। मेरे पैर बिलकुल संगीतमय ताल से चले। असल में यह दूसरी चुनौती क्या थी? चिंता ने मुझे अपने बस में कर लिया और मेरे पैर उस अंजान वस्तु की तलाश में गतिमान हो गए। बिलकुल सामने एक रास्ता उभरा जो विभाजित और अलग होता था। जब मैं वहां पंहुचा, तो मेरे लिये यह आश्चर्यजनक था कि वह विभाजन चला गया था और मैं उसकी जगह सामने के दृश्य को देख रहा था: एक लड़का, एक जवान के द्वारा घसीटा जा रहा है और जोर-जोर से रो रहा है। अन्याय के भाव की भावनाएं मुझ पर हावी हो गई और इसलिए मैंने कहा:

– *बच्चे को जाने दो, वह तुमसे छोटा है और खुद को बचा भी नहीं सकता।*

– मैं नहीं जाने दूंगा। मैं ऐसा इसलिए कर रहा हूँ इसके साथ क्योंकि यह काम नहीं करना चाहता।

– जानवर कहीं के। बच्चों को काम नहीं करना पड़ता। उन्हें पढ़ाई करनी चाहिए और शिक्षित बनना चाहिये। उसे छोड़ दो!

– इसको कौन छुड़ाएगा, तुम?

मै हिंसा के सख्त खिलाफ हूँ लेकिन इस समय मेरे दिल ने कहा कि मुझे इस शैतान से लड़ना चाहिये। बच्चा छूटना ही चाहिये।

आराम से मैंने बच्चे को उस शैतान से अलग किया और उस आदमी को मारने लगा। उसने भी हरकत की और मुझे कुछ घूंसे मारे। उसमे से एक मुझे बहुत पास से लगा। दुनिया शिथिल हो गई और एक ताकतवर मर्मज्ञ हवा ने मुझे पूरी तरह झकझोर कर रख दिया: सफेद और नीले आसमान ने स्वफिट पक्षियों के साथ मेरे दिमाग में घुसपैठ कर दी। एक पल में ऐसा लग रहा था कि मेरे पूरा शरीर हवा में तैर रहा है। बड़ी दूर से एक आवाज ने पुकारा। दूसरे पल में ऐसा था कि मैं दरवाजों से गुजर रहा हूँ, जैसे एक के बाद एक बाधाओं में से। दरवाजे अच्छे से बंद थे और उन्हें खोलने के लिये एक बहुत जोर की ताकत की जरूरत पड़ी। हर दरवाजा क्रमशः या तो किसी बरामदे में या फिर किसी पुण्यस्थान पर पहुँचने में मदद करता था। पहले बरामदे में मैंने पाया कि कुछ जवान लोग सफेद कपडे पहने हुए, टेबल के चारों तरफ इकट्ठे हुए हैं जिसमे बीच में खुली हुई बाइबिल रखी है। ये वही थे जो कुंवारी द्वारा भविष्य की दुनिया में राज करने के लिए चुने गए थे। एक ताकत ने मुझे उस कमरे से बाहर धक्का दिया और मैंने दूसरा दरवाजा खोला और मैं पहले पुण्यस्थान पर पहुँच गया। वेदी के किनारे, अगरबत्तियां ब्राजील के कमजोर लोगों के निवेदन के साथ जल रहीं थी। दाई तरफ, एक पंडित जोर से प्रार्थना कर रहा था और अचानक से दोहराना शुरू कर दिया: द्रष्टा! द्रष्टा! द्रष्टा! उसके बगल में दो औरतें सफदे कपड़ों में थी। जिस पर लिखा था: संभव सपना। हर चीज काली होने लगी, जब मैं होश में आया तो मुझे बहुत जोर से खींचा जा रहा था इतनी तीव्रता से कि मुझे थोड़ा चक्कर आ

गया। अब मैंने तीसरा दरवाजा खोला और पाया कि कुछ लोग मिलकर बैठक कर रहे है: एक पादरी, एक पंडित, एक बौद्ध, एक मुस्लिम, एक अध्यात्मवादी, एक यहूदी और एक अफ्रीकन धर्मो का प्रतिनिधि। वो लोग एक गोल घेरा बनाकर खड़े हुए थे और बीच में आग जल रही थी और लपटें नाम को उल्लेखित कर रही थी, "लोगो का संघ और परमेश्वर तक रास्ता" आखिर में उन्होंने मेरे साथ आलिंगन किया और मुझे समूह में सम्मिलित किया। आग मध्य से हट गई और मेरे हाथों पर आ गई और शब्द लिखे "शिक्षुता"। आग पूर्ण रूप से रौशनी थी और जल नहीं रही थी। समूह टूट गया, आग चली गई और दोबारा मुझे कमरे से धक्का दे दिया गया जहाँ मैंने चौथा दरवाजा खोला। दूसरा पुण्यस्थान पूरी तरह खाली था और मैं वेदी की तरफ बढ़ा। मैं समृद्ध धार्मिक अनुष्ठान के लिये श्रद्धा में घुटनों के बल बैठ गया, एक कागज जो जमीन पर पड़ा था उसे उठाया और अपनी मुराद लिख दी। मैंने कागज मोड़ा और तस्वीर के चरणों पर रख दिया। वह आवाज जो बहुत दूर थी अचानक से साफ और सटीक हो गई। मैंने पुण्यस्थान छोड़ दिया, दरवाजा खोला और आखिकार उठ गया। मेरे बगल में पहाड़ों की संरक्षक थी।

– तो तुम उठ गए। मुबारक हो! तुमने चुनौती जीत ली है। दूसरी चुनौती का उद्देश्य खुद की क्षमता तथा कार्य की खोज करना था। दो रास्ते जो "विरोधी ताकतों" का प्रतिनिधित्व कर रहे थे वो अब एक हो गए हैं। इसका मतलब है कि तुम्हे दाएं तरफ के रास्ते पर चलना होगा उस ज्ञान को बिना भूले जो तुम्हे बाईं तरफ चलने पर मिलेगा। तुम्हारे रवैये ने उस बच्चे की जान बचायी इसके बावजूद कि उसे इसकी कोई जरुरत नहीं थी। वह पूरा दृश्य मेरे द्वारा तुम्हारे दिमाग का मूल्यांकन करने के लिये रचित खेल था। तुमने सही कदम उठाया। बहुत से लोग जब अन्याय होते देखते हैं तो उसमें दखलंदाजी नहीं करते। ऐसी चूक एक जघन्य अपराध है और वह आदमी अपराध का साथी बन जाता है। तुमने अपने आप को झोंक दिया जैसे कि जीसस क्राइस्ट ने किया था। यह वह सीख है जो तुम्हारे साथ जिंदगी भर रहेगी।

–मुझे मुबारकबाद देने के लिए धन्यवाद। मैं हमेशा उन लोगों के साथ खड़ा होऊंगा जो अपवर्जित है। मैंने जो आध्यात्मिक अनुभव किया वह मेरे लिए पहेली है। उसका क्या मतलब है? क्या आप मुझे समझा सकती हैं?

–हम सब के पास वह क्षमता है कि हम विचारों के द्वारा दूसरी दुनिया को समझ सकते हैं। यह है, जिसे सूक्ष्म यात्रा कहा जाता है। यहाँ इस मुद्दे से सम्बंधित कुछ विशेषज्ञ हैं। जो तुमने देखा वो तुम्हारे या किसी दूसरे के भविष्य से सम्बंधित है, आपको नहीं पता।

–मैं समझता हूँ। मैं पहाड़ चढ़ गया, पहले दो चुनैतियां भी पूरी कर लीं और मै आध्यात्मिक रूप से विकसित हो रहा होऊंगा। मुझे लगता है जल्द ही मैं निराशा की गुफा का सामना करने के लिए तैयार हो जाऊँगा। वह गुफा जहाँ चमतकार होते हैं तथा सपने और प्रगाढ़ हो जाते हैं।

–तुम्हे तीसरी चुनौती करनी होगी और वह क्या है मैं कल बताऊंगी। निर्देशों का इंतजार करो।

–जी। मैं बड़ी ही व्याकुलता से उसका इंतजार करूँगा। जैसा कि आप मुझे कहती हैं, परमेश्वर का पुत्र, वह अब बहुत भूखा है और अपने लिए सूप बनायेगा, आप आमंत्रित हैं।

–बहुत अच्छे। मुझे सूप बहुत पसंद है। इसे मैं तुम्हे अच्छे से जानने के मौके के रूप में उपयोग करुँगी।

वह अजीब औरत चली गई और मुझे अपने ख्यालों के साथ अकेला छोड़ गई। मैं जंगल में सूप के लिए सामग्रियां ढूंढने चला गया।

जवान लड़की

जब तक सूप तैयार हुआ तब तक पहाड़ों में अँधेरा हो चुका था। रात की ठंडी हवाएं और कीड़ों की भिनभिनाहट माहौल को और गवारू बना रही थी। अजीब औरत अभी तक झोंपडी में नहीं आई थी। मुझे उसके पहुँचने से पहले सब चीजों को सही जगह पर रखना जरूरी था। मैंने सूप को चखा। वह सचमुच में बहुत अच्छा था बावजूद इसके कि उसमें सारे मसाले नहीं थे। मैं झोंपडी से थोड़ी देर के लिए बाहर निकला और स्वर्ग की परिकल्पना करने लगाः मेरे प्रयास के सितारे भी गवाह थे। मैं पहाड़ चढ़ा, उसके संरक्षक को ढूंढा और दो चुनौतियां भी पूरी कर लीं (एक, दूसरे से ज्यादा कठिन थी), एक भूत से मिला और मैं अब भी यहाँ खड़ा हूँ। "गरीब सपनों के लिये ज्यादा तड़पते हैं"। मैं तारों की व्यवस्थाओं तथा उनके प्रकाश को देखने लगा। इस महान ब्रह्माण्ड में जहाँ हम रहते है वहाँ हर एक का अपना महत्व है। वैसे ही इंसान भी महत्वपूर्ण है। वे अमीर, गरीब, गोरे, काले, एक धर्म के, दूसरे धर्म के या किसी और के उपासक हो सकते हैं। सब एक ही पिता के बच्चे हैं। मैं भी इस ब्रह्माण्ड में अपनी जगह लेना चाहता हूँ। मैं सोचता हूँ बिना किसी सीमा के। मुझे लगता है कि यह सपना अमूल्य है लेकिन मैं निराशा की गुफा में जाने के लिए उसका मूल्य चुकाने के लिए तैयार हूँ। मैं स्वर्ग के बारे में फिर से एक बार ध्यान करता हूँ और झोंपड़ी में वापस चला जाता हूँ। मैं वहाँ संरक्षक को पाकर अचंभित नहीं होता हूँ।

–क्या आप बहुत देर से यहाँ हो? मुझे पता ही नहीं चला।

– तुम स्वर्ग की तरफ ध्यान करने में इतने मग्न थे कि मैं उस क्षण में तुम्हे भंगित नहीं करना चाहती थी। उस से भी अधिक, मुझे घर जैसा लग रहा था।

– अच्छी बात। अब इस मेज पर बैठ जाओ। जो मैंने बनाया है वह सूप तुम्हे परोसता हूँ।

गर्म सूप के साथ मैंने उस अजीब औरत को लौकी भी परोसी जो मुझे जंगल में मिली थी। रात में बहती हवा ने मेरे चेहरे को सहलाया और मेरे कानों में कुछ कहा। वह अजीब औरत कौन थी जिसे मैं परोस रहा था? मैं आश्चर्य में हूँ कि क्या वह सच में मुझे बर्बाद करना चाहती है जैसा कि उस भूत ने सूचित किया था। मुझे उसके बारे में कई शक थे और उन सब को दूर करने का यह सही समय था।

– क्या सूप अच्छा है? मैंने बहुत सावधानी से बनाया है।

– यह बहुत ही अच्छा है। तुमने इसे बनाने के लिए क्या उपयोग किया है?

– यह पत्थरों से बना है। मजाक कर रहा हूँ! मैं चिड़ीमार से से एक चिड़िया लाया और प्राकृतिक मसालों का उपयोग किया जो मुझे जंगल में मिले। लेकिन, विषय बदलते हैं, तुम सच में कौन हो ?

– यह अच्छी मेहमाननवाजी दिखाना है कि मेजबान अपने बारे में पहले बात करें। तुम्हें पहाड़ की चोटी पर आए अब चार दिन हो गए है और अब तक मुझे तुम्हारा नाम तक नहीं पता।

– बहुत अच्छे। लेकिन यह एक लंबी कहानी है। मेरा नाम अलडीवन टेक्सइरा टोर्रेस है और मैं महाविद्यालय स्तर का गणित पढ़ाता हूँ। मेरे दो जूनून साहित्य और गणित हैं। मैं हमेशा से किताब प्रेमी रहा हूँ और बचपन से मैं अपनी किताब लिखना चाहता हूँ। जब मैं उच्च स्कूल में था तो मैंने एक्सीलेसिएस्ट्स(सभोपदेशक) की किताब के कुछ अंश इकठ्ठे किये थे, बुद्धिमता और कहावतें। मैं बहुत खुश था इसके बावजूद कि वह लेख मेरे नहीं थे। मैंने बड़े गर्व से उसे सबको दिखाया। मैंने उच्च शिक्षा पूरी की और कम्प्यूटर का कोर्स

किया और पढाई कुछ समय के लिये बंद कर दी। उसके बाद मैंने कालेज से तकनीकी कोर्स करने की कोशिश की। लेकिन मुझे लगा कि वह मेरा क्षेत्र नहीं है। हालांकि मैं उस क्षेत्र में इंटर्नशिप के लिए तैयार था। हालाँकि परीक्षा के दिन पहले कोई अनजान ताकत मुझसे हार मान लेने की जिद्द करती रही। जैसे समय बीताता गया, मैं उतना ज्यादा ही दबाव इस ताकत के द्वारा महसूस करने लगा जब तक मैंने यह निर्णय कर लिया कि मैं परीक्षा नहीं दूंगा। दबाव हट गया और मेरा ह्रदय भी शांत हो गया। मुझे लगता है यह किस्मत थी जिसने मुझे जाने नहीं दिया। हम सब को अपनी सीमाओं का आदर करना चाहिए, मैंने बहुत से निवेदन किये, मंजूरी मिली और अब मैं शिक्षा विभाग में प्रशासनिक सहायक के पद पर आसीन हूँ। तीन साल पहले मुझे किस्मत का एक और संकेत मिला। मुझे कुछ समस्या थी और मुझे तंत्रिका अवसाद हो गया। तब से मैं लिखने लगा और कुछ ही समय में उसने उभरने में मेरी मदद की। उसका परिणाम किताब "विजन ऑफ मीडियम" थी जो अभी तक मैंने प्रकाशित नहीं की है। यह सब से मुझे लगा कि मैं लिख सकता हूँ और एक पेशेवर हो सकता हूँ। मैं यह सोचता हूँ: मैं वह काम करना चाहता हूँ जो मुझे पसंद है और जिससे मैं खुश रह सकता हूँ। क्या एक गरीब व्यक्ति से पूछने के लिए बहुत ज्यादा है?

– बिलकुल भी नहीं, अलडीवन। तुममे प्रतिभा है जो कि इस दुनिया में बहुत दुर्लभ है। सही समय में तुम सफलता प्राप्त करोगे। जीतने वाले वही होते हैं जो अपने सपनों पर भरोसा करते हैं।

– मैं भरोसा करता हूँ इसलिए मैं यहाँ हूँ जहाँ पर सभ्यता बसाने वाली जरूरी चीजें अभी तक नहीं पहुँच पाई हैं। मैंने पहाड़ चढ़ने का रास्ता ढूंढ लिया, सभी चुनौतियों पर विजय पाने के लिये। अब मेरे लिए सिर्फ यह ही रह गया है कि गुफा में जाऊं और अपने सपनों को पूरा करूँ।

– मैं तुम्हारी मदद करने के लिए यहाँ हूँ। जब से यह पहाड़ पवित्र हुआ है तब से मैं इस पहाड़ की संरक्षक हूँ। मेरा मकसद उन सब

सपने देखने वालों की मदद करना है जो निराशा की गुफा ढूंढ रहे है। कुछ लोग भौतिकवादी सपने को सच करना चाहते हैं जैसे कि पैसा, ताकत, सामाजिक प्रतिष्ठा या दूसरे खुदगर्ज सपने। सब असफल हो गए और ऐसा करने वाले सिर्फ कुछ नहीं थे। गुफा सपनों को पूरा करने में निष्पक्ष है।

बातचीत कुछ समय के लिये लगातार चलती रही। मेरा ध्यान धीरे-धीरे घट रहा था क्योंकि कोई अजीब सी आवाज मुझे झोंपड़ी के बाहर बुला रही थी। जब भी वो आवाज मुझे पुकारती थी मैं उत्सुकता से बाहर जाना चाहता था। मुझे जाना ही था। मैं जानना चाहता था कि मेरे विचारों में उस अजीब आवाज का क्या मतलब है। धीरे से, मैंने अजीब औरत को अलविदा किया और आवाज जिस दिशा से आ रही थी उसी दिशा में चला गया। मेरा क्या इंतजार कर रहा है? चलिए पाठकों, संग आगे बढ़ते हैं।

रात ठंडी थी और वह आग्रहपूर्ण आवाज मेरे दिमाग में बसी रही। हम दोनों के बीच कुछ अजीब सा रिश्ता था। मैं कुछ फीट अपनी झोंपड़ी से चल चुका था लेकिन मेरे शरीर की थकान के वजह से वह दूरी मुझे कई मील लग रही थी। जो निर्देश मुझे आंतरिक रूप से मिले वह मुझे अँधेरे में ले जा रहे थे। थकान, अंजान का डर और और उत्सुकता के मिश्रण ने मुझे बाँध रखा था। वह अजीब आवाज किसकी थी ? वह मुझसे क्या चाहती थी ? पहाड़ और उसके राज....जब से मुझे पहाड़ को जानने का मौका मिला, मैंने इसका आदर करना सीखा। संरक्षक और उसके राज, चुनौतियां जिनका मुझे सामना करना है, भूत से सामना; सब खास हो गए थे। वह उत्तरपूर्व में सबसे ऊंचा भी नहीं था और बहुत प्रभावी भी नहीं था लेकिन वह पवित्र था। वैद्य के मिथ्य और मेरे सपने मुझे यहाँ ले आए थे। मैं सभी चुनौतियां जीतना चाहता था, गुफा में प्रवेश करना चाहता था और मैं अपना निवेदन कहना चाहता था। मैं एक बदला हुआ इंसान हो जाऊंगा। मैं सिर्फ मैं नहीं रहूंगा लेकिन मैं वह इंसान हो जाऊँगा जिसने गुफा और उसके आग पर जीत पा ली है। मुझे संरक्षक की कही बात याद है कि ज्यादा भरोसा मत करना। मुझे जीसस की बात याद है जिन्होंने कहा था:

– वह जो मुझ पर भरोसा करेगा वह अनंतकाल तक जीएगा।

खतरा मुझे अपने सपनों को छोड़ने वाला बना देगा। इस विचार के साथ मैं ज्यादा विश्वास से भर गया हूँ। आवाज ताकतवर और ताकतवर होती जा रही है। मुझे लगता है मैं अपने गंतव्य में पहुँचने वाला हूँ। मुझे सामने, एक झोंपड़ा दिखाई दिया। आवाज मुझे वहां जाने को कहती है।

झोंपड़ा और जलती आग एक सतही जगह पर है। एक जवान, लंबी और पतली सी लड़की, काले बालों वाली, किसी तरह के खाने को भून रही है।

– तो तुम पहुंच गए। मुझे पता था मेरे बुलाने पर तुम आओगे।

– तुम कौन हो? तुम्हें मुझसे क्या चाहिये ?

– मैं भी एक सपने देखने वाली हूँ जो गुफा में प्रवेश करना चाहती है।

– तुम्हारे पास ऐसी क्या खास शक्तियां है जो मुझे अपने दिमाग से बुला लिया?

– यह टेलीपैथी है, बेवकूफ। क्या तुम इसके बारे में नहीं जानते?

– मैनें इसके बारे में सुना है, क्या तुम मुझे सिखा सकती हो?

– तुम एक दिन सीख जाओगे पर मुझसे नहीं। मुझे बताओ कैसे सपनों ने तुम्हे यहाँ बुलाया है?

– सबसे पहले, मेरा नाम अलडीवन है। मैं पहाड़ों पर इस उम्मीद से चढ़ा कि मुझे अपनी "विरोधी ताकतें" मिलेंगी। वो मेरा भविष्य परिभाषित करेंगी। जब कोई अपनी "विरोधी ताकतों" को नियंत्रण में कर लेता है तो वह चमत्कार करने के काबिल हो जाता है। यही है वह जिसे मैं हासिल करना चाहता हूँ मेरा सपना है कि अपने पसंदीदा क्षेत्र में काम करना चाहता हूँ जिसमे मैं खुश रह सकूँ और कई लोगों को सपने दिखा सकूँ। मैं गुफा में जाना चाहता हूँ लेकिन सिर्फ अपने लिये नहीं बल्कि इस पूरे ब्रम्हांड के लिए जिसने मुझे ये तोहफे दिये हैं। दुनिया में मेरी जगह होगी और ऐसे मैं खुश रहूँगा।

– मेरा नाम नादजा है। मैं परनामबुको तट की रहने वाली हूँ। अपने यहाँ मैंने इस जादुई पहाड़ और गुफा के बारे में बहुत बातें सुनी है। तुरंत ही मुझे इस यात्रा को करने में दिलचस्पी हुई थी इस विचार के बाद भी कि यह सिर्फ एक कल्पित कहानी है। मैंने अपना सामान इकठ्ठा किया और, चल पड़ी, मिमोसो पहुँची और पहाड़ों में आ गई। मैंने जैकपॉट मारा अब जब मैं यहाँ हूँ, मैं गुफा में जाऊंगी और मैं अपनी इच्छा पूरी कर लूंगी। मैं एक महान देवी होऊँगी, ताकतों और वरदानों से भरपूर। सब मेरी सेवा करेंगे। तुम्हारे सपने तो बहुत बकवास हैं। लेकिन क्यों कम मांगे जब हम सब सारा संसार मांग सकते है ?

– तुम गलत हो। गुफा कोई छोटे मोटे चमत्कार नहीं करती। तुम असफल हो जाओगी। संरक्षक तुम्हे प्रवेश नहीं करने देंगे। गुफा में प्रवेश करने के लिये तुम्हे तीन चुनौतियां जीतनी पड़ेंगी। मैंने पहले दो पड़ाव पार कर लिये हैं। तुमने कितने जीते हैं?

– कितना बचकाना है, चुनैतियां और संरक्षक। गुफा उन्ही की इज्जत करती है जो सबसे ताकतवर और सबसे ज्यादा विश्वासी होते हैं। मैं कल अपनी आकांक्षाओं को पूरा कर लूंगी और मुझे कोई नहीं रोक सकता, सुना तुमने?

– तुम ज्यादा अच्छा जानती हो। जब तुम्हें पछतावा होगा तब तक बहुत देर हो चुकी होगी। मुझे लगता है मुझे चलना चाहिये मुझे आराम की जरूरत है क्योंकि बहुत देर हो चुकी है। मैं तुम्हे शुभकामनायें नहीं दे सकता क्योंकि तुम तो परमेश्वर से भी महान होना चाहती हो। जब मनुष्य इस जगह पर पहुँच जाता है तो वह खुद को बर्बाद कर लेता है।

– बेकार है सब, सिर्फ कहने की बातें है। कोई भी चीज मुझे अपने निर्णय लेने से नहीं रोक सकती।

यह देखते हुए कि वह अटल है मैंने प्रयास करना छोड़ दिया, उसके लिए बुरा लग रहा था। कैसे लोग इतने तुच्छ हो सकते हैं? इंसान सिर्फ

उसी समय सही होते हैं जब वे सच और समतावादी आदर्शों के लिए लड़ते हैं। रास्ते पर चलते हुए मुझे याद आया कि कितनी बार मैं गलत था या तो कमजोर आंकलन की वजह से या फिर दूसरे की उपेक्षा से आए हुए से। यह मुझे उदास करता था। ऊपर से, मेरा परिवार मेरे सपनों के खिलाफ था और मुझ पर भरोसा नहीं करते थे। यह बहुत ही दुखदायी था। एक दिन वह देखेंगे कि सपने पूरे हो सकते हैं। उस दिन, यह सब पूरा करने के बाद मैं अपने जीत की खुशी मनाऊँगा और बनाने वाले का गुणगान करूंगा। उसने मुझे सब दिया और बस यही चाहा कि मैं अपने तोहफों को दूसरों के संग बाटूँ, क्योंकि बाइबिल कहती है, चिमनी जलाने के बाद उसे मेज के नीचे मत रखो इसके बजाए उसे ऊपर रखो क्योंकि सभी के लिए इसे सराहना और प्रबुद्ध होना चाहिए। रास्ता खत्म होता है और मैं देखता हूँ उस झोंपडी को, मैंने जिसे इतनी मेहनत से बनाया है। मुझे सोने जाना है क्योंकि कल दूसरा दिन है और मेरे पास अपने और दुनिया के लिये योजनाएं हैं। शुभरात्रि, पाठको। अगले अध्याय तक..........

भूकंप

नए दिन की शुरुआत हुई। रोशनी हुई, सुबह की ठंडी हवाओं ने मेरे बालों को सहलाया, चिड़ियां और कीड़े खुशियां मना रहे हैं, ऐसा लग रहा है वनस्पति फिर से जीवित हो गए हैं। ऐसा हर दिन होता है। मैंने आँखे साफ की, मुंह धोया, दाँतों को साफ किया और नहाया। ब्रेकफास्ट के पहले यह मेरा नियमित कार्यक्रम था। जंगल आपको फायदा या विकल्प नहीं देते। मैं इसका आदी नही हूँ। मेरी माँ ने मुझे बचपन से ही कॉफी देकर बिगाड़ दिया है। मैं अपना नाश्ता शांति के साथ करता हूँ लेकिन मेरे दिमाग में कुछ चल रहा है। तीसरी और आखिरी चुनौती क्या होगी? गुफा में मेरे साथ क्या होगा? बिना उत्तर वाले इतने सवाल थे जो मुझे पागल किये जा रहे थे। सुबह आगे बढ़ी और साथ ही मेरी धड़कन, सांसे और डर भी। मैं अब कौन था? निश्चित ही वह नहीं था जो पहले था, मैं एक पवित्र पहाड़ में अपनी किस्मत को ढूंढते हुए चढ़ गया जिसके बारे में मैं भी नहीं जानता था। मैंने संरक्षक को ढूंढा और उन मूल्यों के बारे में सीखा जो मेरी कल्पना से भी बड़ी दुनिया के बारे में थे जिसके बारे मे मैंने सोचा तक नहीं था कि यह अस्तित्व में भी होगा। मैनें दो चुनैतियां जीत लीं अब केवल तीसरी चुनौती का सामना करना है। एक तीसरी चुनौती जो दूरवर्ती तथा अज्ञात थी। झोंपडी के पास पत्ते थोड़ा और आ गए। मैं प्रकृति और उसके इशारों को समझना सीख गया था। कोई पुकार रहा है।

– *हेल्लो! क्या आप वहाँ है?*

मैं गया और नजरों को दूसरी ओर फेर लिया और संरक्षक के रहस्यमयी हाव-भाव की परिकल्पना करने लगा। वो खुश दिखाई दे रही थी और ऐसी उम्र में भी खिली हुई दिख रही थी।

–जैसा कि तुम देख सकती हो, मैं यहाँ हूँ। तुम मेरे लिए क्या समाचार लाई हो?

– जैसा कि तुम जानते हो, आज मैं तुम्हें तुम्हारी आखिरी और तीसरी चुनौती सुनाने आई हूँ। यह तुम्हारे पहाड़ में रहने के सातवें दिन होगा क्योंकि यह किसी नश्वर के रहने का अधिकतम समय है। यह बहुत ही आसान है और इन चीजों से मिल के बना है: इस झोंपड़ी को छोड़ने के बाद उसी दिन इंसान या राक्षस जिससे पहले तुम्हारा सामना हो उसे मार दो। नहीं तो तुम गुफा में प्रवेश करने के लायक नहीं रहोगे जो तुम्हारी इच्छाओं को पूरा करती है। क्या कहते हो तुम? क्या यह आसान नहीं है?

– कैसे भला? मारना? क्या मैं कोई कातिल दिखता हूँ?

– यह गुफा में तुम्हारे प्रवेश करने का केवल यही तरीका है। खुद को तैयार कर लो क्योंकि अब सिर्फ दो ही दिन बचे हैं।

एक 3.7 तीव्रता के भूकंप ने पहाड़ की चोटी को पूरा हिला के रख दिया। भूकंप की वजह से मुझे चक्कर आने लगे और मुझे लगा कि मैं बेहोश हो के गिरने वाला हूँ। ज्यादा से ज्यादा विचार मन में आ रहे है। मैं अपनी ताकत कम होते हुए महसूस कर रहा हूँ और ऐसा लग रहा है कि मेरे हाथ और पांव किसी ने बाँध कर रख दिए हैं। एक झलक में मुझे ऐसा दिखा कि मैं कोई मजदूर हूँ जो खेतों में काम कर रहा हूँ और सेठों द्वारा सताया गया हूँ। मैं बेड़ियां, खून देख रहा हूँ और अपने साथियों की रोने की आवाज सुन रहा हूँ। मैं अमीरी, गर्व और कर्नलों के विश्वासघात को देख रहा हूँ। मैं स्वतंत्रता के लिए उठ रहे सुरों तथा दबाए गए लोगों को न्याय मांगते भी देख रहा हूँ। यह दुनिया कितनी जालिम है! जहाँ कुछ तो जीतते हैं तो कुछ को सड़ने के लिए भुला दिया जाता है। बेड़ियां टूटती हैं। मैं छूट गया हूं, लेकिन अभी भी मुझे घृणा और गलत कामों के लिये

भेदभाव के साथ देखा जाता है। मैं अब भी उस श्वेत आदमी के भूत को देखता हूँ जो मुझे "काला आदमी" कहकर पुकारता है। मैं अब भी छोटा महसूस करता हूँ। मैं फिर से कोलाहल की आवाज सुन सकता हूँ लेकिन अब आवाज बहुत ही साफ, सटीक और पहचानी सी है। झटके धीरे-धीरे खत्म हो गए और मैं होश में लौटा। किसी ने मुझे उठाया। अब भी थोड़ा स्तम्भित हूँ मैंने कहा:

–क्या हुआ?

संरक्षक रोते हुए, उत्तर ढूंढ नहीं पाई।

–मेरे पुत्र, गुफा ने फिर से किसी आत्मा की हत्या कर दी। कृपया तीसरी चुनौती को जीत जाओ और इस श्राप को खत्म कर दो। पूरी सृष्टि तुम्हे जिताने में लगी है।

– मुझे नहीं पता कि कैसे जीतना है। केवल परमेश्वर ही अपनी रौशनी से मेरे विचार और कामों को प्रकाशित कर सकते हैं। मैं यह वचन देता हूँ कि मैं आसानी से अपने सपनों पर हार नहीं मानूंगा।

–मुझे तुम पर तथा तुम्हारे प्राप्त किए ज्ञान पर भरोसा है। शुभकामनायें, परमेश्वर के पुत्र! जल्द ही मिलेंगे।

यह कहने के बाद अजीब औरत चली गई और धुएं के गुबार में गुम हो गई। अब मैं अकेला था तथा मुझे आखिरी चुनौती के लिये तैयारी करने की जरूरत थी।

आखिरी चुनौती के एक दिन पहले

अब पहाड़ के ऊपर आए मुझे छः दिन हो गए थे। चुनौती से भरे समय और अनुभव ने मुझे समझदार बनने में मदद की है। मैं अब आसानी से प्रकृति को, खुद को और दूसरों को समझ सकता हूँ। प्रकृति अपनी ही धुन में चलती है और इंसानों के आहट के खिलाफ है। हम वनों को काटते हैं, पानी को दूषित करते हैं और वायुमंडल में जहरीली गैस छोड़ते हैं। हमें उससे क्या मिलता है? हमारे लिए क्या ज्यादा महत्वपूर्ण है पैसा या खुद का जिंदा रखना? इसके परिणाम हैं: वैश्विक उष्णता, वनस्पतियों और जीवों में कमी, प्राकृतिक आपदा। क्या इंसान यह नहीं देखता कि यह सब उसकी गलतियां हैं? अब भी समय है, प्रकृति को प्रदूषित ना करें। अपना भाग अदा करें: पानी और ऊर्जा बचाएं, खराब चीजों को पुनः उपयोग लायक बनायें, प्रकृति को दूषित ना करें। प्रकृति के मसलों को लेकर अपनी सरकार से जवाब मांगे। हम खुद के लिए तथा दुनिया के लिये बस इतना ही कर सकते हैं। रोमांचित मैं वापस आते हुए, मैं एक बार पहाड़ पर चढ़ गया, मुझे अपनी मुराद और सीमा अच्छे से समझनी चाहिये। मुझे समझ में आ गया कि सपने तभी पूरे होते है जब वो सही और नेक हों। गुफा निष्पक्ष है और अगर मैं तीसरी चुनौती भी जीत गया तो मेरे सपने सच हो जाएंगे। जब मैंने पहली और दूसरी चुनौती जीती तो मुझे दूसरों की मुरादें अच्छे से समझ आने लगीं थीं। अधिकतर लोग यह सपना देखते हैं कि वह अमीर हो जाएँ, सामजिक प्रतिष्ठा बढ़े, ऊँचे पद पर नियंत्रण रखें। वे यह नहीं देखते कि जिंदगी में अच्छी चीज क्या है: पेशेवर तरक्की, प्यार और खुशी। वो चीजें जो इंसान को सचमुच में

खास बनाती है वो हैं उनके गुण जो उनके काम से झलकते हैं। ताकत, पैसा और समाज में शेखी किसी को खुशी नहीं देती है। मैं पवित्र पहाड़ में यहाँ ढूंढ रहा हूँ: खुशी और "विरोधी ताकतों" पर अधिकार। मुझे कुछ समय के लिये बाहर जाना जरूरी है। एक-एक कदम के साथ मैं झोंपडी के बाहर निकला, जिसे मैंने बनाया था। मैं किस्मत के इशारे की उम्मीद करने लगा।

सूरज का तामपान और बढ़ रहा है, हवाएं और तेज हो गई हैं और कोई भी इशारा नहीं दिख रहा। मैं तीसरी चुनौती कैसे जीतूंगा? अगर मैं अपने सपनों को पूरा नहीं कर पाया तो इस असफलता के साथ कैसे जी पाऊंगा? मैं अपने दिमाग से गलत विचारों को हटाने की कोशिश करता हूँ लेकिन डर बहुत ज्यादा है। मैं पहाड़ पर चढ़ने से पहले कौन था? एक नौजवान, असुरक्षित, दुनिया और इसके लोगों का सामना करने से घबराने वाला। एक नौजवान आदमी जो अपने अधिकारों के लिए एक दिन न्यायालय में लड़ता है लेकिन जीत नहीं पाता। भविष्य ने मुझे दिखाया कि यह बेहतर था। कई बार हम हार कर के जीतते है। जिंदगी ने मुझे यह सिखाया है। कुछ पक्षी मेरे आस-पास चहचहाने लगे। वो मेरे सवाल समझ गए थे। कल एक नया दिन होगा, पहाड़ की चोटी में सातवां दिन। मेरा भविष्य इस तीसरे चुनौती के साथ खतरे में था। पाठको, प्रार्थना करें कि मैं जीत जाऊं।

तीसरी चुनौती

एक नए दिन की शुरुआत हुई। तापमान सुहावना था और आकाश अपनी विशालता में नीले रंग में था। आलसीपन से, मैं अपनी नींद भरी आँखे खुजलाते हुए उठा। बड़ा दिन हो चुका है और मैं इसके लिए तैयार हूँ। सबसे पहले, मुझे अपना नाश्ता तैयार करने की जरुरत है। जिन चीजों को मैं कल ढूंढ़ के लाया था उनके साथ बनाना कोई कठिन काम नहीं होगा। मैंने कढ़ाई तैयार की और चिकन के अंडे को फोड़ने लगा। कुछ बड़े छींटे मेरे आँखों में लग ही गए थे। कितनी बार जिंदगी में ऐसा होता है कि दूसरों की चिंता से हम दुखी होते हैं। मैंने अपना नाश्ता किया, थोड़ा आराम किया और अपनी रणनीति तैयार करने लगा। तीसरी चुनौती बहुत आसान लग रही थी। किसी को मारने के बारे में सोच भी नहीं सकता। लेकिन फिर भी, मुझे इसका सामना करना पड़ेगा और इस प्रतिज्ञा के साथ मैं चलने लगा और थोड़ी देर में ही मैं झोंपडी के बाहर था। तीसरी चुनौती यहाँ से शुरू होती है और मैं इसकी तैयारी करता हूँ। मैं पहला रास्ता लेता हूँ और उसमें चलना शुरू करता हूँ। रास्ते के दोनों तरफ लगे पेड़ बहुत ही चौड़े और गहरी जड़ वाले हैं। मैं किस चीज को ढूंढ रहा हूँ? सफलता, जीत और उपलब्धि। जो भी हो, मैं ऐसा कुछ भी नहीं करूँगा जो मेरे सिद्धान्तों के खिलाफ हो। प्रसिद्धि, सफलता और ताकत से पहले मेरी इज्जत है। तीसरी चुनौती मुझे परेशान कर रही है। मेरे लिए मारना एक अपराध है चाहे वह कोई जानवर ही क्यों ना हो। दूसरी तरफ मैं गुफा में प्रवेश करना चाहता हूँ और अपनी फरियाद पूरी करना चाहता हूँ। यह दो "विरोधी ताकतों" या "विरोधी रास्तों" का प्रतिनिधित्व करती हैं।

मैं रास्ते पर ही चल रहा था और प्रार्थना कर रहा था कि मुझे कुछ ना मिले। कौन जाने, हो सकता है तीसरी चुनौती खत्म ही कर दी जाए। मुझे नहीं लगता संरक्षक इतने दयालु होंगे। नियम का पालन सभी को करना पड़ता है। मैं थोड़ी देर रुका और जो दृश्य देखा उस पर भरोसा नहीं कर पा रहा था: एक ओसेलेट और उनके तीन शावक, मेरे आस-पास खेल रहे थे। बस यही था। मैं तीन शावकों की माँ को नहीं मारूँगा। मेरे पास हिम्मत नहीं है। अलविदा सफलता, अलविदा निराशा की गुफा। बहुत सपने हुए। मैं तीसरी चुनौती पूरी नहीं कर पाया, मैं जा रहा हूँ। मैं अपने घर तथा प्रियजनों के पास लौट जाऊँगा। जल्द ही मैं अपने केबिन में सामान बाँधने के लिये आ गया। मैंने तीसरी चुनौती पूरी नहीं की।

केबिन उखड़ा हुआ था, इसका क्या मतलब था? एक हाथ ने धीरे से मेरे बाजू को छुआ। मैं पीछे पलटा और संरक्षक को देखा।

-मेरी शुभकामनायें, प्रिय! तुमने तीसरी चुनौती पूरी कर ली और अब तुम्हे निराशा की गुफा में प्रवेश करने का अधिकार है। तुम जीत गए।

जोर से उसने मुझे जो गले लगाया उसने मुझे और परेशान कर दिया। यह औरत क्या कह रही थी? इन सब के बाद भी मेरे सपने और गुफा फिर से मिल सकते थे? मैं इस पर भरोसा नहीं करता।

-क्या मतलब है तुम्हारा? मैंने तीसरी चुनौती पूरी नहीं की। मेरे हाथों को देखो: ये साफ है। मैं अपना नाम खून के धब्बों से नही रंगूगा।

-तुम नहीं जानते? तुम्हें लगता है कि परमेश्वर का पुत्र ऐसे अत्याचार करने में सक्षम होगा जैसे कि मैंने कहा था? मुझे कोई भी शंका नहीं है कि तुम अपने सपनों को पूरा करने के काबिल हो, भले ही उन्हें सच होने में समय लगेगा। तीसरी चुनौती ने पूर्ण रूप से तुम्हारी कीमत आंक ली है और तुमने परमेश्वर के बनाए हुओं के लिये बेइंतहा प्यार का प्रदर्शन किया है। एक इंसान के लिए यही सबसे जरूरी चीज है। एक और चीज: सिर्फ एक साफ दिल वाला ही गुफा में जीवित रह पाएगा। अपने दिल और विचारों को साफ रखो ताकि तुम उस पर जीत पा सको।

– धन्यवाद, परमेश्वर! धन्यवाद, इस मौके के लिये। मैं वादा करता हूँ कि आपको निराश नहीं करूँगा।

भावनायें मुझ पर ऐसे हावी हो गई जैसे मैं कभी पहाड़ पर ही नहीं चढ़ा। क्या गुफा सच में चमत्कार करने में सक्षम थी? मैं पता ही करने वाला हूँ।

निराशा की गुफा

तीसरी चुनौती जीतने के बाद मैं खूंखार निराशा की गुफा में प्रवेश करने के लिए तैयार था, वह गुफा जो असम्भव सपनों को पूरा करती है। मैं भी एक सपना देखने वाला था और अपनी किस्मत आजमानें जा रहा था। जब से मैं पहाड़ के ऊपर चढ़ा हूँ मैं बिलकुल भी पहले जैसा नहीं रहा। मुझे अब खुद पर विश्वास था और उस ब्राह्माण्ड में जिसने मुझे उठाए रखा है। अजीब औरत ने जो गले लगाया था उससे भी थोड़ा अच्छा महसूस हो रहा था। अब वह यहाँ मेरी तरफ थी हर तरह से मेरा समर्थन कर रही थी। यह वह समर्थन था जो मुझे अपने प्रियजनों से कभी नहीं मिला। मेरी अविभाज्य अटैची मेरी बाजू के नीचे थी। अब यह मेरा समय था कि मैं पहाड़ और उसके रहस्यों को अलविदा कह दूँ। चुनौतियां, संरक्षक, भूत, नौजवान लड़की और पहाड़ खुद जो भी जीवित महसूस होता था, इन सब ने मुझे समझदार बनाने में मदद की है। मैं छोड़ के जाने के लिये और खूंखार गुफा का सामना करने के लिए तैयार था। संरक्षक मेरे साथ और गुफा के प्रवेश द्वार के इस सफर तक मेरा साथ देंगी। हम चलते है क्योंकि सूरज क्षितिज की ओर बढ़ रहा है। हमारी योजना पूरे सामंजस्य में है। आस-पास के पेड़ व वनस्पतियों और जानवरों की आवाज पर्यावरण को ग्रामीण बना रही है। संरक्षक की पूरे रास्ते भर की चुप्पी गुफा में छुपे खतरे को प्रदर्शित कर रही थी। हम थोड़ी देर रुके। पहाड़ों की आवाज शायद मुझसे कुछ कहना चाहती है। मैं इस मौके को चुप्पी को तोड़ने के लिये उपयोग करता हूँ।

–क्या मैं कुछ पूछ सकता हूँ? ये कौन सी आवाजें हैं जो मुझे कष्ट दे रही हैं?

– तुमने आवाजें सुनी। पवित्र पहाड़ की यह जादुई क्षमता है कि सभी सपने देखने वाले दिलों को एक संग ला देती है। तुम इस जादुई गूंज को महसूस कर पा रहे हो और समझ पा रहे हो। फिर भी, इन पर ज्यादा मत ध्यान दो, ये तुम्हें असफलता की और ले जाएँगी। अपने विचारों पर केंद्रित रहो और काम हो जायेंगे। गुफा की यह क्षमता है कि वह आपकी कमजोरियां पहचान कर उसे आपके खिलाफ उपयोग कर सकती है।

– मैं अपना ख्याल रखने का वचन देता हूँ। मुझे नहीं पता कि गुफा में मेरा क्या इंतजार कर रहा है लेकिन मुझे भरोसा है। प्रकाशित आत्मा मेरी मदद करेगी। मेरा भविष्य दांव पर है और कहें तो कुछ हद तक दुनिया भी।

– चलिये, हमने काफी आराम कर लिया। चलना शुरू करते हैं क्योंकि कुछ ही देर में शाम हो जायेगी। गुफा यहाँ से करीब आधा किलोमीटर ही होगी।

पैरो की गड़गड़ाहट फिर से शुरू हो गई। मेरे सपने सच होने से बस आधा किलोमीटर दूर हैं। हम पहाड़ के पश्चिमी भाग पर हैं जहाँ हवा ज्यादा तेज है। पहाड़ और उसके राज............मुझे लगता है मैं इसे कभी पूरा नहीं जान पाऊँगा। मुझे चढ़ने के लिए किस चीज ने प्रेरित किया? असम्भव का संभव होने का वादा और मेरे रोमांच और स्काउटिंग प्रवृति ने। सच में, जो चीज मुमकिन थी और मेरे हर दिन की दिनचर्या मुझे मार रही थी। अब मैं जिन्दा महसूस कर रहा था और चुनौतियों से जीतने के लिए तैयार था। पहाड़ के पास पहुँच गए। मैं इसका प्रवेश द्वार देख सकता हूँ वह प्रभावशाली लग रहा है लेकिन मैं हतोत्साहित नहीं हूँ। मेरे बदन में विचारों की लहर दौड़ गई। मुझे अपनी तंत्रिकाओं पर काबू पाना होगा। ये किसी भी समय मुझे धोखा दे सकती है। संरक्षक रुकने का संकेत देती है। मैं उसका पालन करता हूँ।

– इससे ज्यादा गुफा के पास मैं नहीं जा सकती। इसीलिए जो भी मैं कह रही हूँ उसे ध्यान से सुनो क्योंकि मैं दोबारा नहीं बोलूंगी: अपने परमेश्वर से संरक्षक स्वर्गदूत के लिए प्रार्थना करो। वो तुम्हे खतरों से बचाएंगे। जब तुम प्रवेश करो तो इस सावधानी के साथ करो कि तुम जाल में नहीं फंसोगे। मुख्य द्वार में कुछ समय चलने के बाद एक निश्चित समय के बाद तुम्हे तीन विकल्प मिलेंगे: खुशी, हार और डर। खुशी को चुनना। अगर तुम हार को चुनोगे, तो तुम एक गरीब पागल बन कर रह जाओगे जो सिर्फ सपने देखा करता है। अगर तुम डर को चुनोगे तो तुम खुद को पूरी तरह से खो दोगे। खुशी तुम्हें दो और दृश्यों में पहुंचायेगी जिस के बारे में मुझे नहीं पता। याद रखना: सिर्फ साफ दिल वाले गुफा में जीवित रह सकते हैं। समझदार बनो और अपने सपनों को पूरा करो।

– मैं समझता हूँ। जिस पल का मैं इन्तजार कर रहा था जबसे पहाड़ पर आया हूँ वो अब आ चुका है। धन्यवाद, संरक्षक, मेरे साथ आपके धीरज और उत्साह के लिये। मैं आपको तथा आपके संग बिताए पलों को हमेशा याद रखूँगा।

जैसे ही मैंने उन्हें अलविदा कहा वेदना ने मेरे हृदय में जगह बना ली। अब सिर्फ मैं और गुफा, वह दो जो पूरी दुनिया का इतिहास बदल देंगे और मेरा खुद का भी। मैंनें सीधे उसकी तरफ देखा और अपनी अटैची से फ्लैशलाइट निकली ताकि रास्ते को रोशन कर सकूं। मैं प्रवेश करने के लिए तैयार हूँ। इस विशालकाय के सामने मेरे पैर जमे हुए महसूस हो रहे हैं। मुझे लगातार रास्ते पर चलते रहने के लिये हिम्मत जुटाने की जरूरत है, मैं ब्राजीली हूँ और मैं कभी हार नहीं मानूंगा। मैंने पहला कदम बढ़ाया और मुझे ऐसा लगा कि कोई मेरे साथ दे रहा है। मुझे लगता है मैं परमेश्वर के लिये काफी खास हूँ। वो मुझसे ऐसा बर्ताव करते हैं जैसे मैं उनका पुत्र हूँ। मेरे कदम बढ़ने लगे और अंततः मैंने गुफा में प्रवेश किया। शुरूआती सम्मोहन बहुत ही ज्यादा है लेकिन जालों के कारण सावधान रहना पड़ेगा। हवा में आद्रता बहुत ज्यादा है और बहुत ठण्ड है। खनिज मेरे चारों तरफ भरा हुआ है। मैं 50 मीटर ही चला हूँ कि ठण्ड ने मेरे

पूरे बदन को झकझोर कर रख दिया है। पहाड़ पर चढ़ने से पहले हर जो चीज से मैं गुजरा हूँ वो मेरे दिमाग में आ रही है: बेइज्जती, अत्याचार और दूसरों से दुश्मनी। ऐसा लग रहा है कि मेरा कोई दुश्मन गुफा में छुपकर मुझ पर हमला करने के सही समय का इंतजार कर रहा है। बड़ी छलांग के साथ मैंने पहला जाल पार कर लिया। गुफा की आग ने तो मुझे निगल ही लिया था। नादजा इतनी खुशकिस्मत नहीं थी। छत से लगे चूने के पत्थर पर मैं लटक गया जिसने जादुई रूप से मेरा भार सह लिया, जिस से मैं जीवित बच पाया। मुझे नीचे जाना होगा और अंजान की ओर अपने सफर को जारी रखना होगा। मेरे पैर चल रहे हैं लेकिन सावधानी के साथ। बहुत लोग जल्दी में रहते हैं, जीतने की या लक्ष्य को पूरा करने की जल्दी में। असामान्य चपलता ने मुझे दूसरे जाल से बचाया। असंख्य भाले मेरी ओर बरसाये गए। एक तो इतना करीब आ गया कि मेरे चेहरे पर खरोंच लग गई। गुफा मुझे तबाह कर देना चाहती है। अब से मुझे ज्यादा सावधान रहना होगा। अब मुझे गुफा में प्रवेश किये हुए एक घण्टा हो गया, लेकिन उस जगह नहीं पहुँच पाया जिसके बारे में संरक्षक ने बोला था। मैं शायद पास में ही होऊंगा, मेरे पैर लगातार चलने लगे और मेरे दिल ने चेतावनी का संकेत दे डाला। कभी-कभी हम उन संकेतों पर ध्यान नहीं देते जो हमारा शरीर हमको देता है। यह तब होता है जब असफलता और निराशा घटित होती है। किस्मत से, मेरे साथ ऐसा नहीं था। मैंने एक बहुत जोर की आवाज को अपनी दिशा में आते हुए सुना। मैं दौड़ने लगा। कुछ पलों बाद मुझे अहसास हुआ कि एक बड़ा सा पत्थर जो तेजी से टूट रहा है मेरा पीछा कर रहा है। मैं कुछ देर के लिए दौड़ा और अचानक से मैंने पत्थर से पीछा छुड़ा लिया, और गुफा के बगल में एक झोंपड़ी ढूंढ ली। जब पत्थर गुजर गया तो गुफा के सामने का हिस्सा बंद हो गया और सामने तीन दरवाजे दिखने लगे। वो खुशी, असफलता और डर का प्रतिनिधित्व करते हैं। अगर मैंने असफलता को चुना तो मैं कुछ भी नहीं बन पाऊंगा लेकिन एक पागल आदमी जो एक दिन एक लेखक बनने का सपना देखता है, बनकर रह जाऊँगा। लोग मुझ पर दया करेंगे। अगर मैं डर को चुनता हूँ तो मैं कभी बड़ा नहीं बन पाऊंगा और

दुनिया में जाना नहीं जाऊँगा। अगर मैं खुशी को चुनता हूँ तो मैं सपने को लगातार जीता रहूंगा और दूसरे दृश्य में चला जाऊँगा।

यहाँ पर तीन विकल्प है: दाई तरफ का दरवाजा, बाई तरफ का और बीच में। उनमे से हर एक किसी एक विकल्प का प्रतिनिधित्व करता है: खुशी, हार और डर। मुझे सही का चुनाव करना है। समय के साथ मैंने अपने डर पर काबू कर लिया है: अँधेरे का डर, अकेले होने का डर और अंजान का डर और मैं सफलता और भविष्य से भी नहीं डरता। डर का प्रतिनिधित्व दाई तरफ वाला दरवाजा कर रहा होगा। असफलता कमजोर योजना का नतीजा है। मैं कई बार असफल हुआ हूँ लेकिन मैंने अपने लक्ष्य को नहीं छोड़ा। असफलता आगे की जीत के लिए सबक का काम करती है। असफलता का प्रतिनिधित्व बायां दरवाजा कर रहा होगा। अंतत: बीच वाला दरवाजा खुशी का प्रतिनिधित्व कर रहा होगा क्योंकि सच्चे लोग ना तो दाएं मुड़ेंगे ना बाएं। सच्चे लोग हमेशा खुश रहते हैं। मैंने अपनी हिम्मत जुटाई और बीच के दरवाजे का चुनाव किया। खोलने पर मैं एक बरामदे पर पहुँच गया और छत पर खुशी नाम लिखा हुआ है। केंद्र में एक चाबी है जो अगले द्वार को खोलती है। मैं सच में सही था। मैंने पहला कदम पूरा कर लिया। अब दो बचे हैं। मैनें चाबी ली और दरवाजे पर कोशिश की। यह सही बैठा। मैंने दरवाजा खोला। मैं एक नए गलियारे में पंहुचा। मैं उसमें चलता गया और बहुत सारे खयाल मेरे दिमाग में उमड़ने लगे: नये जाल क्या होंगे जिनका मुझे सामना करना होगा? गलियारा मुझे कैसे दृश्य में ले जाएगा? यहाँ अब बहुत सारे निरुत्तर प्रश्न है। मैं लगातार चल रहा हूँ और मेरी साँसे फूलने लगी हैं क्योंकि यहाँ सांस लेना दूभर है। मैं करीब दस किलोमीटर चल चुका हूँ अब मुझे सजग रहना चाहिए। मैंने एक आवाज सुनी और खुद को बचाने के लिए जमीन पर झुक गया। ये शोर छोटे चमगादडों का है जो मेरे आस-पास घूम रहे हैं। क्या वो मेरा खून चूसेंगे? क्या वे मांसाहारी हैं? मेरी खुशकिस्मती से वे विशाल बरामदे में गुम हो गए। मैंने एक चेहरा देखा और मेरा शरीर कांपने लगा। क्या वह भूत है? नहीं। वह एक देह है जो मेरे पास आ रही है मुझसे लड़ाई करने। ये गुफा के निंजा पंडित में से एक है। लड़ाई

शुरू होती है। वह बहुत तेज है और एक महत्वपूर्ण स्थान पर मुझे मारने की कोशिश करता है। मैं उसके प्रहारों से बचने का प्रयास करता हूँ। मैंने फिल्में देख कर के जो दांव सीखे है उनसे लड़ता हूँ। योजना काम करती है और वह घबरा जाता है थोड़ा पीछे हो जाता है। वह अपने मार्शल आर्ट्स से मुझ पर फिर से प्रहार करता है लेकिन मैं उसके लिए तैयार हूँ। मैं उसे गुफा में से उठाये गए एक पत्थर से उसके सर पर मारता हूँ। वह बेहोश होकर गिर जाता है। मैं हिंसा के पूर्ण विरुद्ध हूँ लेकिन इस स्थिति में यह बेहद जरूरी था। मैं दूसरे दृश्य में जाना चाहता हूँ और गुफा के रहस्यों को जानना चाहता हूँ। मैं फिर से चलना शुरू करता हूँ और सजग रहता हूँ और खुद को दूसरे जालों से बचाता हूँ। आद्रता कम होती है और हवा चल रही है और मैं खुद को ज्यादा सुखद महसूस कर रहा हूँ। मैं संरक्षक द्वारा भेजे गए सकारात्मक विचारों की लहर को महसूस करता हूँ। गुफा और अंधेरी होती है और खुद को बदलती है। सामने एक आभासी भूलभुलैया दिखती है। गुफा का एक और जाल। भूलभुलैया का प्रवेश द्वार पूरी तरह से दिख रहा है। लेकिन निकास द्वार कहाँ है? मैं कैसे प्रवेश करूँ और गुम ना हो जाऊं? मेरे पास केवल एक विकल्प है: भूलभुलैया को पार करूँ और खतरा उठाऊं। मैं अपना साहस बंधाता हूँ और भूलभुलैया के प्रवेश की तरफ अपना पहला कदम उठाता हूँ। पाठको, प्रार्थना करें कि मुझे निकास मिल जाए। मेरे दिमाग में कोई योजना नहीं है। मुझे लगता है इस उलझन से बाहर निकलने के लिए मुझे अपनी बुद्धिमता का इस्तेमाल करना होगा। मैं भूलभुलैया के मुहाने में जाता हूँ। अंदर में तो यह बाहर से भी ज्यादा भ्रामक लग रहा है। इसकी दीवारें चौड़ी हैं और मोड़ टेढ़े-मेढ़े। मैं जीवन में उन पलों को याद करने की कोशिश करता हूँ जहां मैंने खुद को खोया हुआ पाया जैसे भूलभुलैया में। मेरे पिता की मृत्यु, जब मैं बहुत ही छोटा था मेरे लिए बहुत ही धक्का देने वाली थी। वह समय जब मैं बेरोजगार था और पढाई भी नहीं कर रहा था तब मुझे लगा था कि मैं किसी भूलभुलैया में खोया हुआ हूँ। मैं अभी भी वैसी ही परिस्थिति में हूँ। मैं चलता गया और ऐसा लगा कि इस भूलभुलैया का कोई अंत नहीं है। क्या आपने कभी मायूस महसूस किया है? मुझे ऐसा ही लग रहा था,

पूरी तरह मायूस। इसी वजह से इस गुफा का नाम निराशा की गुफा है। मैं अपनी बची-खुची ताकत जुटाकर खड़ा हुआ। मुझे किसी भी कीमत पर बाहर जाने का रास्ता ढूंढना था। मुझे आखिरी विचार आया; मैंने ऊपर छत की ओर देखा और बहुत से चमगादड़ देखे। मैं उनमें से एक का पीछा करूँगा और उसे "जादूगर" बुलाऊंगा। एक जादूगर भूलभुलैया को हरा सकता है। इसकी मुझे जरूरत थी। चमगादड़ बड़ी तेजी से उड़ा और मुझे उसके साथ बने रहना था। यह अच्छा है कि मैं शारीरिक रूप से चुस्त हूँ, बिलकुल किसी खिलाड़ी की तरह। मैंने सुरंग के अंत में एक रौशनी देखी, बेहतर है, भूलभुलैया के अंत में। मैं बच गया।

भूलभुलैया के अंत ने मुझे गुफा के गलियारों के अजीब दृश्य में ला दिया। एक आईनों से बना कमरा। मैं बहुत डर के चल रहा था कि कहीं कुछ ना टूट जाये। मैं आईने में अपना प्रतिबिम्ब देख पा रहा हूँ। अब मैं कौन हूँ? एक कमजोर जवान सपने देखने वाला जो अपनी किस्मत की खोज करने ही वाला है। मैं थोड़ा चिंतित दिख रहा था। इन सब का क्या मतलब था? दीवारें, छत, फर्श सब कुछ कांच का बना हुआ है। मैंने कांच की सतह को छुआ। यह वस्तु कितनी भंगुर है लेकिन खुद के पहलू को प्रतिबिंबित करती है। तुरंत ही तीन आईनों में अलग दृश्य दिखते हैं, एक बच्चा, ताबूत पकड़े एक जवान आदमी और एक बूढ़ा आदमी। ये सब मैं हूँ, क्या यह एक दर्शन है? सच में मेरे बच्चों जैसे पहलू हैं जैसे- पवित्रता, मासूमियत और लोगों में भरोसा। मुझे नहीं लगता कि मैं इन गुणों से छुटकारा पाना चाहता हूँ। एक पंद्रह साल का नौजवान मेरी एक दुःखद स्थिति को प्रदर्शित करता है: मेरे पिता की मृत्यु। उनके कठिन और पृथक रास्ते थे, फिर भी वो मेरे पिता थे। मेरी यादों में मुझे वो अब भी याद हैं। बूढ़ा आदमी मेरा भविष्य दिखाता है। वह कैसा होगा? क्या मैं सफल होऊंगा? शादीशुदा, अकेला या विधुर होऊंगा? मैं एक घिनौना और दुखी बुजुर्ग नहीं होना चाहता। यह दृश्य बहुत हो गए। मेरा वर्तमान अभी है। मैं एक 26 साल का जवान आदमी हूँ, गणित में डिग्री के साथ, एक लेखक हूँ। मैं अब कोई बच्चा नहीं रहा, ना ही पंद्रह साल का वो जिसने पिता को खोया है। मैं कोई बूढ़ा भी नहीं हूँ। मेरा आगे भविष्य है और मैं खुश

रहना चाहता हूँ। मैं इन तीनो में से कोई भी दृश्य नहीं हूं, मैं, मैं ही हूँ। एक जोर के साथ, जिन तीनों आईनों में लोग दिख रहे थे टूट गया और एक दरवाजा दिखाई दिया। यह मेरे तीसरे और आखिरी दृश्य का प्रवेश है।

मैंने दरवाजा खोला और जिसने मुझे एक नए बरामदे में पहुँचा दिया। तीसरे दृश्य में मेरा क्या इंतजार कर रहा है? चलिये साथ में चलते है, पाठको। मैं चलने लगता हूँ और मेरे ह्रदय की गति बढ़ने लगती है जैसे मैं पहले ही दृश्य में ही हूँ। मैंने बहुत से चुनौतियों पर जीत पा ली है, और मैं खुद को एक विजेता सोचता हूँ। मेरे दिमाग में, मैं उन पुरानी यादों को खोजता हूँ जब मैं बचपन में छोटी गुफाओं में खेला करता था। स्थिति अब बिलकुल अलग है। गुफा बहुत बड़ी है और जालों से भरी हुई है। मेरी रोशनी बिल्कुल खत्म हो गई है। मैं लगातार चलता हूँ और बिलकुल सामने एक नया जाल दिखता है: दो दरवाजे। "विरोधी ताकतें" मेरे अंदर चिल्लाती हैं। नया विकल्प बनाना जरूरी है। एक चुनौती मेरे दिमाग में आती है, और याद आता है कि मेरे पास हिम्मत थी कि उसे मैं पूरा कर सकूँ। मैंने दांई तरफ वाले रास्ते को चुना। भले ही यह स्थिति बिलकुल अलग है और मैं एक अँधेरी गुफा के अंदर हूँ। मैंने अपना चुनाव तो कर लिया लेकिन संरक्षक की सिखाई बातों को याद करने की कोशिश करने लगा। मुझे दोनों ताकतों के बारे में जानना जरूरी है ताकि उन पर मैं पूरा नियंत्रण पा सकूँ। मैंने दांई तरफ के दरवाजे को चुना। मैनें धीरे से दरवाजा खोला, इस बात से डरा हुआ कि वहाँ क्या छुपा हो सकता है। जैसे ही मैं उसे खोलता हूँ मुझे एक दृश्य विस्मित होता है: मंदिर के अंदर, साधुओं की तस्वीरों से भरा हुआ और वेदी पर प्याला। क्या यह पवित्र प्याला हो सकता है, क्राइस्ट का वह आखिरी प्याला जो इससे पीते हैं वो उन्हें अनंत जवानी देते है? मेरे पैर काँप रहे हैं। जल्दी में मैं प्याले की ओर भागता हूँ और उससे पीता हूँ। वाइन बहुत स्वादिष्ट लगती है, जैसे स्वर्ग के परमेश्वर की हो जैसे। मैं चक्कर सा महसूस करता हूँ, सिर घूमने लगता है, स्वर्गदूत गाते हैं और गुफा की जमीन कंपकपाती है। मैंने अपना पहला दर्शन देखा: मैंने एक यहूदी देखा जिसका नाम जीसस था, अपने प्रेरितों के साथ, चंगाई देते, मुक्त करते तथा अपने लोगों को जीवन

का नया दृष्टिकोण सिखा रहे हैं। मैने उनको पूरे चमत्कारों और प्यार के प्रक्षेप पथ के साथ देखा। मैंने जूडस और शैतान को उनके पीछे धोखे करते भी देखा। अंततः मैंने उनके दोबारा जी उठने और महिमा को भी देखा। मैंने एक आवाज को मुझसे कहते सुनाः अपना निवेदन करो। खुशी के साथ मैंने कहाः मैं द्रष्टा बनना चाहता हूँ।

चमत्कार

मेरे निवेदन के कुछ समय बाद, मंदिर हिलने लगता है, धुएं से भर जाता है और मैं बदली हुई आवाजें सुन सकता हूँ। जिसका उन्होंने खुलासा किया वह एक पूर्ण रहस्य था। प्याले से एक आग उठती है और मेरे हाथ में आती है। उसकी रोशनी बहुत तेज है और पूरी गुफा को रोशन करती है। गुफा की दीवारें बदलती है और छोटा दरवाजा प्रकट होता है उसे राह देती हैं। वह खुलता है और एक ताकतवर हवा मुझे उसकी तरफ धक्का देती है। मेरी सारी कोशिशें मेरे दिमाग में आती हैं: पढाई की ओर मेरी निष्ठा, जिस तरह मैंने परमेश्वर के नियमों का सही तरीके से पालन किया, पहाड़ की चढ़ाई, चुनौतियां और यहाँ तक कि गुफा में यह मार्ग भी। इन सब ने मेरा आश्चर्यजनक आध्यात्मिक विकास किया। मैं अब खुश रहने तथा अपने सपनों को पूरा करने के लिए तैयार हूँ। बहुत खूंखार निराशा की गुफा ने मुझे अपना निवेदन करने के लिए मजबूर कर दिया। इस उत्कृष्ठ क्षण में मुझे वह सब याद है जिसने प्रत्यक्ष या अप्रत्यक्ष रूप से मेरी जीत में योगदान दिया: मेरे प्राथमिक शाला के शिक्षक, मिसेस सोकोर्रो, जिसने मुझे पढ़ना और लिखना सिखाया, मेरे जीवन में शिक्षक, मेरा स्कूल और काम के दोस्त, मेरा परिवार और संरक्षक जिन्होंने मुझे चुनौतियों तथा इस गुफा को पार पाना सिखाया। ताकतवर हवा के झोंके मुझे दरवाजे की ओर धक्का दे रहे हैं और जल्द ही मैं खुफिया कक्षा के अंदर होऊंगा।

जो शक्ति मुझे धक्का दे रही है अंततः बंद होती है। दरवाजा बंद होता है। मैं एक बहुत ही बड़े कक्ष में हूँ जो ऊँचा और अँधेरे से भरा हुआ

है। दाईं तरफ एक मुखौटा, एक मोमबत्ती और बाइबल है। बाईं तरफ एक कैप, टिकट और क्रॉस है। केंद्र में ऊपर बहुत ही अच्छा दिखने वाला गोल सा लोहे का बना उपकरण है। मैं दांई तरफ चला: मैनें मुखौटे को पहना, मोमबत्ती को उठाया और बाइबिल के किसी पन्ने को खोल लिया। मैं बांई तरफ चला: मैंने कैप पहन लिया, अपना नाम और उपनाम टिकट पर लिखा और दूसरे हाथ से क्रॉस को सुरक्षित किया। मैं केंद्र की ओर चला और खुद को उपकरण के ठीक नीचे खड़ा कर लिया। मैंने चार जादुई शब्द कहे: पै-गं-ब-र। तुरंत ही रौशनी का चक्र उपकार से निकला और मुझे भर लिया। मैं महान सपने देखने वालों की याद में रोज जलने वाली सुगंध को महसूस कर रहा था: मार्टिन लूथर किंग, नेल्सन मंडेला, मदर टेरेसा, फ्रांसिस ऑफ असीसी और जीसस क्राइस्ट को। मेरा शरीर कंपकंपाने लगता है और तैरने लगता है। उनके साथ मेरी समझ जागने लगती है और मैं भावनाओ तथा इरादों को गंभीरता से पहचानने में सक्षम हो जाता हूँ। मेरे उपहार ताकतवर हो गए हैं और उनके सहारे मैं समय और अंतरिक्ष में चमत्कार करने में सक्षम हूँ। चक्र तेजी से बंद होता है और अपराध, असहिष्णुता और डर की हर भावना मेरे दिमाग से मिट रही है। मैं तकरीबन तैयार हूँ: दर्शनों की एक श्रेणी दिखने लगती है और मुझे भ्रमित करती है। अंततः चक्र बाहर चला जाता है। तुरंत ही, मेरे तोहफों के साथ द्वारों की एक श्रेणी खुलती है और मैं देख, सुन और महसूस कर सकता हूँ। चरित्र की आवाजें जाहिर होना चाहती हैं, अलग समय और जगह दिखने लगते हैं और महत्वपूर्ण प्रश्न मेरे दिल को खुरचने लगते हैं। ज्ञानी बनने की चुनौती शुरू हो चुकी है।

गुफा से निर्गमन

सब जीतने के साथ मेरे पास यह बचता है कि मैं गुफा से निकल जाऊँ और यात्रा को सच बनाऊं। मेरा सपना पूरा हो चुका था अब उसे बस काम में लाना था। मैंने चलना प्रारम्भ किया और कुछ ही क्षणों में मैंने खुफिया कक्ष को पीछे छोड़ दिया था। मुझे नहीं लगता कि अब और कोई इंसान यहाँ प्रवेश करने की खुशी प्राप्त कर पाएगा। निराशा की गुफा वैसे ही नहीं रहेगी जैसा कि मैं इसे जीतकर, आत्मविश्वास और खुशी के साथ छोड़ूंगा। मैं तीसरे दृश्य के पास आया: संतो की तस्वीरें वहीं बरकरार है और मेरे जीतने से खुश लग रहे हैं। प्याला गिर गया है और सूखा है। वाइन बहुत ही स्वादिष्ट थी। मैं तीसरे दृश्य के पास शांति से अपना काम करता हूँ और जगह के वातावरण को महसूस करता हूँ। यह सच में गुफा और पहाड़ जितना पवित्र है। मैं खुशी में चिल्लाया और गूंज पूरी गुफा में गूंजी। दृष्टा बनने के बाद दुनिया बिलकुल पहले जैसी नहीं रहेगी। मैं रुका, सोचा और खुद को हर तरह से परिकल्पित किया। आखिरी चुम्बन के साथ मैंने तीसरा दृश्य छोड़ा और उसी दरवाजे पर आ गया जिसे मैंने चुना था। दृष्टा का रास्ता एक आसान रास्ता नहीं होगा क्योंकि हृदय की "विरोधी ताकतों" को नियंत्रण में करना चुनौतीपूर्ण होगा और उसे दूसरों को सिखाना भी। बाई तरफ का रास्ता जो मेरा विकल्प था ज्ञान और लगातार सीखना चाहे छुपी ताकतों के साथ, पछतावे या खुद मृत्यु के साथ का प्रतिनिधित्व करता है। जैसे कि गुफा बहुत बड़ी, आर्द्र और अँधरी है, चलना थकान भरा होता है। दृष्टा की चुनौती शायद उससे बड़ी हो सकती है जितना मुझे लगा है: हृदय, जीवन और भावनाओं का मिलन। यह पूरा नहीं है: मुझे अब भी अपने रास्ते का ध्यान रखना है।

गलियारा तंग होते जाता है और उसके साथ मेरे विचार भी। घर की याद बढ़ने की मेरी भावनाओं को, और साथ ही गणित और मेरी खुद की जिन्दगी के। अन्त में, अपने आप की पुरानी यादें आती हैं। मैंने अपने पैर जल्दी चलाये और अब मैं दूसरे दृश्य में हूँ। टूटे हुए शीशे मेरे दिमाग के उस भाग का प्रतिनिधित्व कर रहे है जो संरक्षित तथा बढ़ाकर रखे गए थे: अच्छी भावनायें, गुण, उपहार और गलती पहचानने की क्षमता जो मैंने की थी। आईने का दृश्य मेरी आत्मा का प्रतिबिंब है। इस आत्म-ज्ञान को मैं पूरी जिन्दगी अपने साथ लेकर चलूंगा। मेरी यादों में बसी है बच्चे की आकृति, पन्द्रह साल के बच्चे की और बूढ़े आदमी की। ये मेरे बहुत से चेहरों में तीन चेहरे हैं जो मैं संरक्षित करता हूँ क्योंकि ये मेरा इतिहास है। मैं दूसरा दृश्य छोड़ता हूँ और उसके साथ अपनी यादें भी। मैं उस गलियारे में हूँ जो मुझे पहले दृश्य की ओर ले जायेगा। मेरे भविष्य की उम्मीद और आशाएँ नई हो गई हैं। मैं दृष्टा हूँ, ज्ञानवान और खास। बहुत से लोगों के सपनों को पूरा करने के लिए नियुक्त। गुफा के बाद का समय पहले से जो कौशल है उनके ट्रेनिंग और सुधार के लिए होंगे। मैं थोड़ी दूर और जाता हूँ और भूलभुलैया की एक झलक देखता हूँ। इस चुनौती ने तो मुझे तकरीबन तबाह ही कर दिया था। मेरी मुक्ति का कारण जादूगर, एक चमगादड़ था जिसने मुझे निकास द्वार खोजने में मदद की। अब मुझे उसकी कोई जरूरत नहीं है क्योंकि मैं अपनी मायावी ताकतों से इसे आसानी से पार कर सकता हूँ। मेरे पास पांच धरातलों में मार्ग दर्शन का उपहार है। कितनी बार प्राय: हमें लगता है कि हम भूलभुलैया में खो गए हैं: जब हम नौकरी खोते हैं, जब हम अपने प्रियजनों से दु:खी होते हैं, जब हम अपने से बड़ों के आदेश को नहीं मानते, जब हम सपने देखने की आशा और क्षमता को खो देते है; जब हम जीवन से प्रशिक्षु होना छोड़ देते हैं और तब जब हम खुद की किस्मत को दिशा देने की क्षमता खो देते हैं। याद है: ब्रह्माण्ड व्यक्ति को प्रवृत्त कर देता है लेकिन वो हम होते हैं जो उसके लिए जाते हैं और साबित करते हैं कि हम लायक हैं। वही मैंने किया। मैं पहाड़ चढ़ा, तीनों चुनौतियां पार की, गुफा में प्रवेश किया, उसके जालों को हराया और अपनी मंजिल तक पहुँचा। मैं भुलभूलैया के पार निकला और मुझे उससे उतनी खुशी नहीं हुई क्योंकि

मैं पहले ही चुनौती जीत गया था। मुझे नए क्षितिजों की तलाश थी। मैं खुफिया कक्ष, दूसरे और तीसरे दृश्य के बीच में दो किलोमीटर तक चला और इस अहसास के साथ मुझे थोड़ी थकान महसूस हुई। मैंने महसूस किया कि पसीना बह रहा था और वाष्पिक दबाव तथा कम आद्रता महसूस की। मैं निंजा के पास पंहुचा, मेरा महान प्रतिद्वंदी। वह अभी भी पटकाया हुआ मालूम होता था। मुझे माफ कर दो कि मैंने तुम्हारे साथ ऐसा बर्ताव किया लेकिन मेरे सपने, मेरी उम्मीद और मेरी किस्मत सब दांव पर थे। हर एक को महत्वपूर्ण समय में महत्वपूर्ण निर्णय लेने पड़ते हैं। डर, लज्जा, और शिष्टाचार मदद करने की बजाये रास्ते में आते हैं। मैंने उसके चेहरे की ओर देखा और शरीर में जान वापस डालने की कोशिश की। मैंने इस तरह बर्ताव किया जैसे अब हम प्रतिद्वंदी नहीं हैं लेकिन इस भाग के साथी हैं। वह उठा है और पूरे दिल से मुझे बधाई देता है। सब कुछ पीछे छूट गया था: लड़ाई, हमारी "विरोधी ताकतें" हमारी विभिन्न भाषाएं, और हमारे अलग अलग लक्ष्य। हम पहले से अलग स्थिति में जी रहे है। हम बात कर सकते थे, एक दूसरे को समझ सकते थे और क्या पता दोस्त भी बन सकते थे। जैसे कि कहावत है: अपने दुश्मन को घनिष्ट और विश्वासी दोस्त बनाओ, अंतत: उसने मुझे गले लगाया और मुझे अलविदा कह और मुझे कामयाबी के लिए शुभकामनायें दी। मैंने प्रतिदान किया। वह लगातार गुफा के हिस्से का राज बनाता रहेगा और मैं जिंदगी और दुनिया का रहस्य बनाता रहूंगा। हम "विरोधी ताकतें" हैं जो मिल गए हैं। इस किताब में मेरा यही लक्ष्य है: "विरोधी ताकतों" को एक करना। मैं बरामदे में चलता रहा जिसने मुझे पहले दृश्य में पहुँचा दिया। मैं पूर्णत: शांत और विश्वास से भरा महसूस कर रहा था ना कि वैसे, जैसे गुफा में जब पहली बार प्रवेश किया था। डर, अँधेरे और आग से अंजान होने के कारण मुझे डरा दिया था। सुख, भय और असफलता के संकेत के तीन दरवाजों ने मुझे चीजों की भावना विकसित करने और समझने में मदद की। असफलता हर उस चीज का प्रतिनिधित्व करती है जिससे हम उसे बिना जाने भागते रहते हैं। असफलता हमेशा सीखने का सबक होना चाहिये। यह वह क्षण होता है मानव खोज करता है कि वह सर्वोत्तम नहीं है, कोई भी रास्ता अभी नहीं बना है और यह क्षण है फिर

से बनने का। यह चीज हमेशा करनी चाहिये: पुनर्जीवित हो। उदाहरण के लिये पेड़: वो अपने पत्ते तो खो देते हैं लेकिन अपना जीवन नहीं। उन्हें वैसे ही रहने दो जैसे वे हैं: रूपांतरण कर लो। जिंदगी में उसकी आवश्यकता होती है। डर वहाँ उपस्थित होता है जब भी हम कभी डरा या दबा हुआ महसूस करते हैं। यह नई असफलताओं का शुरूआती बिंदु है। अपने डर पर जीत पाओ और पाओगे कि यह सिर्फ हमारी कल्पना में होता है। मैंने गुफा के गलियारे के एक अच्छे हिस्से को पार कर लिया है और इस समय में, मैं खुशी के दरवाजे को पार कर रहा हूँ जो बहुत ही जरुरी है। हर कोई इस द्वार से जा सकता है और खुद को समझ सकता है कि खुशी रहती है और उसे पाया जा सकता है अगर हम ब्रम्हांड के साथ साथ चलें। यह सम्बंधित रूप से आसान है: कामगीर, राजमिस्त्री, चौकीदार अपने मिशनों को पूरा करने से खुश है, किसान, गन्ना उगाने वाला, चरवाहे सब खुश हैं अपनी मजदूरी का उत्पादन इकठ्ठा करके; शिक्षक पढ़ाने में और सिखाने में; लेखक पढ़ने और लिखने में; पंडित पुण्य विचारों को बांटने में; जरुरती बच्चे, अनाथ और भिखारी प्यार और चिंता के शब्द सुनकर खुश हैं। खुशी हमारे अंदर है और लगातार खोजे जाने की जरूरत है। सच में खुश रहने के लिए हमें घृणा, असफलता, फालतू बातें और शर्म को भूलने की जरूरत है। मैं चलता गया और सभी जालों को देखा जिनसे मै बचने में कामयाब रहा और अचंभित हुआ कि अगर लोग भरोसे, रास्ते और किस्मत के नहीं बने होते तो किसके बने होते। उनमे से कोई भी जाल को पार नहीं कर पाया क्योंकि उनके पास सुरक्षा का जाल या रौशनी और ताकत नहीं थी। इंसान अगर अकेला है तो वह कुछ भी नहीं है। वह जब मानवता की ताकतों से जुड़ा होता है तभी वह खुद से कुछ कर पाता है। अगर वह ब्रह्माण्ड के साथ सामंजस्य में है तभी वह अपनी खुद की जगह बना सकता है। मुझे अब ऐसा ही महसूस हो रहा है: पूर्ण सामंजस्य में, क्योकि मैं पहाड़ पर चढ़ा, तीन चुनैतियां जीतीं और मैंने गुफा को हरा दिया, वह गुफा जिसने मेरे सपने को सच कर दिया। मेरे चलने का अंत आ गया है क्योंकि मुझे गुफा के प्रवेश द्वार से रौशनी आती दिख रही है। थोड़ी देर में मैं बाहर होऊंगा।

संरक्षक से पुनर्मिलन

मैं गुफा के बाहर हूँ। आसमान नीला है, सूरज साफ है और हवा उत्तरपूर्वी है। मैं पूरी बाह्य दुनिया की परिकल्पना करने लगा और समझने लगा कि दुनिया कितनी वृहद् और खूबसूरत है। मैं एक महत्वपूर्ण भाग जैसा महसूस करने लगा क्योंकि मैं पहाड़ पर चढ़ा और तीनों चुनौतियां पार की और गुफा में परीक्षा दी और जीत गया। मैं पूरी तरह से बदला हुआ महसूस कर रहा हूँ क्योंकि अब मैं सिर्फ एक सपने देखने वाला नहीं हूँ वरन विलक्षण, उपहारों से भरा हुआ हूँ। गुफा ने सच में चमत्कार किया है। चमत्कार हर दिन होते हैं लेकिन हमें आभास नहीं होता। एक भाईचारे का भाव, वर्षा जो पुनर्जीवित करती है जीवन, दीक्षा, आत्मविश्वास, जन्म, सच्चा प्यार, प्रशंसा, अप्रत्याशित, विश्वास जो पहाड़ को हिला सकता है, किस्मत और भाग्य; यह सब उस चमत्कार का प्रतिनधित्व करते हैं जिसका नाम जिन्दगी है। जीवन वास्तव में उदार है।

मैं बाहर की परिकल्पना कर ही रहा हूँ, बिलकुल आश्चर्य के साथ। मैं ब्रह्माण्ड से जुड़ा हूँ और वह मुझसे। हम वो हैं जिनका एक ही लक्ष्य, उम्मीद और भरोसा है। मैं इतना केंद्रित हूँ की जब मुझे एक छोटे से हाथ ने मेरे शरीर को छुआ तब मैंने महसूस किया। मैं वैसा ही अलग और विशेष आध्यात्मिक ध्यान में जमा रहा, जब तक कि मुझे किसी ने धक्का देकर मुझे आधार से हिला नहीं दिया। मैं प्रश्न पूछने के लिये मुड़ा और मैंने एक लड़के और संरक्षक को देखा। मुझे लगता है कि वो यहाँ कुछ देर से मेरे पास खड़े हैं लेकिन मुझे इसका आभास नहीं हुआ।

– तो तुम गुफा में बच गए, मुबारक हो! मैं उम्मीद कर रही थी कि तुम जीतो। जितने लड़ाकू जिन्होंने गुफा में प्रवेश किया और अपने सपनों को पूरा करना चाहते थे उनमें तुम ही सबसे क्षमतावान थे। मगर गुफा तुम्हारे जीवन में बहुत से कदमों में से बस एक कदम है। ज्ञान वह है जो तुम्हें सच्ची ताकत देगा और इसे तुमसे कोई नहीं छीन सकता। चुनौती शुरू हो गई है। मैं यहाँ तुम्हारी मदद करने के लिए हूँ। यहाँ देखो, मैं एक बच्चा लाई हूँ तुम्हारे सच्चे सफर में तुम्हारा साथ देने के लिये। ये एक बहुत बड़ी मदद रहेगा। तुम्हारा मकसद "विरोधी ताकतों" को एक करना है और अलग समय फल खिलाना है। कोई तुम्हारी मदद चाहता है इसलिए मैं तुम्हें भेजती हूँ।

– धन्यवाद। गुफा ने सच में मेरे सपने को सच कर दिया। अब मैं दृष्टा हूँ और चुनौतियों के लिए तैयार हूँ। यह सच्ची यात्रा क्या है? यह कौन है जिसे मेरी मदद की जरूरत है? मेरे साथ क्या होगा?

–प्रश्न, प्रश्न, मेरे प्रिय। मैं उनका उत्तर दूंगी। तुम्हारी नई ताकतों के साथ, तुम पुराने समय में जाओगे और अन्याय को खत्म करने और किसी को अपने आप को ढूंढने में सहायता करोगे। बाकी तुम खुद से पता कर लोगे। तुम्हारे पास यह मिशन पूरा करने के लिए 30 दिन हैं। अपना समय मत गंवाओ।

– मैं समझ गया। मैं कब जा सकता हूँ?

– आज। समय का दबाव है।

वह कह कर संरक्षक ने बच्चा मुझे सौंप दिया और मित्रवत रूप से अलविदा कहा। इस यात्रा में मेरा क्या इंतजार करता है? क्या यह हो सकता है कि दृष्टा अन्याय को खत्म करने में सक्षम है? मुझे लगता है मेरी ताकत को इस यात्रा में अच्छे से इस्तेमाल करने की जरूरत है।

पहाड़ को अलविदा कहना

पहाड़ में शान्ति और तसल्ली की हवा चलती है। जब से मैं यहाँ आया हूँ मैं इसकी इज्जत करना सीख गया हूँ। मुझे लगता है जिसने मुझे ऊँचा उठने, चुनौतियों को पूरा करने और गुफा में प्रवेश करने में मदद की है। वह सच में पवित्र था। यह रहस्मयी जादूगर की मृत्यु से इतना उचित हो गया था जिसने ब्रम्हांड की ताकतों के साथ अजीब संधि की थी। उसने अपनी जनजाति में शांति के लिए अपनी जान देने का वादा किया था। सदियों तक क्सुकुरु ने इस जगह पर राज किया। उस समय उनकी जाति लड़ाई में थी उत्तरी कुआलोपु जनजाति के एक जादूगर की चाल की वजह से। वह जनजातियों पर ताकत और पूर्ण नियंत्रण चाहता था। उनकी योजना में यह भी था कि पूरी दुनिया में राज करे अपनी काली जादूगरी कलाओं से। तो जंग की शुरुआत हुई। दक्षिणी जाति ने हमलों की जवाबी कार्यवाही की और मौत शुरू हो गई। पूरा क्सुकुरु राष्ट्र विलुप्त हो जाने के कारण से डर गया। तब दक्षिण के जादूगर इकठ्ठा हुए और संधि की। दक्षिणी जनजाति विवाद में जीत गई, जादूगर मारा गया, जादूगर को अपने अनुबंध की कीमत चुकानी पड़ी, और शान्ति बहाल हो गई। तब से ओरोरुबा का पहाड़ पवित्र हो गया।

मैं अब भी पहाड़ के किनारे पर हूँ और स्थिति का जायजा ले रहा हूँ। मेरे पास एक मिशन है पूरा करने को और एक बच्चे की देखभाल करने को, हाँलाकि मैं खुद अभी पिता नहीं बना हूँ। मुझे बच्चे को सिर से पैर तक देखने के बाद आभास हुआ। यह तो वही बच्चा है जिसे मैंने

उस खूंखार आदमी की प्रताड़नाओं से बचाने की कोशिश की थी। मुझे लगता है यह गूंगा है क्योंकि मैंने अब तक इसे कुछ बोलते नहीं सुना है। मैं चुप्पी तोड़ने की कोशिश करता हूँ।

– बच्चे क्या तुम्हारे माता-पिता इस बात से सहमत है कि तुम मेरे साथ यात्रा करो? देखो, मैं तुम्हे तभी ले जाऊंगा जब ये बेहद जरूरी हो।

– मेरा परिवार नहीं है। मेरी माँ तीन साल पहले मर गई। उसके बाद, मेरे पिता ने मेरी देखभाल की। मगर, मुझे इतना मारते थे कि मैंने भागने का निर्णय लिया। संरक्षक अब मेरी देखभाल करती है। याद है उसने तुम्हें क्या कहा था: तुम्हें इस यात्रा में इसकी जरूरत पड़ेगी।

– मुझे माफ करो। बताओ मुझे: तुम्हारे पिता तुम्हारे साथ कैसे बुरा बर्ताव करते थे?

– वह मुझसे 12 घंटे काम करवाते थे। खाना दुर्लभ था। मुझे पढ़ने, खेलने और यह तक कि दोस्त बनाने की भी इजाजत नहीं थी। वह मुझे प्रायः मारा करते थे। और तो और उन्होंने मुझे कभी वो प्यार नहीं दिया जो एक पिता को देना चाहिए। तो मैंने भागने का निर्णय लिया।

– मैं तुम्हारा निर्णय समझ सकता हूँ। एक बच्चे होने के बावजूद तुम समझदार थे। अब तुम्हें उस जानवर बाप का अत्याचार नहीं सहना पड़ेगा। मैं वादा करता हूँ कि इस यात्रा में मैं तुम्हारी सही देखभाल करूँगा।

– मेरी देखभाल? मुझे संदेह है।

– तुम्हारा क्या नाम है?

– रेनाटो। यह नाम मेरे लिए संरक्षक ने चुना है। इससे पहले मेरा कोई नाम या अधिकार नहीं थे। आपका क्या नाम है?

– अलडीवन। लेकिन तुम मुझे दृष्टा या परमेश्वर का पुत्र बुला सकते हो।

– ठीक है। हम कब निकलेंगे, द्रष्टा ?

– जल्द ही। अब मुझे पहाड़ों को मेरा अलविदा कहना है।

इशारे के साथ, मैंने एक सन्देश दिया ताकि रेनाटो मेरा साथ दे। मैं एक अनजान जगह में जाने से पहले पहाड़ों के किनारों और रास्तों पर निशान बनाऊंगा।

पुराने समय में यात्रा

मैंने अभी पहाड़ों को मेरा अलविदा कहा। यह मेरे आध्यात्मिक ज्ञान में महत्वपूर्ण था और मेरे ज्ञान में योगदान दिया। मुझे इसकी अच्छी यादें रहेंगीः इसकी आरामदायक चोटी जहाँ मैंने अपनी चुनौतियां पूरी कीं, संरक्षक से मुलाकात की और जहाँ मैंने गुफा में प्रवेश किया। मैं भूत को या जवान लड़की को या बच्चे को नहीं भूल सकता, जो अभी मेरे साथ हैं। ये पूरी प्रक्रिया में वे बहुत महत्वपूर्ण थे क्योंकि उन्होंने मुझे अपने आप को प्रतिबिम्बित करने और मेरी आलोचना करके मेरी मदद की। इन्होंने मेरी दुनिया के ज्ञान में योगदान दिया। अब मैं नई चुनौती के लिए तैयार था। पहाड़ की यात्रा समाप्त हुई और गुफा की भी और अब पुराने समय में यात्रा करूँगा। मेरा क्या इंतजार कर रहा है? क्या मेरे पास बहुत से रोमांच हैं? सिर्फ समय बताएगा। मैं पर्वत की चोटी छोड़ने ही वाला हूँ। मैं अपने साथ अपनी उम्मीदें, मेरा बस्ता, मेरी चीजें और लड़का जो मुझे जाने नहीं देगा। ऊपर से, मैं मिमोसो गाँव के चौराहों और वहाँ की चीजों को देखता हूँ। वह छोटा दिखाई देता है, लेकिन वह मेरे लिए महत्वपूर्ण है क्योंकि वहीं से मैं पहाड़ पर चढ़ा था, चुनैतियां जीतीं, गुफा में प्रवेश किया और संरक्षक से मिला, भूत, नौजवान लड़की और लड़का। यह सब मेरे दृष्टा बनने में महत्वपूर्ण थे। दृष्टा, वह व्यक्ति जो सबके भ्रमित ह्रदयों को समझ सकता था और समय और दूरी पर पहुँच सकता है ताकि दूसरों की मदद कर सके। निर्णय ले लिया गया था। मैं जाऊँगा।

मैंने बच्चे की बाजू को पकड़ा और चलने लगा। ठंडी हवा ने मुझे झकझोरा, सूरज ने थोड़ी गर्मी की और पहाड़ों से आवाज आने लगी। तब

मुझे नीचे से एक आवाज सुनाई दी जो मदद के लिए पुकार रही थी। मैंने आवाज पर ध्यान दिया और अपनी शक्तियों से ढूंढने की कोशिश की। यह वही आवाज थी जो मैंने निराशा की गुफा में सुनी थी। यह महिला की आवाज थी। मैं अपने चारों तरफ रौशनी का चक्र बनाने में सक्षम हूँ जो समय यात्रा के प्रभावों से बचाए। मैं अपनी गति बढ़ाने लगा। हमें रौशनी की गति पानी होगी तभी हम समय के अवरोध को तोड़ पाएंगे। वाष्प दबाब धीरे-धीरे बढ़ने लगता है। मैं चकराया सा, खोया हुआ और परेशान महसूस करता हूँ। थोड़ी देर के लिए मैं दुनिया और धरातल जो हमारे समानांतर है उनको पार करता हूँ। मैंने अन्याय भरे समाज और अत्याचार को देखा है। मैं आत्माओं की दुनिया को देखता हूँ और निरीक्षण करता हूँ कि वह कैसे हमारी दुनिया में उत्तम योजना से काम करती हैं। मैं आग, रौशनी, अँधेरे और धुएं का गुबार देखता हूँ। तभी हमारी गति और बढ़ जाती है। हम रौशनी की गति को पार करने के करीब हैं। दुनिया घूमती है और मैं खुद को एक चीनी राज में, फार्म में काम करते हुए देखता हूँ। अगला सेकंड गुजरता है और मैं जापान में, राजा को नाश्ता दे रहा हूँ। मैं तुरन्त जगह बदलता हूँ और मैं रिवाज में हूं, अफ्रीका में, ओरिसन उपासना अधिवेशन में। मैं अपनी याददाश्त में लगातार जीवन का अनुभव करता हूँ। गति और बढ़ती है और हम तृप्ति में पहुँच चुके हैं। दुनिया घूमना बंद हो गई है, चक्र टूट गए और हम जमीन पर गिर गए। पुराने समय की यात्रा पूर्ण होती है।

मैं कहाँ हूँ?

मैं उठता हूँ और देखता हूँ कि मैं अकेला हूँ। रेनाटो को क्या हुआ? क्या यह हो सकता है कि वह काल यात्रा से बच नहीं पाया? मैं उस क्षण बस यही सोच सकता था। रुको? मैं कहाँ हूँ? मैं इन जगह को नहीं जानता। ना यहाँ जमींन है, ना आसमान है, यह एक पूर्ण वैक्यूम है। जहाँ मैं हूँ वहाँ से थोड़ी दूर, मैंने देखा कि कुछ लोगों का मिलन प्रक्रिया में है। मैं उनके पास पंहुचा यह जानने कि यह किस बारे में है। मैं अनजानी जगहों पर अकेले रहना पसंद नहीं करता। पास पहुँचने पर मैंने देखा की यह मिलन नहीं है बल्कि अंतिम संस्कार है। ताबूत बीच में है और तीन लोग घेरकर खड़े हैं। मैं उनमे से एक के पास गया।

– *क्या हो रहा है? यह किसकी चिता है?*

– *जो जलाया जा रहा है इन लोगों का भरोसा और आशा है।*

– *क्या? कैसे?*

उसे समझ ना पाने के कारण, मैं वहाँ से चला गया। वो पागल लोग क्या कर रहे हैं? जहाँ तक मैं जानता हूं, लोगों को जलाया जाता है, भावनाओ को नहीं। भरोसा और आशा नहीं जलाए जाते अगर वह मायूसी का क्षण भी हो तब भी नहीं। कब्रिस्तान क्षितिज में गायब हो जाता है। सूरज दिखता है और तीव्र रौशनी धरातल के ऊपर से दिखाई देने लगी। रौशनी बहुत तेज है और मुझे पूरा निगल रही है। मै सारे दर्द, कष्ट और परेशानी भूल जाता हूँ। यह बनाने वाले की सोच है और मैं पूर्णतः आराम और आत्मविश्वास महसूस कर रहा हूँ और उसकी मौजूदगी में भरोसा

करता हूँ। समतल के नीचे एक छाया आती है और उसके साथ बुरे काम करने वाले भी। अंधेरे का दर्शन मेरे सामने आया। दो अलग-अलग धरातल "विरोधी ताकतों" का प्रतिनिधित्व करते हैं जिसका आदमी ब्रम्हांड में लगातार सामना करता है। मैं अच्छे की तरफ हूँ और कड़ी मेहनत करूँगा ताकि यह सुनिश्चित करूँ कि यह हमेशा प्रबल रहे। दो धरातल मेरे सामने से गायब हो जाते हैं और वैक्यूम ही रह जाता है मेरे साथ। जमींन दिखती है, नीला आसमान चमकता है और पल भर में, मैं उठता हूँ, ऐसे जैसे कि सब कुछ, कुछ और नहीं बस एक सपना हो।

पहली छापें

सच में उठना मुझे विनोद के भाव में छोड़ देता है। यात्रा समय के साथ सफल लगने लगती है। अपनी तरफ, अभी भी सोए हुए, मैं रेनाटो को पाता हूँ ऐसे लग रहा जैसे उसे भी यात्रा में मजा आया। मैं कहाँ हूँ? कुछ क्षणों में मैं पता लगा लूंगा। मैं जगह की बहुत सावधानी से परिकल्पना करता हूँ और यह जानी पहचानी लगती है। पहाड़, वनस्पति, तलरूप सब वैसा ही है। रुको। कुछ तो अलग है। गाँव वैसा नहीं लग रहा है। घर जो अभी हैं, एक तरफ से दूसरी तरफ तक फैले हुए हैं, अगर एक साथ पंक्ति में रखा जाए तो एक गली का निर्माण कर देंगे। मैं समझता हूँ क्या हुआ है: हमने समय में तो यात्रा की है लेकिन स्थान में नहीं। मुझे पहाड़ से नीचे जाना होगा यह सब समझने के लिये। मैं रेनाटो के पास पंहुचा और उसे हिलाने लगा। हम समय नहीं बर्बाद कर सकते क्योंकि हमारे पास केवल 30 दिन है उसकी मदद करने के लिए जिससे हम अब मिले तक नहीं है। रेनाटो उठता है और झटकते हुए मेरे साथ पहाड़ से नीचे उतरने लगता है। मुझे नहीं लगता वह काल यात्रा की जंग से अब तक ऊभरा है। वह अब भी एक बच्चा है और उसे मेरी देखभाल की जरूरत है।

हम रास्ते का ज्यादातर भाग उतर गए हैं और मिमोसो के पास जल्द पहुँच जायेंगे। हम बच्चों को गली में खेलते देख सकते हैं, पास के बाँध में धोबी महिलाएं अपने कपड़ों के साथ, कुछ जवान लोग छोटे चौराहे पर मिल जुल रहे हैं। हमारा क्या इंतजार कर रहा है? मैं अंचभित

हूँ किसे हमारी मदद चाहिये। सारे उत्तर किताब के अध्ययन से मिल जाएंगे। मिमोसो के आसमान में कुछ अलग सा होता है: काले बादल पूरे वातावरण को पूरा भर देते हैं। इसका क्या मतलब है? यह किस बारे में है मुझे ढूंढना ही होगा? हमारे कदम गतिमान हुए, और हम गाँव से 100 मीटर दूर हैं। ऊपर उत्तरी दिशा में एक लंबा, सुशोभित और खूबसूरत मकान है। यह किसी महत्वपूर्ण व्यक्ति का घर होगा। पश्चिम में, काला महल सभी घरों से अलग है। सिर्फ दिखने से ही यह डरावना लग रहा है। अंतत: हम पहुँच गए। हम केंद्रीय भाग में हैं जहाँ पर ज्यादातर घर हैं। मुझे आराम करने के लिए एक आरामगृह ढूंढने की जरूरत है क्योंकि यात्रा बहुत लंबी और थकन भरी थी। मेरे बस्ते मेरे कंधे पर बहुत भारी थे। मैंने एक निवासी से पूछा जिसने बताया कि होटल कहाँ ढूंढ सकता हूँ। जहाँ हम हैं वहाँ से थोड़े से दक्षिण की ओर। हम वहाँ जाने के लिए निकलते हैं।

होटल

जहाँ से हमने यात्रा शुरू की वहाँ से होटल तक की यात्रा शांतिपूर्ण रूप से पूरी हो गई। जिन लोगों से हम मिले उन्होंने हमें थोड़ा गौर से देखा। इन लोगों के बीच से कुछ आंकड़ा निकल के आया: एक महिला टोपी के साथ कारमेन मिरांडा के जैसी, एक लड़का पीठ पर कोड़े के निशान के साथ, एक उदास लड़की तीन ताकतवर पुरुषों के साथ जो उसके अंगरक्षक लग रहे थे। उन सब ने अजीब सा बरताव किया जैसे यह गाँव कोई आम समुदाय नहीं है। हम होटल के सामने हैं। बाहर से, उसका ऐसे वर्णन किया जा सकता है: एक मंजिल, ईंटो से बनी, 1600 स्क्वायर फुट के क्षेत्रफल के साथ घर जैसा, वी शेप में बना हुआ। खिड़की और दरवाजा लकड़ी से बना हुआ और खूबसूरत पर्दों से ढंका हुआ। वहां पर एक बाग है, जहाँ अनेक प्रकार के फूल उग रहे हैं। यह मिमोसो में केवल एक ही होटल है, इसलिये हमें बताया गया था। अगला दरवाजा, कुछ फीट दूर, गैस स्टेशन है। मैं घंटी ढूंढने की कोशिश कर रहा था, लेकिन नहीं ढूंढ सका। मुझे याद आया कि हम प्राचीन समय में हैं और तो और हम गाँव में जहाँ सभ्यता के फायदे अब तक नहीं पहुँच पाए हैं। समाधान, आर्डर को बताने का, यह था कि चिल्लाने के पुराने तरीके का उपयोग करना जो बहरे को भी जगा दे।

– *हैलो! कोई है?*

जल्द ही, दरवाजा खुलता है और एक भव्य औरत की जो करीब साठ साल की है और जिसकी चमकती आँखें और लाल बाल हैं की आकृति

उभरती है। वह पतली थी, लाल गाल थे और उसके चेहरे को देख कर यह लग रहा था कि वह थोड़ी उदास है।

– मेरी जगह पर यह कैसा शोर है? तुम्हें कोई तौर तरीके नहीं है क्या?

– मुझे माफ कीजिए लेकिन आपका ध्यान खींचने का यही तरीका था। क्या आप होटल की मालकिन हैं? हमें तीस दिनों तक ठहरने की जरूरत पड़ेगी। मैं आपको उदारतापूर्वक पैसे दे दूंगा।

– जी, मैं तीस सालों से भी ज्यादा समय से होटल की मालकिन हूँ। मेरा नाम कारमेन है। मेरे पास केवल एक कमरा उपलब्ध है। क्या आप रूचि रखते हैं? होटल शानदार नहीं है लेकिन यहाँ अच्छा खाना, दोस्त और परिवार जैसा माहौल मिलेगा।

– हाँ, हमें मंजूर है। हमने बहुत लंबी यात्रा की है और हम बहुत थक गए हैं। यहाँ से राजधानी की दूरी करीब 140 मील है।

– तब फिर, कमरा आपका हुआ। संविदात्मक पैसे हम बाद में देखेंगे। स्वागत है। आइये और आराम कीजिये। खुद को घर जैसा महसूस करें।

हम बाग से जाते हैं जो प्रवेश द्वार तक पहुंचाता है। अच्छा आराम और अच्छा खाना हमारी ताकत को फिर से संयोजित कर सकता है। वह महिला जिसने उत्तर दिया और जिसके अभी हम पीछे चल रहे हैं वह बहुत अच्छी है। होटल में रुकना इतना नीरस नहीं होता। अगर उसके पास थोड़ा बहुत समय होता तो हम बातचीत कर सकते और एक दूसरे को और अच्छे से जान पाते। और तो और मुझे यह भी ढूंढना है कि मुझे किसकी मदद करनी है और मुझे "विरोधी ताकतों" को एक करने के लिये कैसी चुनौतियों से जीतना है। दृष्टा के रूप में यह कदम मेरे विकास का प्रतिनिधत्व करता है।

दरवाजा कारमेन के द्वारा खोला गया और उस समय के तरीकों से गुजरते हुए फर्नीचर वाले कमरे में घुसे जो पुनर्जागरित काल की पेंटिंग्स से

सजा हुआ है। माहौल जाना-पहचाना लगता है। बेंच में दाई तरफ बैठे हुए, तीन लोग। एक जवान आदमी, करीब 20 साल का, सुडौल, काली आँखों और बालों वाला तथा बहुत ही सुन्दर; एक चालीस साल का आदमी, अच्छे शरीर का, काले बालों और भूरी आँखों वाला, युवा हवा उसके पास और प्रभावित करने वाली मुस्कराहट; और एक बूढ़ा आदमी, काले तन वाला, घुंघराले बाल वाला, गंभीर चेहरे और रवैया वाला। कारमेन पहचान कराने के लिए पहुँची:

– यह मेरे पति गुमेरसिन्ड़ो(बूढ़े आदमी के तरफ इशारा करते हुए), और ये मेरे मेहमान है: रिवानियो, (चालीस साल का आदमी), वह वनिन्हो के नाम से जाना जाता है और यह रेलवे स्टेशन में अटेंडेंट है और गोमस (जवान आदमी), कृषि दुकान में कर्मचारी है।

– मेरा नाम अलडीवन है और यह मेरा भतीजा रेनाटो है।

मिलने जुलने के बाद कारमेन हमें हमारे कमरे तक ले गई। यह बड़ा, रौशनी वाला और हवा वाला है। वहाँ दो बिस्तर थे और उसने मुझे ज्यादा आराम पहुँचाया। हमने अपने बस्ते अलग रखे, वहां खुद को सही महसूस किया और थोड़ी देर बाद कारमेन ने हमें छोड़ दिया। हम थोड़ी देर आराम करेंगे और बाद में भोजन करेंगे।

रात का भोजन

एक अच्छी नींद के बाद, नयी ऊर्जा के साथ उठा। मैं होटल के कमरे में रेनाटो के साथ हूँ। मेरा अभिज्ञ भारी हो रहा है जैसे ही मुझे अहसास हुआ कि मैंनें झूठ बोला है। मैं रेसीफे से नहीं हूँ और ना ही मेरा भतीजा रेनाटो। हालांकि, वह उत्तम था। मैं उन लोगों को नहीं जानता जिनसे मैंने अपना परिचय किया है। बचाव में रहना ज्यादा अच्छा है क्योंकि भरोसा ऐसी चीज है जो सिर्फ कमाया जा सकता है। दूसरा विचार यह है कि अगर मैंने सच बताया तो ये मुझे पागल कहेंगे। मैं अपने सपनों की खोज में पहाड़ पर गया, तीनो चुनौंतियां पार कीं और खूंखार निराशा की गुफा में प्रवेश किया। दृश्यों और जालों से बचते हुए, मैं दृष्टा बना और अंजान की खोज में कालयात्रा की। अब मैं अपने उत्तर की खोज में वहाँ हूँ। मैं बिस्तर से उठा, रेनाटो को उठाया और एक साथ हम भोजनगृह की ओर गए। हम भूखे थे क्योंकि हमने करीब छः घंटे से कुछ नहीं खाया था।

हमने भोजनगृह में प्रवेश किया, एक दूसरे का अभिवादन किया और बैठ गए। जो दावत परोसी गई वह तरह-तरह की थी और उत्तरपूर्वी थी: मकई की खिचड़ी दूध के साथ या मकई का मुरब्बा चिकन के साथ विकल्प में है। मिठाई में कसावा डग केक था। बातचीत शुरू हुई और सबने भाग लिया।

– श्री अलडीवन, आप क्या काम करते हैं और आपको इस छोटी जगह पर क्या चीज खींच लाई? कारमेन ने प्रश्न पूछा।

– मैं एक सवांददाता, पत्रकार और उसके साथ गणित का शिक्षक भी हूँ । मुझे राजधानी के न्यूज पेपर द्वारा यहाँ भेजा गया है कि मैं किसी अच्छी कहानी की खोज करूँ। क्या यह सच है कि इस जगह में गहन रहस्य छुपे हुए हैं?

– मुझे अनुमान है। मगर, हमें इस बारे में बात करना वर्जित है। अगर तुम्हें नहीं पता, तो हम रानी क्लेमिलडा के कानून और आदेशों के तहत रहते हैं। वह एक ताकतवर जादूगरनी है जो काली ताकतों का उपयोग करती है उनको सजा देने में जो उसकी आज्ञा नहीं मानते। सावधान रहना: वह सब कुछ सुन सकती है।

एक पल के लिए, मेरा खाना अटक गया। अब मैं काले बादलों का मतलब समझा। “विरोधी ताकतों” का संतुलन टूट गया था। वह शैतान औरत सूरज की किरणों को रोक रही थी, उसकी पवित्र किरणें। स्थिति लंबे समय के लिये ऐसी बनी नहीं रह सकती वरना मिमोसो का अपने निवासियों के साथ नाश हो जायेगा।

– क्या यह सच है कि पत्रकार बहुत झूठ बोलते है? रिवानियो ने पूछा।

– ऐसा नहीं होता, मेरे साथ तो कम से कम नहीं। मैं अपनी प्रतिबद्धता और समाचार के साथ वफादार रहने की कोशिश करता हूँ। एक सच्चा पत्रकार वही होता है अपने व्यवसाय के लिए गंभीर, नैतिक और उत्साही हो।

–क्या तुम शादीशुदा हो? तुम्हारे जीवन का क्या लक्ष्य है? कारमेन ने पूछा।

– नहीं। एक बार किसी ने मुझे बताया कि परमेश्वर किसी को मेरे पास भेजेंगे। अभी मैं अपनी पढाई और सपनों पर केंद्रित हूँ। प्यार मेरे पास एक दिन आएगा, अगर यह मेरी किस्मत है तो।

– मि. गुमेरसिन्डो, मुझे मिमोसो के बारे में बताओ।

– जैसे की मेरी पत्नी ने बताया महोदय, कुछ सालों पहले हुई दुर्घटना के बारे में बात करने के लिये वर्जित है। जब से क्लेमिलडा ने राज करना प्रारम्भ किया है, हमारी जिंदगी वैसी नहीं रह गई है।

जो भी उस कमरे में था उनकी भावनाएं उमड़ आई। गुमेरसिन्डो के चेहरे से आंसू टपकने लगे। यह एक गरीब आदमी का चेहरा था जो एक जादूगरनी की निर्दयी तानाशाही से थक गया था। इन लोगों के लिए जिंदगी अपना मतलब खो चुकी थी। इन लोगों के लिए मरने के पहले थोड़ी सिर्फ थोड़ी सी उम्मीद और किसी की मदद की आस बच गई थी।

– शांत हो जाओ सब। यह दुनिया का अंत नहीं है। यह बहुत समय तक नहीं चल सकता। दुनिया की "विरोधी ताकतें" संतुलन में रहनी चाहिये। चिंता मत करो, मैं तुम्हारी मदद करूँगा।

–कैसे? इस चुड़ैल के पास इंसानों से ज्यादा ताकत है। उसकी विपत्तियों ने कई जिंदगियो को बर्बाद कर दिया।(गोमस)

– सच्चाई की ताकत भी बहुत शक्तिशाली है। वे शांति और सामंजस्य को पुनः स्थापित करने में सक्षम है। मेरा भरोसा करो।

मेरे शब्द ऐच्छिक प्रभाव डालने में असमर्थ लगे। बातचीत बदल गई और मैं उस पर ध्यान केंद्रित नहीं कर सकता। ये लोग क्या सोच रहे होंगे? परमेश्वर सच में इनकी चिंता करता है। वरना, मैं पहाड़ में नहीं गया होता, चुनौतियों का सामना नहीं किया होता, गुफा पर जीत नहीं पाई होती और संरक्षक से नहीं मिला होता। यह सब इशारा था कि चीजें बदल सकती हैं। मगर, वे नहीं जानते थे। उनको यह समझाने के लिए कि मुझे सच बताएं या कम से कम रास्ता बताएं, धैर्य की जरूरत थी। मैंने रेनाटो के साथ भोजन खत्म किया। मैं मेज से उठा, खुद को अलग किया और सोने चला गया। अगला दिन मेरी योजना के लिये बहुत महत्वपूर्ण होगा।

गाँव की सैर

नए दिन की शुरुआत होती है। सूरज उगता है, चिड़िया चहकती है और सुबह की ताजगी ने पूरे होटल के कमरे को जहाँ हम हैं, अपनी आगोश में ले लिया। मैं बहुत बुरा महसूस करते हुए उठा। रेनाटो पहले ही उठ चुका है। मैं अंगड़ाई लेता हूँ, दांतो को साफ करता हूँ और नहाता हूँ। पिछली रात को जो मैंने सुना वो मुझे व्यथित कर देता है। एक शैतानी चुड़ैल के द्वारा मिमोसो पर कैसे राज किया जा सकता है? कैसी परिस्तिथियों में? यह रहस्य मेरे लिए बहुत गहरा था। क्रिस्टिनटी अमेरिका में सोलहवीं शताब्दी में लागू हुई थी और तब से यह उच्चत्तम बन गई है और पूरे महाद्वीप पर नियंत्रण जमाए हुए है। तो फिर, क्यूँ, कहीं से भी, एक चुड़ैल राज कर रही है? मुझे इसके कारण और वजह ढूंढने ही होंगे।

मैं कमरे से बाहर निकला और नाश्ता करने के लिए रसोई की तरफ बढ़ा। मेज लगा हुआ है और मैं कुछ उपहार देख सकता हूँ: मैनिओक, टैपिओका और आलू। मैंने खुद के लिए परोस लिया क्योंकि मुझे घर जैसा महसूस हो रहा था। बाकी मेहमान भी आए और उन्होंने भी ऐसा ही बर्ताव किया। किसी ने कल रात के विषय में कुछ भी नहीं कहा और कोई हिम्मत भी नहीं करेगा। कारमेन पहुँची और उन्होंने मुझे चाय के लिये पूछा। मैंने मान लिया। चाय दिल का दर्द कम करने और हिम्मत बढ़ाने के लिए अच्छी होती है। मैंने उनके साथ बातचीत की।

– क्या आप मुझे किसी से मार्गदर्शन के लिये मिला सकती हैं जब तक मैं मिमोसो में हूँ? मैं कुछ साक्षात्कार करना चाहता हूँ।

– मेरे प्रिय, यह जरूरी नहीं है। मिमोसो एक गाँव के अलावा और कुछ भी नहीं है।

– मुझे लगता है आप मुझे गलत समझ गई। मुझे कोई ऐसा चाहिए जो लोगों के साथ घुला मिला हो, कोई ऐसा जिस पर मैं भरोसा कर सकूँ।

– मैं नहीं कर सकती क्योंकि मुझे और भी बहुत से काम है। सारे मेहमान काम करते हैं। मेरे पास एक विचार है: फिलिपे को ढूंढो, गोदाम के मालिक का बेटा। उसके पास खाली समय है।

– सूचना के लिये धन्यवाद। गोदाम गाँव में कहाँ है मुझे पता है। मैं रेनाटो को बुलाता हूँ और हम साथ जाएंगे।

– बहुत अच्छे। मैं तुम्हें शुभकामनाएं देती हूँ।

मैं रेनाटो को बुलाता हूँ जो कि अभी भी होटल के कमरे में है। आशा है वह नाश्ता करेगा ताकि हम निकल सकें। क्या मुझे मिमोसो के मामले के बारे में सही सूचना मिल पाएगी? मैं जानने के लिए उत्सुक था। रेनाटो अपना नाश्ता खत्म करता है, हम कारमेन को अलविदा कहते हैं और अंततः निकल जाते हैं। जवान बच्चे पास में ही खड़े होकर एक-दूसरे से बात कर रहे हैं और बच्चे खेल रहे हैं। मैं गुजरते हुए पूरे उत्साह को गौर से देख रहा हूँ। मैं गाँव के मध्य में जाने के लिए कोने से मुड़ता हूँ और जल्द ही गोदाम पहुँच जाता हूँ। एक करीब पचास साल का आदमी नौकर है। मैं उस आदमी को बुलाने के लिए इशारा करता हूँ

– मैं आपकी कैसे मदद कर सकता हूँ?

– मैं फिलिपे को ढूंढ रहा हूँ। कहाँ है वो?

– फिलिपे मेरा बेटा है। थोड़ी देर रुकिये, मैं उसे बुलाता हूँ। वह गोदाम में है।

वह आदमी चला जाता है और जल्द ही थोड़ी देर बाद एक जवान लाल सिरवाला, और गोरे रंग के करीब सत्रह साल के लड़के के साथ आता है।

–मैं फिलिपे हूँ। आपको क्या चाहिये?

– कारमेन ने तुम्हें मुझे सुझाया है। मुझे कुछ साक्षात्कार में तुम्हारे साथ की जरूरत है। मेरा नाम अलडीवन है, आपसे मिल के अच्छा लगा।

– जरूर, मेरी खुशी, मैं आपका साथ दूँगा। मेरे पास खाली समय है। हम दवाखाने से शुरुआत कर सकते हैं जो पास में ही है। उसका मालिक इस जगह का विशेषज्ञ है क्योंकि वह इसकी स्थापना से यहाँ है।

– बहुत अच्छे। चलो चलें।

रेनाटो और फिलिपे के साथ मैं दवाखाने गया जहाँ मैं अपना पहला साक्षात्कार करूँगा। यह तथ्य कि मैं सच में पत्रकार नहीं हूँ मुझे थोड़ा बेचैन और चिंतित करता है। मुझे आशा है मैं अच्छा करूँगा। आखिरकर मैं पहाड़ के ऊपर गया, तीनो चुनौतियां पूरी कीं और गुफा की परीक्षा पास की। एक सामान्य से साक्षात्कार से कुछ नहीं होगा। दवाखाना पहुँचने के बाद हमारा तुरंत स्वागत किया गया। हमें मालिक से मिलवाया गया। मैंने उनसे साक्षात्कार के लिये पूछा और वो राजी हो गए। हम एक ऐसी जगह के लिए निकल गए जहाँ हम अकेले हों और बात कर सकें। मैं थोड़ी शर्म के साथ साक्षत्कार करने लगा।

– क्या यह सच है कि आप सबसे पुराने निवासियों में से एक हो, इस जगह के संस्थापकों में से एक?

– हां, और मुझे सर कह कर मत बुलाइये। मेरा नाम फाबियो है। मिमोसो विशिष्टता प्राप्त करने *की शुरुआत तब से करने लगा जब से पटरी विभाग दाखिल हुआ। प्रगति और आधुनिक तकनीक 1909 में ग्रेट वेस्टर्न ट्रेनों के साथ आई। ब्रिटिश अभियंताओं कैलेंडर, टोलेस्टर, और थॉम्पसन ने पटरी के रास्ते की रचना बनाई, स्टेशन के भवन बनाए और मिमोसो बढ़ने लगा। व्यापार चालू हुआ और मिमोसो क्षेत्र में सबसे बड़े गोदामों में से एक बन गया, काराबिअस के बाद दूसरे नंबर पर। मिमोसो की किस्मत में बढ़ना लिखा था और इसीलिए मैं यहाँ हूँ।*

–जिंदगी यहां हमेशा से अच्छी थी या कुछ दुखद घटनाएं हुई हैं?

– हां, अच्छी थी। कम से कम एक साल पहले तक। उसके बाद से यहाँ वैसा नहीं रहा। लोग उदास हैं और सारी उम्मीद खो चुके हैं। हम एक तानाशाही के तहत रहते हैं। कर का बोझ बहुत ज्यादा है, हमें अभिव्यक्ति की स्वतंत्रता नहीं है तथा हमें अपना मत छुपी शक्तियों को देना पड़ता है। धर्म हमारे लिये अत्याचार का पर्याय होकर रह गया है। हमारे परमेश्वर निर्दयी परमेश्वर हैं जो खून और बदला चाहते हैं। हम ने परम पिता परमेश्वर से संपर्क खो दिया है।

–मुझे बताइये एक साल पहले क्या हुआ था।

– मैं उस त्रासदी के बारे में नहीं बात करना चाहता और ना ही कर सकता हूँ। यह बहुत दर्द भरा है।

– कृपया बताइये, मुझे इस सूचना की जरूरत है।

– नहीं। अगर मैंने बताया तो मेरे परिवार को भुगतना पड़ेगा। आत्माएं सब सुन सकती हैं और क्लेमिलडा को बता देंगे। मैं ऐसा जोखिम नहीं ले सकता।

मैं बार बार अनुरोध करता हूँ लेकिन वह अटल हो जाता है। डर ने उसे डरपोक और छोटे दिल वाला बना दिया है। वह आगे बिना बताए उस जगह से चला गया। मैं अकेला, बेचैन और बहुत से प्रश्नों के साथ हूँ। वे जादूगरनी से इतना क्यों डरते हैं? उसने किस दुर्घटना की बात की? मुझे इस सूचना को जानने की जरूरत है यह जानने के लिये कि मैं कैसी धरती पर खड़ा हुआ हूँ। मैं दृष्टा था, उपहारों द्वारा उपहारित, लेकिन यह उसको आसान नहीं बनाती। अगर इस क्लेमिलडा ने काली ताकतों पर राज किया है, तो वह विकट प्रतिरोधी होगी। काला जादू किसी भी मनुष्य को पकड़ने की क्षमता रखता है यहाँ तक कि उत्तम स्वभाव वालों को भी। "विरोधी ताकतों" के झगड़े पूरे ब्रम्हांड का विनाश कर सकते हैं और यह चीज मेरे दिमाग से दूरतम चीज थी। सावधानी की अभी जरूरत है। मेरे सामने जो स्पष्ट था वो था कि "विरोधी ताकतों" का संतुलन टूटा हुआ है और मेरी योजना इसे पुनः जोड़ने की है। लेकिन इसके लिए मुझे पूरी कहानी जानने की जरूरत है। मैं इस विचार के साथ चला गया। मैंने

रेनाटो और फिलिपे को ढूंढा और नये साक्षात्कार के लिए निकल पड़ा। मैं सफल होने की आशा करता हूँ।

मैं साक्षात्कारों के बाद पूरी तरह से निराश था। मुझे वह सब जानकारी नहीं मिली जिसकी मुझे जरूरत थी। मैं किस तरह का पत्रकार था? मुझे लगता है मुझे पत्रकारिता में कोई कोर्स कर लेना था। जितने लोगों का मैंने साक्षात्कार लिया, रोटीवाला और लोहार ने वही बताया जो मुझे पता था। रेनाटो और फिलिपे ने मुझे समझाने की कोशिश की लेकिन मैं खुद को माफ नहीं कर सकता। अब मैं गुम हो गया हूं, दुनिया के उस कोने में जहाँ अभी तक सभ्यता का आगमन नहीं हुआ है। सिर्फ एक जानकारी जो मेरे पास थी वह यह कि मिमोसो पर शैतान चुड़ैल राज कर रही है। जो चीख मैंने निराशा की गुफा में सुनी वो अब भी मुझे अस्थिर कर देती है। वह कौन था जिसे मेरी मदद की इतनी जरूरत थी? मैं इस चिंता में था, अपनी शक्तियों की सहायता से मैं कालयात्रा कर मिमोसो आया। इस यात्रा का लक्ष्य अब भी मुझे साफ नहीं था। संरक्षक ने "विरोधी ताकतों" को एक करने की बात कही थी लेकिन मुझे पता नहीं था कि यह कैसे करना है। जो मुझे पता था कि मुझे अपनी "विरोधी ताकतों" पर अब भी पूरा नियंत्रण नहीं था जो मुझे व्यथित कर देता है। अब वह समय नहीं है कि मैं हतोत्साहित होऊँ। इस मुद्दे को सुलझाने के लिये मेरे पास अभी भी अट्ठाइस दिन हैं। सबसे उत्तम अभी यह है कि मैं होटल वापस लौट जाऊं और ताकत इकट्ठा करूँ क्योंकि मुझे इसकी जरूरत पड़ेगी। रेनाटो और फिलिपे मेरे साथ थे और हमें रास्ते में एक दूसरे को अच्छे से जानने का मौका मिला। वे अच्छे लोग है। मैं इस रहस्य से भरे तथा ताकतों द्वारा राज किये जा रही जगह पर अकेला महसूस नहीं कर रहा हूँ।

काला महल

हम अपनी यात्रा करने के बाद तीसरे दिन में हैं। पिछला दिन अच्छी यादें नहीं दे गया। साक्षात्कारों के बाद, मैंने पूरा दिन होटल में मनन करने का निर्णय लिया। यह मेरा शुरूआती बिंदु था: महत्वपूर्ण मामलों को सुलझाने के लिए मनन करो। रेनाटो ने अब तक मेरी कोई मदद नहीं की है। मुझे लगता है संरक्षक ने उसे मेरे साथ भेजकर गलत थीं। आखिरकार वह एक बच्चा था और कभी ऐसी जिम्मेदारियां नहीं उठाई हैं। मेरी परिस्थिति पूरी तरह से अलग है। मैं एक 26 साल का जवान आदमी था, एक प्रशासनिक सहायक, गणित में डिग्री और बहुत से लक्ष्यों के साथ। मेरे पास प्यार या खुद के बारे में सोचने के लिए वक्त नहीं था क्योंकि मैं एक मिशन पर था, भले ही मुझे नहीं पता था कि वह क्या है। वह निश्चिंतता जो मेरे पास थी वह यह थी कि मैं पहाड़ पर चढ़ा, चुनौतियों को पूरा किया, जवान लड़की से मिला, भूत से, बच्चे से और संरक्षक से और गुफा के अंदर की परीक्षा को पास किया। मैं दृष्टा बना लेकिन यह काफी नहीं था। मुझे जीवन की चुनौतियों पर लगातार पार पाना था। वैसे एक नए दिन की शुरुआत हो रही है और उसके साथ नई आशाओं की भी। मैं उठा, नहाया और नाश्ता किया, दांत साफ किए और कारमेन को अलविदा कहा। बीते कल ने मेरे अंदर नए विचार उत्पन्न किये: अपने शत्रु को घनिष्ठता से जानो और उनसे सूचना चुराओ यह एक तरीका था।

मैं बाहर गली में गया, और खेल का मैदान देखा जहाँ हर कोई बेंच में बैठा है। वह सामान्य बर्ताव कर रहे थे जैसे कि वह एक सामान्य समुदाय

में हों। वे सामान थे। इंसान आदि हो जाते है यहाँ तक कि कयामत के समय में भी। मैं चलता रहा, कोने से मुड़ा, कुछ लोगों से मिला और अपने संकल्प पर दृढ रहा। गुफा की चुनौतियों ने किसी भी परिस्थिति से मेरे डर को मिटा दिया है। मुझे डर, असफलता और खुशी का प्रतिनिधित्व करते हुए तीन दरवाजे मिले। मैंने खुशी चुनी और की को छोड़ दिया। मैं नई चुनौतियों के लिए तैयार था। मैं एक और कोने से मुड़ा और गाँव के पश्चिमी भाग में पहुँच गया। एक बड़ा महल दिखा। यह एक भव्य भवन था जो दो मुख्य टावरों और एक सहायक टावर से मिल कर बना है। घर काली ईंटों से बना है। बुरा चुनाव, बिलकुल खलनायकों जैसे। मेरा दिल धड़कता और पैर भी कांपते हैं। मिमोसो का भविष्य मेरे व्यवहार पर निर्भर करता है। मासूम जिंदगियां ताक पर थीं तथा मैं और अन्याय नहीं होने दे सकता। मैं अपने हाथों से इस आशा में ताली बजाता हूँ कि घर में किसी का ध्यान खींच सकूँ। एक तगड़ा, लंबा और काले रंग का लड़का घर के अंदर से बाहर निकला।

– तुम्हें क्या चाहिये?

– मैं यहाँ क्लेमिलडा से मिलने आया हूँ।

– वह अभी व्यस्त हैं। बाद में आना

– पल भर रुको। यह महत्वपूर्ण है। मैं एक दैनिक पत्रकार का संवाददाता हूँ और मैं उनपर एक खास रिपोर्ट करने आया हूँ। मुझे पांच मिनट दो।

– संवाददाता? मुझे लगता है वह यह पसंद करेंगी। मैं तुम्हारे आने की खबर देता हूँ।

– कोई जरूरत नहीं है। मुझे तुम्हारे साथ आने की जरूरत है।

उस आदमी ने “हां” कहा और अनेक कदमों के साथ चलने लगा जो मुख्य दरवाजे तक पहुँचते हैं। मेरे शरीर में सनसनी दौड़ने लगी और एक आग्रहपूर्ण आवाज ने मुझसे अंदर ना जाने को कहा। एक बिल्ली पीछे चली और उसके भयंकर पंजे दिखाई दिये। मैं अंदर ही अंदर प्रार्थना करता हूँ कि परमेश्वर मुझे किसी भी परिस्थिति का सामना करने की

शक्ति दें। लड़के ने मेरा साथ दिया, और हम अंदर गए। दरवाजा एक अलंकृत मनोरंजन शाला जो रंगों और जिंदगी से भरा हुआ था। दाईं तरफ एक और दरवाजा है जो तीन सदनों तक पहुँचाता है। केंद्र में संतो के चित्र हैं सींगों, खोपड़ी और पापी वस्तुओं के साथ। बाईं तरफ अजीब तस्वीर है। दृश्य बहुत डरावना है और मैं पूरी तरह से उसका वर्णन नहीं कर सकता। नकारात्मक ताकतें जगह पर राज करती है और मुझे अस्थिर करती हैं क्योंकि यह "विरोधी ताकतों" की लड़ाई है। वह आदमी एक कक्ष के सामने रुकता है और खटखटाता है। दरवाजा खुलता है, धुंआ उड़ता है और एक मोटी, काली मजबूत औरत करीब चालीस साल की दिखाई देती है।

– दृष्टा खुद जो मुझसे मिलने आए हैं उनकी क्या सेवा कर सकती हूँ?

वह आदमी को जाने के लिये कहती है। मैं उनके रवैये से मुग्ध हो गया हूँ। वह मुझे कैसे जानती हैं? क्या यह हो सकता है कि वह पहाड़ और गुफा में बारे में भी जानती हो? इस औरत के पास कैसी ताकतें होंगी? उस पल ये और अनेकों प्रश्न मेरे मन में उठे।

– तुम मुझे जानती हो। तो ये भी जानती होंगी कि मैं यहाँ क्यों आया हूँ। मैं घटना के बारे में जानना चाहता हूँ और ये भी कि तुमने कैसे ऐसी शांत जगह पर राज किया।

– दुर्घटना। कैसी दुर्घटना? यहाँ कुछ नहीं हुआ। मैंने इस जगह को थोड़ा बदल दिया है ताकि ज्यादा आनंदपूर्ण जगह बन जाये। लोग झूठी खुशी के साथ मेरे तंत्रिकाओं में आ गए तो मैंने इसे बदलने का निर्णय लिया। मिमोसो मेरी संपत्ति बन गई और तुम भी उस बारे में कुछ नहीं कर सकते। तुम्हारी शक्तियां मेरे मुकाबले में कुछ भी नहीं है।

–हर खलनायक दंभ और गर्वित है। हम दोनों जानते हैं कि यह परिस्थिति लंबे समय के लिए नहीं चल सकता। पूरे ब्रह्माण्ड में "विरोधी ताकते" संतुलन में रहनी चाहिये। अच्छा और बुरा एक दूसरे का विरोध नहीं करेंगे तो ब्रम्हांड के खत्म होने का खतरा रहेगा।

– मैं ब्रह्माण्ड और उसके लोगो के बारे में चिंता नहीं करती। वे कुछ नहीं बस कीड़े मकोड़े हैं। मिमोसो मेरी जगह है और उसकी तुम्हें इज्जत करनी चाहिये। अगर तुम मेरा विरोध करोगे, तुम भुगतोगे। मुझे सिर्फ एक बात मेजर से कहनी पड़ेगी और मैं तुम्हे जेल भेजवा दूंगी।

– क्या तुम मुझे धमका रही हो? मैं धमकियों से नहीं डरता। मैं दृष्टा हूँ जो पहाड़ पर चढ़ा, तीनो चुनैतियां पूरी कीं और गुफा को हराया।

– यहाँ से चले जाओ, इसके पहले कि मैं तुम्हे अपने हंडे में पका दूँ। मैं तुम्हारे सदाचार से थक गई हूँ। ये मुझे परेशान करता है।

– मैं जा रहा हूँ, लेकिन फिर से मिलूंगा। अंत में जीत अच्छाई की ही होती है।

जल्द ही, मैंने उसे छोड़ दिया और दरवाजे की तरफ बढ़ा। जैसे ही मैंने उसे छोड़ा, मैं अब भी उसकी हँसी सुन रहा हूँ। वह सच में बहुत पागल है। मेरे प्रश्न निरुत्तर रह गए, और मैं लक्ष्यहीन रह गया और बिना किसी इशारे के। क्लेमिलडा के साथ मेरी मुलाकात मेरे लक्ष्य को पूरा नहीं कर पाई।

पूजाघर में तोड़फोड़

काले महल को छोड़ने के बाद, मैंने दूसरा रास्ता लेने का निर्णय लिया। मैं गाँव और कुछ लोगों को थोड़ा मिलना चाहता हूँ। पूर्व की ओर चलने पर, मुझे कुछ लोग मिले और मैंने बातचीत करने की कोशिश की। मगर, उन्होंने मुझे टाल दिया। उनका अविश्वास ज्यादा है क्योंकि मैं एक अंजान, जवान पत्रकार हूँ। वो मेरे असली इरादे को नहीं जानते। मैं मिमोसो को बचाना चाहता हूँ, व्यक्ति को ढूंढ रहा हूँ और "विरोधी ताकतों" को एक करना चाहता हूँ, जैसे कि संरक्षक ने मुझसे करने को कहा था। उसके लिए इस जगह का थोड़ा सा इतिहास जानने की जरूरत है और मुझे अपने सारे दुश्मनों को जानना जरूरी है। मुझे यहाँ सब जितनी जल्दी हो सके ढूंढना है क्योंकि मुझे तय वक्त में सब काम करना है। पहाड़ की चढ़ाई, चुनौतियां, गुफा, यह सब मेरे लिए जरूरी ज्ञान था यह जानने के लिए कि जिंदगी कैसी थी और लोग कैसे जीते थे। यह उन सबको अभ्यास में लाने का समय था। मैं कोने से मुड़ा और कुछ फीट आगे मुझे ढेर सारा मलबा दिखा। मैं इस जगह में व्यव्यस्था की कमी और लोगों के बारे में सोचता हूँ। गंदगी गलियों में खुले आम बह रही है और बिमारी फैलाने के लायक है और जानवरों और कीड़ों के लिये घर का जैसे काम कर रही है; यह इंसान के लिए घातक था। मैं इस आफत को अच्छे से देखने के लिये इस जगह के पास जाता हूँ। रुको। इस गन्दगी में कुछ अजीब सा है। आधा खुदा हुआ, मैंने देखा कि एक बड़ा सा लकड़ी का क्रॉस ऐसे कि जैसे वह मंदिर से हो। मैंने गंदगी को थोड़ा हटाया, अब

अच्छे से देख सकता हूँ: यह क्रॉस है। उसे छूने से मेरे पूरे बदन में आग की एक लहर दौड़ गई और मुझे दृश्य दिखाई देने लगे। मैंने खून, तड़प और दर्द देखा। एक पल के लिए, मैंने खुद को उस जगह पर भूतकाल के कार्यक्रमों में भाग लेते हुए पाया। मैंने क्रॉस से अपना हाथ हटाया। मैं अभी तैयार नहीं हूँ। मुझे यह सब समझने के लिए थोड़े वक्त की जरूरत है। मुझे यह सब तीन सेकंड के भीतर महसूस हुआ। क्रॉस ने कैसे भी मेरी ताकत बढ़ाई और मैं अपना विरोध करने वाले बल की कार्रवाई महसूस करना शुरू कर रहा हूँ।

आदेश

खूंखार काली जादूगरनी जिसका नाम क्लेमिलडा है को मुझसे मिलने से खुशी नहीं हुई। उसका कभी विरोध नहीं किया गया है। मिमोसो के समुदाय पर उसकी छवि पूरी तरह से अप्रतिबंधित थी। मगर, उसे अच्छाई की ताकत पर भरोसा नहीं था जिसने मुझे कालयात्रा करवा कर यहाँ भेजा था। मेरे महल से जाने के तुरंत बाद, वह अपने नौकरों के साथ पुनः मिल गई, टोटोनहो और क्लेइडे और उन्होंने गुप्त ताकतों से बात की। उन्होंने बाएं कक्ष में प्रवेश किया जो बरामदे में स्थित है और एक सूअर के बच्चे को बलि के रूप में उठाया। चुड़ैल ने एक किताब उठाई और दूसरी भाषा में शैतानी प्रार्थना करने लगी तथा वो और उसके नौकर बिचारे जानवर की बलि देने की शुरुआत करने लगे। खून के धब्बे पूरे कक्ष में भर गए और शैतानी ताकतें केंद्रित होने की शुरुआत करने लगीं। क्षेत्र की प्राकृतिक रौशनी कम हो गई थी और जादूगरनी जोर से चिल्लाने लगी। कुछ ही समय में, अँधेरे ने दरवाजे को अपने आगोश में ले लिया और दोनों दुनिया के बीच संचार का दरवाजा एक दर्पण के माध्यम से खोला गया था। क्लेमिलडा अपने परमेश्वर को आदर देने लगी। पूरे जगह में वह ही ऐसी अकेली थी जिसकी यह क्षमता थी। पापी ओरेकल और उसके रिसेप्टर कुछ समय के लिए पूर्ण सहभागिता पर थे। बाकी सब ने पूरे दृश्य को सिर्फ देखा। मिलने के बाद, अँधेरा चला गया और जगह अपनी पहली जैसी स्थिति में लौट आई। क्लेमिलडा मिलान के प्रभाव से बाहर निकली और अपने मददगारों को बुलाया और उनसे कहा:

– पूरे समुदाय में यह आदेश फैला दो: जो भी, पुरुष या महिला, किसी भी प्रकार की सूचना दृष्टा नामक आदमी को देगा उसे दण्डित किया जाएगा। उसका या उसकी मौत भयानक होगी और उनके रास्ते को अँधेरे के क्षेत्र के रूप में चिन्हित किया जाएगा। रानी क्लेमिलडा का यह आदेश है, पूरे मिमोसो के लिये।

जल्द ही क्लेमिलडा के नौकर उसके आदेश को जो कि खबर को पूरे गाँव वालों को सुनाने, आस पास की जगहों और खेतों के लिये निकल पड़े।

निवासियों की मुलाकात

क्लेमिलडा के आदेश के बाद, निवासी उस मुद्दे पर और कम बोलने लगे। फाबिओ, दवाखाने का मालिक और निवासी संस्था के प्रमुख ने तुरंत ही प्रमुख नेताओं के साथ एक बैठक बुलाई। बैठक शहर के केंद्र में स्थित संस्था भवन में सुबह 10 बजे निर्धारित की गई थी। वो मेरे मुद्दे पर विचार करेंगे।

तय समय पर, भवन का मुख्य बरामदा पूरी तरह से भरा हुआ था। मेजर क्विन्टिनो, प्रतिनिधि पोम्पे, ओस्मार (किसान), शेको (गोदाम का मालिक) और ओटावियो (कृषि दुकान का मालिक) उपस्थित थे। सब के बीच फाबिओ, प्रमुख ने सभा की शुरुआत की:

–मेरे दोस्तों, जैसा कि आप सब जानते हो, क्लेमिलडा ने कल दोपहर एक आदेश जारी किया। कोई भी दृष्टा को जो कि होटल में ठहरा हुआ है किसी भी तरह की सूचना नहीं देगा। मैं देखता हूँ कि यह व्यक्ति बहुत खतरनाक है और इसे रोकना चाहिये। उसने मुझसे भी कुछ जानकारी लेने की कोशिश कि लेकिन असफल रहा। वह दुर्घटना के बारे में जानना चाहता है।

– दृष्टा? मैंने इस व्यक्ति के बारे में नहीं सुना। वह कहाँ से आया है? वह कौन है? उसे हमारे छोटे से गाँव से क्या चाहिये? (मेजर ने पूछा)

– आराम से, प्रमुख। वह अभी तक हमें भी नहीं पता। जो सिर्फ जानकारी हमारे पास है कि वह एक रहस्यमयी बाहरवाला है: हमें निर्णय लेना होगा की उसके साथ क्या करना है? (फाबिओ)

– एक मिनट रुको, दोस्तों। जितना मुझे पता है वह कोई दोषी नहीं है। मेरे पुत्र फिलिपे ने उसे गाँव में साथ घुमाया तथा बताया कि वह एक अच्छा और ईमानदार व्यक्ति है। (शेको)

– भेष झूठे भी हो सकते है, पुत्र। अगर क्लेमिलडा ने यह आदेश हमारे ऊपर डाला हुआ है, तो फिर यह व्यक्ति हमारे लिये खतरा बन चुका है। हमें उसे जल्द से जल्द निकालना होगा। (ओटावियो)

– अगर आपको मेरी सहायता की जरूरत है, मैं उपलब्ध हूँ। (पोम्पे, प्रतिनिधि)

एक छोटी बाधा सभा में उत्पन्न होने लगी। कुछ विरोध करने लगे। पोम्पे उठा, मेजर से बातचीत की और कहा:

–चलो इस आदमी को गिरफ्तार करते हैं। हम जेल में सारे जरूरी सवाल उससे पूछेंगे।

मुझ को पकडने के आदेश के साथ ही सभा भंग होती है। क्या यह हो सकता है कि मैं अपराधी हूँ?

निर्णयात्मक बातचीत

मैं मंदिर के खंडहरों से निकलता हूँ और होटल की तरफ चलने लगता हूँ। मेरी अंतरात्मा कह रही है कि मैं खतरे में हूँ। असल में जब से मैं मिमोसो में आया हूं, तब से इसने हमेशा मुझे सचेत किया है कि मैं कहाँ जा रहा हूँ। काली ताकतों द्वारा राज किये जा रहे गाँव में छुट्टी मनाना सही विकल्प नहीं है। मगर, मुझे पहाड़ों के संरक्षक को किये गए वादे को पूरा करना है: "विरोधी ताकतों" को एक करना और निराशा की गुफा में जिसकी चीख सुनी थी उसकी मदद करना। मैं कभी भी इस मिशन को नहीं छोड़ सकता। मेरे कदम बढ़ने लगे और जल्द ही मैं होटल पहुंच गया। मैंने दरवाजा खोला, रसोई में गया और अपनी आखिरी उम्मीद कारमेन को ढूंढा। मुझे पर्याप्त भरोसा महसूस हुआ और मैंने दया पर भरोसा किया कि मेरी मदद करे।

– मिस. कारमेन, मैम मुझे आपसे बात करनी है।

– बताइये, अलडीवन, आप क्या चाहते हो?

– मैं मिमोसो की दुर्घटना और उसके इतिहास के बारे में सब कुछ जानना चाहता हूँ।

– मेरे पुत्र, मैं नहीं बता सकती। तुम अभी की बात नहीं जानते क्या? क्लेमिलडा ने उन सबको जान से मारने की धमकी दी है जो भी तुम्हें जानकारी देगा।

– मैं जानता हूँ। वह नागिन है। अगर, आपने मेरी मदद नहीं की, मिमोसो और डूब जाएगा और लुप्त होने की कगार पर आ जायेगा।

– मैं इसका भरोसा नहीं करती। सड़ा हुआ कभी नष्ट नहीं कर सकता, यह सीख मैंने सीखी है जबसे उसने राज करना शुरू किया है।

कुछ समय के लिये शांति छाई रही और मुझे अहसास हुआ कि अगर मैंने इन्हें सच्चाई नहीं बताई, तो मुझे उत्तर नहीं मिल पायेंगे। मेरे अंदर की बात बाहर आने वाली थी।

– कारमेन, जो मैं कहने जा रहा हूँ उसे ध्यान से सुनना। ना मैं संवाददाता हूँ और ना ही पत्रकार। असल में, मैं कालयात्री हूँ जिसका मिशन संतुलन को वापस लाना है जिसकी मिमोसो को बहुत जरूरत है। यहाँ आने से पहले, मैं ओरोरुबा के पहाड़ों में गया; मैंने तीन चुनौतियां पार, एक जवान आदमी, संरक्षक, भूत और रेनाटो से मिला। चुनौतियों को जीतने के बाद, मैं निराशा की गुफा में प्रवेश करने का अधिकारी हो गया, वह गुफा जो बड़े से बड़े सपनों को पूरा कर सकती है। गुफा में जालों को पार किया और दृश्यों से बाहर निकला जो आज तक किसी इंसान ने नहीं किया है। गुफा ने मुझे दृष्टा बना दिया, समय और दूरी को पार करने की क्षमता दे दी ताकि मैं लोगो की शिकायतें दूर कर सकूँ। मैं अपनी नई ताकतों के साथ, काल यात्रा करने में सक्षम हो गया और यहाँ पहुंच गया। मैं "विरोधी ताकतों" को एक करना चाहता हूं, किसी अनजान की मदद करनी है और इस चुड़ैल के अत्याचार को खत्म करना है। अंत में, मुझे सब कुछ जानने की जरूरत है और यह भी तुम क्या खुलासा करने में सक्षम हो। तुम एक अच्छी महिला हो और औरों की तरह तुम्हे भी स्वच्छंद रहने की जरूरत है जैसे परमेश्वर ने तुम्हे बनाया है।

कारमेन कुर्सी में बैठ गई और भावुक हो गई। बहुत सारे आंसू उसके चेहरे पर गिर रहे थे जो कि पीड़ा की वजह से आए थे। मैंने उसका हाथ पकड़ा और हमारी आँखें अचानक से मिली। एक पल के लिये मुझे ऐसा लगा कि मैं अपनी माँ के साथ हूँ। वह उठी और मेरी तरफ गतिमान हुई ताकि मैं उनका साथ दे सकूँ। हम दरवाजे के सामने रुक गए।

– तुम्हे जिन उत्तरों की बहुत जरूरत है उसको तुम इस संग्रहगाह में पाओगे। यह मैं आपके लिए कर सकती हूँ: आपको रास्ता दिखा सकती हूँ, शुभकामनायें।

मैंने उन्हें धन्यवाद कहा और उसे सौभाग्यशाली क्रॉस दिया। वो मुस्कुराई। मैं भंडारण कक्ष में घुसा, दरवाजा बंद किया और मुझे बहुत सारे समाचार पत्र मिले। वह चीज कहाँ होगी जिसकी मैं तलाश कर रहा हूँ?

दृष्टि

मैं वहाँ उपलब्ध कुर्सी पर बैठा, मेज जमाया और समाचार पत्रों को पलटने लगा जो मुझे मिले थे। सब 1909–1910 के समय के थे। मैं केवल शीर्षक पढ़ रहा था लेकिन जिसकी मैं तलाश कर रहा था उससे मिलता-जुलता कुछ भी नहीं था। कुछ में पेसकुएइरा और क्षेत्र के दूसरे नगर निगम की बातें थीं लेकिन जो मुद्दे छपे थे वह मुद्दे स्वास्थ्य, शिक्षा और राजनीति से जुड़े थे। मैं असल में किसकी तलाश कर रहा था? वह दुर्घटना जिसने इस छोटी सी जगह को हिला कर रख दिया था और इसे काले मैदान में बदल दिया था। मैं समाचार पत्रों को पलटता रहा और मुझे लगा कि यह एक थका देने वाला तथा उबा देने वाला कार्य है। कारमेन ने मुझे सीधे क्यों नहीं बताया? क्या मैं भरोसे के लायक नहीं था? वैसे यह बहुत आसान होता। फिर से मैंने पहाड़, गुफा और चुनौतियों को याद किया। हमेशा से यह आसान, साफ और स्पष्ट नहीं था। मैं इसे धीरे से समझने लगा। आखिरकार वह नीच, निर्दयी और अभिमानी चुड़ैल के साये में थी। उसने मुझे रास्ता दिखा दिया जैसे कि उसने कहा था और मुझे लगता है यह काफी होगा मुझे जीतने के लिए, लक्ष्य को पूरा करने और खुश रहने के लिये। मैं लगातार पन्ने पलटता रहा और एक हिस्सा 1910 का उठा लिया। अगर मुझे सही से याद है तो यह दुर्घटना वाला ही साल है जैसा की फाबिओ ने साक्षात्कार में बताया था।

एक घंटे समाचार पत्र को पढ़ने और पुनः पढ़ने के बाद मुझे ऐसा कुछ नहीं मिला जो मेरा ध्यान खींच सके। ग्रामीण समाचार, खेल और दूसरे

भाग ही थे जो मुझे मिले। समाचार मिलने की आशा जो मुझे थी वह इस 1910 के पेपर में थी जो मैंने उठाया था। रुको। अगर यह दुर्घटना सच में हुई है तो वह उस समाचार पत्र में होगी जो खासतौर पर अलग किया होगा, क्योंकि यह बड़ा समाचार था। मैंने मेज के बगल वाली संदूक के दराजों में खोजना शुरू किया। मुझे अलग-अलग दिन के अलग-अलग समाचार पत्र मिले। एक ने मेरा ध्यान आकर्षित किया: यह 10 जनवरी 1910 का था और शीर्षक ऐसा था कि: क्रिस्टीन, जवान चुड़ैल। मुझे लगता है जिसकी मैं तलाश कर रहा था वह मुझे मिल गया। पत्र को छूने पर मुझे ठंडी हवा ने झकझोरा, मेरी धड़कन बढ़ गई और काल यात्रा के जैसे मैंने इतिहास की ओर दृष्टि की।

शुरुआत

बीसवीं सदी की शुरुआत होती है और उसके साथ पश्चिम में स्थित पेसकुएइरा के खोजने वालों का भी उदय होता है। सबसे पहले जो गया वो दोनों मेजर क्विन्टिनो और उसके दोस्त ओस्मार, अलगोएस राज्य में जन्मे और जिन्होंने भूमि को नियुक्त किया था। जो कि मूल निवासियों की संपत्ति थी। मूल निवासी खदेड़ दिए गए, बेइज्जत किये गए और मार दिए गए। दोनों ने निर्णय लिया कि वो हमेशा के लिए इस क्षेत्र में नहीं बसेंगे क्योंकि वहाँ उनके लिए उपयुक्त संरचना नहीं थी।

समय के साथ, अन्य लोगों ने महापौर के कार्यालय के लिए बहुत सारे लोगों ने मंजूरी दे दी । जमीन दान में दी गई थी और पहले मकान बने। तो एक समझौता हुआ। उस समझौते ने क्षेत्र के बहुत से व्यापारियों को आकर्षित किया जो अपना व्यवसाय बढ़ाना चाहते थे। एक गोदाम, एक पेट्रोल पम्प, एक किराना दुकान, एक दवाई की दुकान, एक होटल और कृषि की दुकान खोली गई। सामान्य नागरिक, बुद्धजीविता के लिए एक प्राथमिक शाला बनाई गई। मिमोसो फिर पेसकुएईरा के मुख्यालय के तहत आने वाले गाँवों की श्रेणी में आ गया।

पटरी

1909 से, ग्रेट ईस्टर्न ट्रेन मिमोसो में पहुचीं और साथ ही इस शांत जगह पर विकास और तकनीक लाई। ब्रिटिश अभियंता कैलेंडर, टोलेस्टर और थॉम्पसन पटरी बिछाने और स्टेशन भवन बनाने के जिम्मेदार थे। यूरोपियन प्रभाव दूसरे भवनों की चिनाई और मिमोसो के शहरी क्षेत्र में देखा जा सकता है।

रेलवे के आने के साथ, मिमोसो (यह नाम मिमोसो घास से मिला है, जो कि क्षेत्र में काफी आम है) वाणिज्यिक महत्ता और क्षेत्रीय राजनीति मामलो का केंद्र हो गया। रणनीतिक रूप से जंगलों के आंतरिक इलाकों में स्थित, गाँव परनामबुको

, पारिबा और अलागोस के कई नगर निगम के उत्पादों के आने और जाने का संयुक्त बिंदु बन गया। रेलपटरी के साथ, गन्दी सड़क जो रेसीफे और जंगल को जोड़ती है उसके केंद्र से गुजरती है, जो जगह के विकास में योगदान करती है।

मिमोसो की जनसँख्या असल में वह लोग हैं जो लुसितानियाँ के वंशज परिवार हैं। सबसे कम कृपापात्र जो जनसंख्या है वह भारतीय और अफ्रीकन के वंशज लोग हैं। मिमोसो के लोग मित्रतापूर्ण और स्वागतोसुक लोगों की श्रेणी में गिने जा सकते हैं।

चाल

रेलवे के अमल के समेकन से तथा मिमोसो में फलस्वरूप विकास से, क्षेत्र की खोज करने वाले लोगों (किसानों, मेजर क्विन्टिनो और ओस्मार) ने निर्णय लिया कि पूरे परिवार के साथ बसने के लिए वहां पर ले जाएंगे।

वह 1909 के 10 फरवरी का दिन था। मौसम अच्छा था, हवा उत्तर पूर्व की ओर थी और गाँव का स्वरुप सामान्य था जैसे रहता है। क्षितिज पर एक ट्रेन दिखाई पड़ी जिसमें इंजीनियर रोबेर्टो रेसीफे नए निवासी ला रहे थे: मेजर क्विन्टिनो, उनकी पत्नी, हेलेना, उनकी अकेली बच्ची क्रिस्टीन और उनकी नौकरानी गेरुसा, बाहिया की एक काली औरत। ट्रेन के अंदर, यात्री डिब्बे में, आतुर क्रिस्टीन खुद को प्रकट करती है।

– माँ, ऐसा दिख रहा है कि हम पहुँचने वाले है। मिमोसो कैसा होगा? क्या मैं उसे पसंद करुँगी?

– हाँ, मेरी बच्ची। इतनी बेचैन मत हो। तुम्हे जल्द ही पता चल जाएगा। सबसे महत्वपूर्ण चीज यह है कि हम सारा परिवार साथ हैं। जल्द ही, हम वहां बस जाएंगे और दोस्त बना लेंगे।

मेजर ने दोनों को देखा और बातचीत में भाग लिया।

– तुम्हे चिंतित होने की जरूरत नहीं है। तुम्हें किसी चीज की कमी नहीं होगी। मेरे मालिकाना हक वाले जमीन पर मैंने एक सुन्दर घर बनाया है। वह गाँव के बगल में ही है..याद रखना: तुम्हें हमारे

सामाजिक स्तर के लोगों से जुड़ने की पूरी आजादी मिलेगी लेकिन मैं नहीं चाहता कि तुम गंदे और गरीब लोगों के साथ संपर्क रखो।

– यह पक्षपात है पिताजी। जिस कान्वेंट में मैं तीन साल रही वहाँ मुझे सिखाया गया कि मुझे किसी भी इंसान की, उनके सामाजिक स्थिति, राष्ट्रीयता या जाति, विश्वास या धर्म की परवाह किये बिना इज्जत करनी चाहिए। हम जो अपने हृदय में रखते हैं। हम उसके काबिल हैं।

– वे नन सच्चाई से परे हैं क्योंकि वो अकेले रहती हैं। मुझे वहां तुम्हें जाने की इजाजत नहीं देनी चाहिये क्योंकि तुम पूरी बकवास बातें सीख कर आई हो। तुम्हारे माँ के विचार, जिसकी अब मैं नहीं सुनता।

– मैं हमेशा सपना देखती थी कि यह नन बने। क्रिस्टीन मेरे लिए परमेश्वर का तोहफा थी। मैंने धर्म के जितने प्रतिबोध मुझे आते थे मैंने सब इसको सिखाए। जब यह पंद्रह साल की हुई, मैंने इसे आश्रम भेज दिया क्योंकि मैं इसके पेशे को लेकर दृढ थी। मगर, तीन साल बाद, इसने छोड़ दिया और यह अब भी बहुत दुखदायक है। यह मुझे इसके द्वारा दी गई निराशाओं में सबसे बड़ी निराशा थी।

– वह आपका सपना था, माँ, मेरा नहीं। यहाँ परमेश्वर की सेवा करने के बहुत से रास्ते है। उनको और उनकी इच्छा को समझने के लिए मुझे नन बनने की जरूरत नहीं है।

– बिलकुल भी नहीं। मैं इसकी अच्छे से शादी कराऊंगा। मेरे पास अभी से कुछ विचार हैं। अब समय है कि इससे पर्दा हटाया जाये।

ट्रैन की सीटी रुकने का इशारा करती है। गाँव आता है; क्रिस्टीन ग्रामीण इलाकों को खिड़की से देखती है। उसका दिल तनाव में आता है और अपने शरीर में थोड़ी कंपकंपी महसूस करती है। उसके विचार बिना किसी पूर्व चेतावनी के शंकाओं से भर गए। मिमोसो में उसका क्या इंतजार कर रहा था? हमारे साथ रहें, पाठको।

क्रिस्टिन और हेलेना, अपने घेरे वाले स्कर्ट के साथ, ट्रेन के निकास द्वार से बाहर निकलीं। मेजर को यह पसंद नहीं आया। चारों बाहर निकले

और उत्सुकता की एक लहर आम लोगों में दौड़ गई। उन्होंने शिष्टता के साथ बर्ताव किया। मेजर ने विनम्रता के भाव से रियानियो का स्वागत किया। उसके बाद वह अपने घर के लिए निकल गए, जो गाँव के उत्तरी भाग में था।

बंगले में आगमन

क्रिस्टीन, मेजर, हेलेना और गेरुसा अपने नए घर में पहुँचे। यह ईंट और मोर्टार का बना घर है, बंगले जैसा, करीब 1600 स्क्वायर फीट का निर्माणाधीन क्षेत्र, जो फलों के बागों से घिरा हुआ है। अंदर में दो बरामदे, चार बेडरूम, एक रसोई और एक लांड्री क्षेत्र और एक स्नानागार है। बाहर में नौकरों के कमरे और स्नानागार हैं। चारों शान्ति से चल रहे थे जब तक मेजर ने नहीं बोला।

– यह है हमारा घर जिसे मैंने कुछ महीनों पहले बनाया था। आशा है तुम्हें पसंद आएगा। यह बड़ा और आरामदायक है।

– यह बहुत अच्छा दिखाई दे रहा है। मुझे लगता है हम यहाँ खुश रहेंगे। (हेलेना)

– मैं भी यही उम्मीद करती हूँ, चेतावनी जो अभी मिली है उसके बावजूद। (क्रिस्टीन)

– चेतावनी बकवास है। तुम यहां खुश रहोगी, मेरी बेटी। यह जगह अच्छी है, अच्छे और मिलनसार लोगों से भरी हुई है। (मेजर)

चारों घर के भीतर घुसे। उन्होंने अपना सामान निकाला और आराम फरमाया। यात्रा बहुत थकान भरी और लंबी थी। अगले दिन, वह पूरी जगह में अच्छे से घूमेंगे।

महापौर से मुलाकात

नये दिन की शुरआत होती है और मिमोसो खुद को ग्रामीण समुदाय के स्वरुप में पेश करती है। किसान अपने घरों से बाजार आते हैं और खुद को कठिन परिश्रम के लिए तैयार करते हैं, व्यवसायी भी। बच्चे अपनी माताओं के साथ नए बने स्कूल में जाते हैं। गधे सामान्यत: अपना सामान और इंसान लादे घूमते हैं। वही, एक खूबसूरत बंगले में मेजर निकलने के लिए तैयार होता है। वह पेसकुएइरा में महापौर से मिलने के लिये जाता है। हेलेना उसकी जैकेट को सीधी करती है।

– यह मुलाकात मेरे लिये बहुत महत्वपूर्ण है, मेरी पत्नी। महत्वपूर्ण जमींदार वहां होंगे जैसे कि काराबिअस के कर्नल। मिमोसो में मेरी जगह की पुष्टि करनी है।

– आप वहां अच्छा ही करेंगे क्योंकि पूरी जगह में केवल आप ही नेशनल गार्ड में मेजर के स्तर पर हैं। इस जगह को खरीदने का विचार अच्छा था।

– बिलकुल। मैं दूरदर्शी और हथकंडों वाला आदमी हूँ। जब से मैं अलागोस छोड़ यहाँ आया हूँ, तब से मैंने केवल जीत ही हासिल की है।

– हमारी बेटी क्रिस्टीन के लिए पद मांगना मत भूलना। उसने भी कुछ कम नहीं किया है। जो शिक्षा उसने शाला में पाई है वह किसी भी तरह के काम के लिए पर्याप्त है।

– तुम्हे चिंता करने की जरूरत नहीं है मुझे पता चलेगा कि कैसे उसे मनाने के लिए कि हमारी बेटी बुद्धिमान है और एक अच्छी नौकरी की हकदार है। ठीक है, मुझे जाना चाहिए मैं बैठक में देर नहीं करना चाहता हूँ।

एक चुम्बन के साथ मेजर अपनी पत्नी हेलेना को अलविदा कहता है। वह दरवाजे की ओर जाता है, उसे खोलता है और निकल जाता है। उसके विचार बैठक में जो बातें उसने बोलनी हैं उस पर केंद्रित हैं। वह ताकत, महिमा और सामाजिक शेखी के बारे में सोचता है जो उसके मेजर होने के पद के कारण मिलेंगे। वह बड़े सपने देखता है। वह राज्यपाल के दोस्त बनने का सपना देखता है, जिससे उसे ज्यादा फायदा मिलेगा। आखिरकार, जिससे उसका मतलब था वह थी ताकत, और उसकी बेटी का भविष्य। बाकी केवल प्यादे बन कर रह गए थे उसके खेल में। वह गतिमान हुआ क्योंकि पांच मिनट में पेसकुएइरा के लिए ट्रेन छूटने वाली है। एक पल के लिये, उसने रास्ते में चल रहे गरीब लोगों को देखा। वह पछताता है और अपना चेहरा दूसरी तरफ कर लेता है। सबसे नर्म और अपवर्जित रहना उसके लिये केवल चुनाव का समय था। जब वह समय गुजरता है, वह अपना मूल्य खो देते हैं और उसके बाद मेजर उनकी जरूरतों और मांगों पर ध्यान नहीं देता। गरीब, जो कर्नल के तहत थे, वे अनपढ़ थे। मेजर चलता रहता है और ट्रेन स्टेशन पहुँच जाती है। जब वह पहुँचता है, वह टिकट खरीदता है और चढ़ जाता है।

ट्रेन में, वह सबसे उत्तम सीट ढूंढता है और अपने बचपन को याद करता है। वह एक गरीब लड़का था, जो मासियो के उपनगरी भाग से था, जिसने कैंडी बेचने का काम किया था। वह अपमान और यातना जो उसके पिता द्वारा दिए गए हैं और अपने बड़े भाईयों के साथ हुई लड़ाईयों को याद करता है। यह वह समय था जो वह भूलना चाहता है लेकिन उसकी यादें जिद्दी रूप से आना बंद नहीं करती। सबसे ज्यादा याद उसे सौतेली माँ के साथ हुई लड़ाई और उसे मारने के लिए चाकू चलाना याद आता है। खून के धब्बे, चीख, रोना और उसके यह दृश्य दिमाग में आने के बाद वहां से भाग जाना। वह भिखारी बन गया और उसके बाद जल्द वह

ड्रग्स, दारु और अपराध का शिकार हो गया। वह उस दुनिया में करीब पांच साल के लिये डूबा रहा जब तक एक धार्मिक महिला ने उसे गोद नहीं ले लिया। वह बड़ा हुआ, आदमी बना और हेलेना से मिलता है, एक किसान की बेटी, जिससे वह शादी करता है। कुछ समय बाद, उनकी पहली और केवल एक पुत्री, क्रिस्टीन का जन्म होता है। वह रेसीफे में बस जाता है। वह नेशनल गार्ड में मेजर की नौकरी खरीद लेता है और जमीन के लिए बहुत खोज करता है। वह पश्चिमी तरफ का पेसकुएईरा तक सब कुछ जीत लेता है। वह जमीनों पर कब्जा कर लेता है और बहुत ही ताकतवर आदमी बन जाता है जो कि प्रसिद्ध और इज्जतदार है। वह हर तरह से खुद को बड़ा आदमी समझता है। जीवन ने उसे मजबूत, समझदार और जीतने वाला आदमी बनना सिखाया है। वह अपने लक्ष्य को पाने के लिए इन सब चीजों का जरूर उपयोग करेगा। अभी भी ट्रेन में उसने अपने पीछे ध्यान दिया, एक महिला जिसके गोद में बच्चा था। वह क्रिस्टीन और उसकी मासूमियत और खूबसूरती को याद करता है जब वह छोटी थी। वह यह भी याद करता है कि उसने क्रिस्टीन को जन्मदिन पर जो उपहार दिया था, एक गुड़िया। वह उसे उपहार देता है, वह निहारती है और उसे पिता कहकर पुकारती है। वह भावुक हो जाता है लेकिन रो नहीं सकता क्योंकि आदमी खुले में यह नहीं कर सकते। उसकी छोटी क्रिस्टिन अब जवान और खूबसूरत लड़की हो गई थी। उसे उसकी शादी और कुछ कर्तव्यों का इंतजाम करना होगा। उसके बारे में सोचते हुए वह एक झपकी ले लेता है। ट्रेन हिलती है, वह उठता है और जेबघड़ी को समय पता करने के लिए ढूंढता है। वह देखता है कि मिलान का समय जल्द ही है। ट्रेन गतिमान होती है, पेसकुएइरा दिखने लगता है और उसका हृदय शांत होता है। अब उसका दिमाग मिलान के लिए केंद्रित है और वह अपने किसान दोस्तों से होने वाले मिलान के बारे में सोचता है। ट्रेन रुकने की आवाज करती है और मेजर शीघ्र उतरने के लिए खड़ा होता है। जिंदगी त्याग मांगती है और उससे बेहतर इसे कौन जानता था। उसके बालपन का समय और जिंदगी के अनुभवों ने उसकी योग्यता को बढ़ा दिया था। ट्रेन अंततः रूकती है और वह शहर के राजनितिक मुख्यालय की और बढ़ता है।

अभी सुबह के 8 बजे हैं और बडा सा भवन पहले ही भर चुका है। मेजर प्रवेश करता है, अपने जाने वाले लोगों को प्रणाम करता है और अपने लिए सुरक्षित रखी हुई सीट पर बैठता है। सभा अभी आरम्भ नहीं हुई है। जोर से पूरे मुख्यालय में आवाज आती है। कुछ देरी की, कुछ अपने जानने वालों की। यहाँ महापौर के कार्यालय में ना बैठ पाने की शिकायत करते हैं। भवन प्रबंधक बेफजूल में स्थिति पर नियंत्रण करने की कोशिश करता है। अंततः महापौर के सचिव आते है, शांत रहने को कहते हैं और सब उनकी बात मानते हैं। वह घोषणा करते हैं:

– *महापौर होरासीओ बारबोसा। अब आपको संबोधित करेंगे।*

महापौर आते हैं, अपने कपडे सीधे करते हैं और भाषण देने की तैयारी करते हैं:

– *सुप्रभात, मेरे देशवासियों। यह बड़े संतोष की बात है। मैं आपका इस सीट जो हमारे निगम के ताकत और शक्ति का प्रतिनिधित्व करती है से आपका स्वागत करता हूँ। मैंने बड़ी खुशी के साथ आपको हमारे निगम और मिमोसो और कराबायस के राजनीतिक प्रतिनिधियों के शक्तिकरण के बारे में बात करने के लिए बुलाया है। हमारा नगर निगम व्यवसाय और कृषि के क्षेत्र में बढ़ने लगा है*

जंगलों के बीच में, हमारा मुख्य व्यवसायिक बिंदु मीमोसो है। यहाँ हमारे राजनैतिक प्रतिनिधि, मेजर क्विन्टिनो, मौजूद हैं। जंगलों के बीच में हमारा कराबायस है, और उसकी पैदावार की हुई खेती ने हमारे शहर को लाभ दिया है। कारअबिअस के कर्नल, मि. सोरेस भी यहाँ है। हमारे नगर निगम का पर्यटन भी रेलरोड बनने के बाद बढ़ रहा है। जैसा कि आप देख सकते हैं हमारा नगर निगम बढ़ रहा है...

..

..

अंततः मैं मिस्टर सोरेस और मिस्टर. क्विन्टिनो का धन्यवाद करता हूँ। कृपया उनके लिए ताली बजायें।

सभा खड़ी होती है और उनका सम्मान करती है।

– मेरे महापौर होने के अधिकार से मैं आपको अपनी सम्बंधित बस्तियों का प्रमुख बनाता हूँ। आपका काम राज करना, जनता के हित में, कर को देखना, और कानून और न्याय को हमारे हित में करना है। मैं आपकी हर तरह से सहायता करने का वचन देता हूँ।

उन्हें इनाम दिया गया और सबने ताली बजायी। क्विन्टिनो मेयर की तरफ इशारा करते हैं और दोनों मंच से उतरते हैं। वे आपसी बातचीत करेंगे। दोनों एक प्रतिबंधित कमरे में प्रवेश करते है।

– मैंने आपसे समय इसलिए माँगा क्योंकि मेरे पास दो प्रश्न हैं जिन पर मैं आपसे चर्चा करना चाहता हूँ। पहला, मुझे कर में ज्यादा हिस्सा चाहिए और दूसरा मुझे अपनी बेटी क्रिस्टीन के लिए काम चाहिये। जैसा की आप जानते है मिमोसो व्यवसायिक कामों के लिए महत्वपूर्ण बिंदु हो गया है जब से रेलरोड की स्थापना हुई है तब से लाभ में प्रांतीय अनुपात बढ़ गया है। तो फिर मैं ताकतवर और शक्तिशाली बनना चाहता हूँ और क्या पता, आपका वारिस भी बन जाऊँ। और तो और मुझे मेरी बेटी क्रिस्टीन के लिये एक अच्छी नौकरी और अच्छी तनख्वाह चाहता हूँ। हाल ही में वह............ स्थिर रही है।

– लाभ की बातों के लिए, तुम्हारा प्रश्न असम्भव हो गया है। शहर में बहुत खर्चे हैं और मेरा प्रबंधन साफ और सख्त है। व्यक्तिगत रूप से, मैं कुछ नहीं कर सकता। और रही नौकरी की बात तो क्या पता मैं उसे शिक्षक का पद दे दूं।

– कैसे तुम्हारा प्रबंधन साफ और सख्त है? यहाँ का भ्रष्टाचार बदनाम है। याद रखो मैंने तुम्हारे राज्यपाल को समर्थन दिया और उसे बहुत प्रतिशत मतदान दिलाया। अगर मैं जो मांग रहा हूँ वो तुम मुझे नहीं दोगे तो मैं समर्थन वापस ले लूंगा।

महापौर चुप था, और अपने कार्यालय के बारे में सोचा। उसने अपनों निगाहें क्विन्टिनो पर गड़ा दी और कहा:

– तुम सच में बहुत बेकार हो। मैं तुम्हारे दुश्मनो में से एक नहीं होना चाहता। बहुत अच्छे, मैं तुम्हारा प्रतिशत बढ़ा दूंगा और तुम्हारी बेटी को कर टैक्स कलेक्टर का पद देता हूँ। यह कैसा है?

मेजर क्विन्टिनो के चेहरे पर एक छोटी से मुस्कान आ गई। उसकी बातें महापौर को समझाने के लिए काफी थीं। वह सच में एक विजेता और लड़ाकू था।

– बहुत अच्छे, मैं मानता हूँ। समझने के लिए धन्यवाद। महामहिम।

क्विन्टिनो ने अलविदा कहा और कमरा छोड़ दिया। मिलान खत्म हो गया और सब बरामदे से चले गए।

किसानों की मुलाकात

सुनवाई के बाद शहर पेसकुएईरा के मुख्य लोग एक पास के बार मे इकट्ठा हुए। उन लोगो मे थे, संहारो के कर्नल (श्री गोंसाल्वेस), काराबिअस के कर्नल (श्री सोअरेस) और मिमोसो के मेजर क्विन्टिनो। उन्होंने साथ में खुशी-खुशी ताकत और प्रतिष्ठा की बातें की।

-रेलवे का कार्यान्वयन सरकार के लिए तुरुप का पत्ता साबित हुआ। इसने धन के उत्पादन और विपणन को बढ़ाया। पेसकुएईरा पहले ही राज्य स्तर पर चर्चित है। इसके जिलों को कई शैलियों में संदर्भित किया गया है। उदाहरण के लिए उसका जिला मिमोसो एक बहुत ही महत्वपूर्ण सामरिक स्थल है। मैं अभी से इसके सारे फायदे देख सकता हूँ कि मैं इस परिस्थिति का जरूर लाभ उठा पाऊँगा जिससे मैं धन दौलत, सामाजिक शेखी और बिना किसी रूकावट के अप्रतिबंधित आदेश का अधिकार अर्जित कर पाऊंगा। मेरे दुश्मनों के लिए कोई मोहलत नहीं होगी और मैं उनके साथ बहुत ही सख्ती के साथ व्यवहार करूँगा। मेरा समूह पहले ही विद्रोह के लिए तैयार है (मेजर क्वीन्टनो)।

--काराबिअस गांव की बात की जाये तो रेल मार्ग ने हमारे वित्त पर कोई असर नहीं किया क्योंकि वो हमारे जिले से होकर ही नहीं गुजरती। सरकार ने गांव के शुरूआती मार्ग से पहले ही उसका रास्ता बदल दिया क्योंकि उस गांव की मिट्टी रेल पटरी लगाने हेतु ठीक नहीं थी पर हमारा जिला एक बहुत ही महत्वपूर्ण कृषि क्षेत्र है। यहां के

उत्पाद आस-पास के जिलों में भेजे जाते हैं। एक कर्नल की हैसियत से मैं इस क्षेत्र में हावी हूँ और मेरी यहां बहुत इज्जत है। जो भी मेरे दुश्मन हैं वो ज्यादा दिन जीवित नहीं रह पाएंगे।

-संहारो में रेल मार्ग की स्थापना महत्वपूर्ण तो थी पर यहां सिर्फ यही आय का स्त्रोत नहीं है। यहां कृषि बहुत ही अच्छी है और हम जिले स्तर पर श्रेष्ठ हैं। हमारे यहां दूध और मीट उच्च स्तर के हैं और इनका उत्पादन बहुत ही अच्छा है। और रही दुश्मनों की बात तो मैं उनके साथ वैसा ही व्यवहार करूँगा जैसा तुम करोगे। हमें कर्नल प्रणाली की ताकत को बनाये रखने की बहुत जरूरत है।

-ये एकदम सही बात है। हमें इस प्रणाली को हमारे भले के लिए बनाये रखना होगा। हेराफेरी करके मतदान, धोखा करके और एहसान के जाल.. ये सब हमें बहुत फायदे पहुँचातें हैं। हमारी ताकत शक्ति अत्याचार, दबाव और धमकी के जरिए ही बढ़ती है। ब्राजील एक बहुत ही बड़ी शक्ति संरचना है जहाँ सिर्फ ताकतवर ही जीवित रह सकता है। दक्षिणपूर्व से लेकर जहां कॉफी की अच्छी पैदावार करने वाले लोग रहते हैं उत्तरपूर्व तक कर्नलों का राज है और पूरी प्रणाली एक ही है। इनके बीच सिर्फ नाम और परिस्थिति बदलती है। हमें लोगों को यहां शांत और सहने लायक रखना पड़ता है क्योंकि यही हमारे महत्वाकांक्षा और लक्ष्य के लिए सबसे सही है(मेजर)।

-मैं पूरी तरह से राजी हूँ और लोगों को शांत और सहमत रखने के लिए हमें हमारी निर्दयता, उत्पीड़न और अधिनायकवाद बनाए रखने की जरूरत है। लोगों को हमसे डरना चाहिए। वरना हम अपनी इज्जत और हमारे फायदे खो देंगे। ये दुनिया बहुत ही अनुचित है और हमें उस छोटी सी आबादी का हिस्सा रहना है जो कि विजेता हैं। और जीतने के लिए हत्या करना, बेइज्जत करना और विचारों और मान को नीचे गिराना बहुत जरूरी है और हम यही करेंगे भी। (काराबिअस के कर्नल)

यह सब बातचीत बहुत ही उत्साह के साथ औरतों, शौक और अलग मामलों के बारों में चलती रही। करीब-करीब दो घंटे बातचीत में बीत

गए। उसके बाद मेजर क्विन्टिनो उठे और सभी को अलविदा कहा और वापस चले गए। ट्रेन जो कि पेसकुएइरा-मिमोसो के तरफ जाती है वो जल्द निकलने वाली थी।

घर वापसी

मेजर पेसकुएइरा रेल स्टेशन की तरफ जल्दी में निकल गए। उनके स्टेशन पहुँचने पर ट्रेन स्टेशन पर खड़ी थी और निकलने ही वाली थी। वे तुरंत टिकट घर गए और टिकट खरीदी, बख्शीश दी और ट्रेन की तरफ निकल गए। वे ट्रेन में चढ़े और कलेक्टर को देर से सेवा करने के लिए फटकारा और बैठ गए। ट्रेन ने निकलने का संकेत दिया और फिर मेजर खुद को अपने योजना की तरफ केंद्रित करने लगे। वे खुद को पेसकुएइरा के महापौर, राज्यपाल का दायां हाथ और कम से कम पाँच बच्चों के नाना के रूप में देखते थे। वे बच्चे उनके बेटी क्रिस्टीन और उनके दामाद के होंगे जो कि मेजर खुद चुनेंगे। क्योंकि एक इंसान तभी सफल पुरुष बनता है जब वो अपने बच्चों की शादी खुद के दम पर करवा सके। इसी के साथ ट्रेन निकल पड़ी और अपने साथ सपनो में खोये हुए मेजर को भी साथ ले चली।

ट्रेन की चाल रोज की तरह ही सामान्य है। सभी मुसाफिर बहुत ही सुकून और आराम के साथ बैठे हुए हैं। एक कर्मचारी यात्रियों को रस और स्नैक्स प्रदान करता है मेजर ने स्नैक्स लिए, उसे खाया और अपनी जीत और सफल होने के स्वाद की कल्पना करने लगे। वे एक मुलाकात से अपनी योजना कार्यान्वित करके वापस जो लौट रहे थे। वे अब ज्यादा प्रतिशत कर और अपनी बेटी के लिए एक अच्छी नौकरी के हकदार थे। इससे ज्यादा उन्हें और क्या चाहिये था। वे एक सफल इंसान थे जो अपनी शादी से खुश और एक सुंदर बेटी के पिता थे। उनके पास नैशनल गार्ड

में मेजर का पद था जो कि उन्होंने अर्जित किया था और इसके जरिये उनके पास राजनैतिक रूप से मिमोसो पर हावी होने का पूरा अधिकार था। अब इससे ज्यादा खुशी उन्हें तभी मिल सकती थी जब वे खुद कर्नल बन सकें, राज्यपाल का दायां हाथ बन सकें और अपनी बेटी की शादी किसी अच्छे दामाद से करवा दें। ये जरूर होने वाला ही था। समय गुजरता गया और ट्रेन छोटे से शहर मिमोसो के करीब पहुंच गई जो कि उनकी चुनावी बैठक थी। वे खबर को अपनी जिंदगी की दोनों औरतों को बताने को बहुत उत्सुक थे। अचानक से ट्रेन की रफ्तार बढ़ने के कारण उनकी दिल की धड़कन बढ़ गई और ठंडी हवा उनके शरीर पर लगी। ये शायद कुछ भी नही है, उन्होंने खुद मन में सोचा। फिर ट्रेन की रफ्तार धीरे से कम हुई और वे शांत हो गए। मिमोसो धीरे-धीरे पास आते जा रहा है। एक पल के लिए उन्होंने सोचा कि काश ये दुनिया सबके साथ एक सी हो और हर कोई इसमें विजेता हो। वे अपने इस विचार से हटने की कोशिश करने लगे। फिर उन्हें अहसास हुआ कि बचपन में जिंदगी कैसी थी और वे समझ गए कि ये हर मिनट बदलने वाली नहीं है। वे अभी भी अपनी पीड़ा के निशान को साथ में रखे हुए थे। उनके पिता की दी हुई सजा, बड़े भाई के साथ हुई लड़ाइयाँ, और हत्या जो उन्होंने की थी। उनके दिमाग मे उस समय की ये सभी स्मृतियाँ बरकरार थीं। अगर उनसे हो पाता तो वो उन सारी स्मृतियों को कचरे में अपने से कोसों दूर फेंकना चाहते थे। ट्रेन ने सीटी दी कि अब रुकने वाली है। सारे यात्री अपने कपड़े और बाल संवारने लगे। ट्रेन रुकी और सारे मुसाफिर उतर गए जिनमे मेजर भी थे। मेजर को आराम मिला और उनके चेहरे पर मंद सी मुस्कान आ गई। आखिर वे पेसकुएइरा से जीत के साथ पहुंच चुके थे।

घोषणा

ट्रेन से उतरने के पश्चात मेजर स्टेशन की तरफ बढ़े और रीवानियो के पास जाकर उनका हाल चाल पूछा। रीवानियो ने हाँ कहा और फिर मेजर ने उनसे विदाई ली और अपने घर की ओर बढ़ने लगे। घर के रास्ते में कुछ लोगों से उन्होंने मुलाकात की और उन लोगों ने पढ़ाई की बातें की। उसके बाद वे थोड़ी तेजी से घर की ओर बढ़ने लगे और कुछ मिनटों में वे घर के पास पहुंच गए। घर पहुंचने के पश्चात वे बिना किसी अभिवादन के सीधा अंदर आ गए और उन्होंने गेरुसा को घर की सफाई करते हुए पाया। उन्होंने उसे अपनी बेटी और पत्नी को बुलाने को कहा। वे दोनों आयीं और उन्होंने उनका गले मिलकर अभिवादन किया। फिर मेजर ने उनसे बैठने को और सुनने को कहा।

--मैं अभी तुरंत ही मुलाकात से आ रहा हूँ जो कि पेसकुएइरा में थी और खबर इससे अच्छी नहीं हो सकती। पहली कि मैं अब कर वसूली से ज्यादा कमाई कर पाऊँगा और दूसरी कि मैंने कर टैक्स कलेक्टर की नौकरी हमारी प्यारी बेटी क्रिस्टीन के लिए पक्की करवा दी। तुम क्या सोचती हो?

--बहुत खूब। मुझे एक सच्चे चरित्र के इंसान की पत्नी होने पर बहुत गर्व है। हम सिर्फ और अमीर और शक्तिशाली होते जाएंगे समय के साथ मुझे यकीन है।

--मैं आपके लिए बहुत खुश हूँ पिताजी। पर आपको नहीं लगता कि टैक्स कलेक्टर की नौकरी मेरे लिए थोड़ी मर्दाना है?

--क्या तुम खुश नहीं हो बेटी? ये एक बहुत ही अच्छी नौकरी है एकदम सही परिश्रम के साथ। मझे नहीं लगता कि यह आदमियों के लिए है। यह एक बहुत ही भरोसेमंद इंसान के लिए नौकरी है जिसे सिर्फ तुम ही कर सकती हो।

--हाँ, यह बहुत ही अच्छी नौकरी है। उसकी माँ होने के नाते मझे यह नौकरी मंजूर है।

--ठीक है। मझे यह नौकरी स्वीकार है। तो मैं कब से काम करना शुरू करूं?

--कल से। तुम्हारा काम आधिकारिक टैक्स कलेक्टर क्लाउडियो जो कि पाउलो परेरा का बेटा है जो कि पेट्रोल पंप के मालिक हैं के हर काम पर नजर रखने की होगी। वो एक समझदार और ईमानदार इंसान हैं पर कहते हैं ना अवसर इंसान को बनाता है।

--मुझे लगता है कि यह काम मेरे लिए सही रहेगा। यह नए लोगों से मिलने और दोस्त बनाने हेतु एक अच्छा अवसर है।

मेजर उठते हैं और नहाने हेतु प्रस्थान करते हैं। क्रिस्टीन अपने बुनने के काम पर वापस लौट जाती है जो वो अपने पिताजी के आने के पहले कर रही थी और हेलेना रसोई में नौकरानी को काम करने का आदेश देने जाती है। कल का दिन क्रिस्टीन के काम का पहला दिन होगा।

काम का पहला दिन

एक नए दिन की शुरुआत हुई। सूर्य पूरे शबाब में अपनी रोशनी बिखेर रहा है, चिड़ियाँ अपना गाना गा रही हैं और सुबह की ताजी हवा बंगले को ढके हुए है। क्रिस्टीन एक बहुत ही गहरी और पुनः सशक्त नींद के बाद अभी उठी। कल रात को उसे जो सपना आया उसको देखने के बाद उसे गहरा आघात पहुँचा। उसने सपने में कान्वेंट और ननों को देखा जिसकी वे अपने तीन साल के धर्म के प्रति आस्था के दौरान बहुत मानने लगी थी। वे उसकी शादी में आई हुई थीं। इसका मतलब क्या हुआ? उसने शादी के बारे में अब तक कुछ भी सोचा नही था। वो अभी जवान, आजाद और संयोजनों से परिपूर्ण थी। उसकी खुद की अंदर से आत्मसुरक्षा की भावना अंदर से रो पड़ी। नहीं, वो शादी के लिए अभी तैयार नही थी। उसने अपने बिस्तर पर अंगड़ाई ली और समय देखा। साढ़े छह बजने वाले थे। वो उठी और जम्हाई लेते हुए स्नानघर के तरफ गई। वो अंदर गई, नल चालू किया और नल से निकलते ठंडे पानी से वो पुरानी यादों में चली गई। उसे माली की याद आई जो काम करता था और उनके बेटे की जिसने उसे प्यार में बंदी बनाया था। वो दोनों साथ में घूमने लगे और प्यार भरे खेल खेलने लगे और जल्द उसे पता चल गया कि वह प्यार में है। पर एक दिन उन्हें चुम्बन लेते हुए एक दिन एक नन ने देख लिया। उसने वहाँ की मदर से बात की और उसका सामान पैक करके उसे कान्वेंट से निकाल दिया गया। उस दिन उसे गहरा सुकून मिला। एक सुकून जिसमें उसे अब खुद से या खुद की जिंदगी से झूठ नहीं बोलना पड़ेगा। माली के बेटे से उसका संपर्क पूरी तरह तोड़ दिया गया और समय के साथ वो

उसे भूल गई और वापस घर आ गई। उसके माता और पिता ने आश्चर्य के साथ उसका घर पर अभिवादन किया। उसने अपनी माता को निराश कर दिया और पिता को एक नई आशा दी जो कि उसे शादीशुदा और बच्चों के साथ देखना चाहते थे। समय गुजरता गया और उसे उसके बाद कभी प्यार नही हुआ। उसने बुनाई और कढ़ाई का काम सीख लिया समय गुजारने के लिए। अब वह एक टैक्स कलेक्टर की नौकरी पा चुकी थी अपने पिता के कारण। उसे अपनी इस नई स्थिति को देखकर चिंता और बेचैनी हुई। उसने नल बन्द किया, साबुन लगाया और अपने नए साथ वाले सहकर्मी क्लाउडियो के बारे में सोचने लगी। उसने एक लंबे, गोरे और बहुत सारे टैटू वाले इंसान की कल्पना की। उसने जो सोचा उसे वो अच्छा लगा और वो नहाती रही। उसने अपने शरीर को जोर से रगड़ा जैसे वो अपने मन का मैल निकाल रही हो। उसने नल बन्द किया और दो तौलियों को निकाला। एक से उसने शरीर को लपेटा और एक से सिर को बांधा। वो बाहर निकली और रसोई की तरफ नाश्ते करने को बढ़ी। वहां वो बैठी, खुद के लिए कुछ केक परोसा और फिर अपने माता पिता का अभिवादन किया। मेजर ने वार्तालाप करना शुरू किया।

--क्या तुम रोमांचित हो बेटी? मैं आशा करता हूँ कि तुम्हारा पहला दिन काम का बहुत अच्छा जाए। तुम्हें बहुत कुछ क्लाउडियो से सीखने को मिले। वो एक बहुत ही अच्छा टैक्स कलेक्टर है।

--हाँ, मैं हूँ। मैं अपने काम पर जाने के लिए बहुत ही उत्सुक हूँ क्योंकि बुनाई और कढ़ाई में अब उतना मजा नहीं है जितना हुआ करता था। अब इस काम में मेरा अच्छा समय गुजरेगा भले ही यह थोड़ा सा मर्दाना है।

--फिर से वही बात? क्या तुम देख नही सकती कि तुम्हारी इन कटाक्ष बातों से कितना बुरा लगता है तुम्हारे पिता को? वो तुम्हारे लिए हर काम करते हैं।

--माफ करना मुझे तुम दोनों। मैं कुछ विचारों के साथ थोडी जिद्दी हूँ।

क्रिस्टीन ने अपना नाश्ता खत्म किया, अपने अभिभावकों को नमस्कार किया और दरवाजे के तरफ बढ़ी। उसने दरवाजा खोला और पेट्रोल पंप की तरफ बढ़ी। रास्ते मे शंकाओं ने उस पर बहुत हमला किया कि कहीं क्लाउडियो उसके साथ बुरा बर्ताव तो नही करेगा? क्या वह उसकी काम में इज्जत करेगा? वो उसके बारे में कुछ नही जानती थी सिवाए इसके कि वो परेरा का बेटा है और उसकी दो बहने हैं फबीएना और पैटरिसिया। वो चलती रही और जैसे ही वो पेट्रोल पंप पहुँची उसे और भी व्याकुल और बेचैनी महसूस होने लगी। वो रुकी और उसने थोड़ी लंबी सांस ली। उसने अपनी आत्मशांति के लिए अपने आस-पास के वातावरण, दुनिया की सारी अच्छी चीजों पर अपना ध्यान लगाने लगी। उसने अपने कान्वेंट में ननस के द्वारा पढ़ाए हुए सारे पाठ के साथ दुनिया को अलग नजरिये से देखने की सीख को याद किया। उसने जीवन के उन तीन सालों में पढ़े हुए सारी आध्यात्मिक चीजों को याद किया जिनका अब कोई मतलब नहीं था। अब वो जीवन के उस दौर में थी जब उसका नए लोगों से मुलाकात करना, नए शिल्प की शुरुआत करना शुरू होने वाला था और क्या पता इससे उसका नए लोगों और दुनिया को देखने का नजरिया बदल जाये। ये उसको समय बदलने के साथ ही पता चलेगा। वो अपने रास्ते में चलती रहती है। अब उसके अंदर एक नई ऊर्जा का स्रोत पैदा हुआ और उसे अच्छा लगने लगा। उसे अब बहादुर बनकर रहना था जैसी वो एक समय में थी जब उसने अपनी मदर के सामने सच कबूला था कि वो पूरी तरह प्यार में थी। फिर उन्होंने उसका सामान समेटा और उसे कान्वेंट से निकाल दिया। पर उसके बाद उसे अलग ही सुख की अनुभूति हुई कि जैसे उसके शरीर से कोई बड़ा भार हट गया हो। अब वह दुनिया के सारे मोह-माया से दूर अपने सारे दोस्तों से दूर अब एक दुनिया के दूसरे छोर में बिना किसी आराम के आ गई थी। कुछ मिनट और गुजर गए। अब वो पेट्रोल पंप के पास आ गई थी। उसने अपने बालों और कपड़ों को ठीक किया ताकि वो एक अच्छा प्रभाव छोड़ सकें। उसने एक आखिर बार लंबी सांस ली और अंदर घुसकर खुद का परिचय दिया।

---मेरा नाम क्रिस्टीन मतिअस है। मैं मेजर क्विनटिनो की बेटी हूँ। क्या क्लाउडियो जो कि टैक्स कलेक्टर हैं घर पर हैं।

--मेरा बेटा यहीं पास में एक भोजनालय में खाने को गया हुआ है। मैं उसको बुला देता हूँ। ये मेरी दो बेटियां फबीएना और पेट्रीसिया हैं और मैं परेरा हूँ।

क्रिस्टीन ने उनके गाल पर चुम्बन करके अभिवादन किया।

--अच्छा तो आप वो प्रसिद्ध क्रिस्टिन हैं। मुझे यकीन नहीं हो रहा कि आज तक मैंने आपको देखा नहीं। तुम घर पर ही दिन भर रहती हो और यह अच्छी बात नही है। पर अब हम दोस्त हैं और अब साथ में घूम सकते हैं। (फबीएना)

--तुमसे मिलकर बहुत खुशी हुई । तुम, फबीएना और मैं बहुत अच्छे दोस्त रहेंगे, ये तुम भरोसा रखो।

--बहुत बहुत शुक्रिया। मुझे तुमसे मिलकर बहुत खुशी हुई। मैं घर पर ही रहती हूँ क्योंकि मेरे घर वाले थोड़े नियंत्रित करने वाले हैं। उन्हें लगता है कि मेजर की बेटी थोड़ी अलग ही रहनी चाहिए। वे मेरे लिए कुछ ज्यादा ही चिंतित हैं।

--कोई बात नहीं। अब यह सब बदलने वाला है। अब तुम खुद को हमारी टोली का ही समझो। हम इस क्षेत्र की सबसे शरारती टोली हैं। (फबीएना)

--हमारी टोली बहुत अच्छी है। तुम्हें हमारे साथ रहने में बहुत मजा आएगा। (पेट्रीसिया)

--अपनी टोली में मुझे बुलाने का बहुत-बहुत शुक्रिया। मेरे हिसाब में कुछ रिश्ते और कुछ दोस्तों से कुछ नही बिगड़ेगा।

उनके बीच बातचीत कुछ देर तक यूँ ही चलती रही। तभी क्लाउडियो धीरे से अंदर आया और क्रिस्टीन को देखने लगा। उन दोनों की आँखें एक दूसरे से मिली और कुछ समय के लिए ऐसा लगा जैसे पूरी दुनिया मे सिर्फ वो दो ही हैं। मिलते ही दोनों के दिल की धड़कन बढ़ गई और अंदरूनी खुशी दोनों के अंदर से होकर गुजर गई।

--मेरे पिताजी ने मुझे बुलाया। क्या तुम वही लड़की हो जो मेरे काम पर निगरानी रखोगी? अब मुझे शायद उतना आराम नही मिलेगा।

क्रिस्टीन को उसका ऐसा कहना थोडा अजीब लगा। उसने इतने सीधे बात करने वाला इंसान आज तक नही देखा था।

--मेरा नाम क्रिस्टीन है। मैं मेजर की बेटी हूँ। मैं तुम्हारे काम में एक नई सहायक हूँ। क्या हम अब शुरू करें?

--हां जरूर। मेरा नाम क्लाउडियो है। हम एकदम काम करने के सही समय पर हैं। सबसे पहले हम जहां जाने वाले हैं वो एक कसाई की दुकान है। पिछले तीन महीनों से उसने कोई भी कर अदा नहीं किया है। वहाँ तुम्हारी उपस्थिति से शायद मदद मिल जाये।

---चलो तो चलें। तुमसे मिलकर बहुत खुशी हुई फबीएना और पेट्रीसिया। बाद में तुमसे मिलती हूँ।

दोनों ने उनको हाथ दिखाकर वहां से विदा ली। दोनों एक-दूसरे के साथ कसाई की दुकान की तरफ बढ़ने लगे। क्रिस्टीन को पहले की अपनी सोच पर तरस आने लगा कि उसने कुछ ज्यादा सोच लिया था क्लाउडियो के बारे में। पर तब भी उसको देखते ही अंदर से उसे कुछ महसूस हुआ। वो क्या था? वो उसे समझा नहीं सकती थी पर वो बहुत ही तेज अनुभूति थी। दोनों एक दूसरे के अगल-बगल चल रहे थे इसी बीच क्लाउडिया ने बात चीत शुरू की।

--क्रिस्टीन, तुम अपने बारे में कुछ बताओ। तुम रेसिफे से हो, सच है?

--नहीं, मैं रेसिफे में दस साल रही थी। मैं अलगाओस से हूँ। मेरा ज्यादातर बचपन वहीं गुजरा था।

--क्या कभी तुम्हारा कोई प्रेमी था?

--हाँ एक था पर वह बहुत समय पहले की बात है। मैं एक नन बनने वाली थी। मैने अपने जीवन के तीन साल अपने जीवन का मतलब समझने में निकाल दिए। जब मझे समझ आया कि इसका कोई मतलब नहीं तो फिर मैं अपना सामान लेकर वापस घर आ गई।

--ये बहुत ही बेकार होता अगर तुम नन बन गई होतीं तो। खुद को परमेश्वर को समर्पित करना एक इंसान से उसका बहुत कुछ छीन लेता है।

--खैर वो सब पुरानी बातें थी। अब मुझे अपनी नई जिंदगी और काम पर ध्यान लगाना है।

अचानक से उनकी बातचीत बंद हो गई और वे दोनों एक दूसरे के अगल-बगल चलते रहे। शहर में लोगों का आना-जाना लगा हुआ था। मिमोसो एक उद्योग स्थल बन चुका था रेलपटरी के वहां विस्तार के बाद। लोग दूर-दूर से खरीददारी करने वहां की दुकानों में आने लगे थे। कसाई की दुकान पास ही थी और खुद को कैसे पेश करूँ क्रिस्टीन को समझ नहीं आ रहा था। आखिर वह मेजर की बेटी थी तो उसे उसका मान भी रखना था। टैक्स कलेक्टर की नौकरी उसे बहुत कुछ सिखा देगी उसे पता था। अंतः वे पहुँच गए और क्लाउडियो ने दुकान के मालिक हेलिओ को अभिवादन किया।

--हेलिओ, हम आपसे पिछले तीन महीनों का कर वसूलने आए हैं। इस शहर को शिक्षा, स्वास्थ्य और स्वच्छता में तुम्हारा योगदान चाहिए। एक अच्छे नागरिक की तरह तुम इसका पालन करो।

--क्या मैने तुमको बताया नहीं कि मेरे पास पैसे नहीं हैं। धंधा कुछ दिनों से ठीक नहीं चल रहा है तो मुझे कुछ और दिनों का वक्त दो।

--मुझे अब तुम्हारे किसी बहाने से कोई मतलब नहीं। अगर तुम कर नहीं दोगे तो आगे तुम्हें दिक्कत होगी। इस लड़की को मेरे साथ देख रहे हो? ये मेजर की बेटी है। ये तुम्हारी बात से सहमत नहीं है। इसलिए सबसे अच्छी बात यही होगी कि तुम अपना कर दे दो।

हेलिओ ने कुछ पल सोचा कि क्या करना चाहिए। एक नजर में ही उसे यकीन हो गया कि यह मेजर की बेटी हैं। उसने दराज खोला, पैसे निकाले और तुरंत उनको दे दिए। दोनों ने उसका शुक्रिया किया और वापस निकल गए।

सुबह काम करते-करते बीती। वे दोनों अलग-अलग घर और दुकानों में काम से जाते रहे। कुछ कर दाताओं ने पैसे नहीं होने के हवाला देकर कर देने से मना कर दिया। क्रिस्टीन क्लाउडियो के इस प्रतिभा और आत्मविश्वास से बहुत प्रभावित हुई। सुबह इसी तरह गुजर गई और दिन खत्म हो गया। दोनों ने एक दूसरे को अलविदा कहा और अब वे दोनों पंन्द्रह दिनों बाद वापस काम करने के लिए फिर मिलेंगे।

पिकनिक

दोपहर का समय हो चला था और सूर्य की किरणें अपने चरम सीमा पर थी। भीड़ कम हो चली थी, किसान खेतों से वापस लौटने लगे थे, धोबिन कपड़ों को मिमोसो नदी के तट पर धोकर उनको लेकर वापस लौट रहीं थीं, नागरिक सेवकों की छुट्टी हो गई थी, मोची भी काम से थोड़ा आराम ले रहा था और सब खाना खाने वापस आ गए थे। क्रिस्टीन भी औरों से अलग नहीं थी और वो भी घर आ गई थी। वो घर पहुँची, दरवाजा खोला और रसोईघर की तरफ बढ़ी। उसके माता पिता पहले ही वहां मौजूद थे और गेरुसा खाना परोस रही थी।

--हमें जल्दी खाना खाने के लिए माफ करना बेटी पर आज मैं बहुत थका हुआ था और भूखा भी था क्योंकि मैं एक व्यापार के चलते मुलाकात में था। वैसे तुम्हारा आज काम का पहला दिन कैसा रहा? (मेजर)

--माफी मांगने की जरूरत नहीं । मेरा पहला दिन बहुत ही लंबा और थकान भरा था। क्लाउडियो और मैंने करदाताओं से कर देने के लिए बहुत संघर्ष किया। पर वो काम में बहुत अच्छा है। कुल मिलाकर दिन का काम अच्छा रहा क्योंकि मैंने बहुत कुछ सीखा। बस मैं पूरी तरह कह नहीं सकती कि जिंदगी भर मैं यह काम कर पाउंगी या नहीं।

--क्लाउडियो को कहना कि मुझे उन सबका नाम चाहिए जिन्होंने कर नहीं दिया। मैं मेजर हूँ और मैं ये सब लेट करना बर्दाश्त नहीं करूंगा।

--क्या तुम किसी से मिली बेटी? क्या तुमने दोस्त बनाए? (हेलेना)

--हां कुछ दोस्त बने। क्लाउडियो की बहनें बहुत अच्छी हैं।

गेरुसा ने क्रिस्टीन को खाना परोसा और वो खाना खाने लगी। वो इस दौरान शान्त रही क्योंकि उसने बचपन से यही सीखा था। गेरुसा ने रसोई का काम खत्म किया और अपने कमरे की तरफ चली गई। घर के तीनों सदस्यों ने साथ में भोजन किया। क्रिस्टीन खाना खत्म करके टेबल से उठकर अपने माता-पिता को गाल पर चुम्बन करके निकल गई। वो घर के बरामदे में बुनाई करने गई जहां ठंडी ठंडी-हवा चल रही थी। उसने धागा उठाया और बुनना शुरू कर दिया। उसके हाथों के चलते वक्त वह एक ऐसी दुनिया में पहुंच जाती थी जहां सिर्फ लोगों की सोच पहुंच सकती थी। उसने खुद को एक लंबे चौड़े शरीर वाले खूबसूरत लड़के के साथ देखा। उसने उसकी सगाई और उसके बाद शादी देखी। इसी समय उसे अंदरूनी पीड़ा का उसे अहसास हुआ और उसे चिंता हुई। वो क्षण गुजर गया और उसने खुद को तीन खूबसूरत बच्चों की मां के रूप में देखा। उसकी इस कल्पना की दुनिया में समय बहुत ही तेजी से गुजरता रहा और वह खुद को दादी और फिर परदादी के रूप में देखने लगी। उसके बाद मृत्यु आई और उसने खुद को जन्नत में परियों और प्रभु ईशु मसीह के बीच देखा। इसी बीच उसने अपने काम कर रहे कपड़े की ओर ध्यान दिया तक उसने पाया कि वो किसी परिचित इंसान का चेहरा बना रही थी। उसने अपना सिर हिलाया है और भ्रम गुजर गया। उसे क्या हो रहा था? क्या वो पागल थी या फिर क्या वह प्यार में थी? वो इस बात पर भरोसा करने को तैयार नहीं थी। वो अपना काम करती रही जब तक उसे अपना नाम जोर से सुनाई नहीं दिया। वो अपने घर के सामने बगीचे में गई जहां से उसने अपना नाम सुना था। वहां उसने फबीएना, पेट्रीसिया और क्लाउडियो को कुछ अन्य उनके उम्र के लोगों के साथ देखा।

--क्या हम अंदर आ जाएं क्रिस्टीन?

--हां जरूर, अंदर आओ इसे अपना ही घर समझो।

कुल मिलाकर छह लोग घर के बगीचे के अंदर घुसे। वहां से सब सीढ़ियों की तरफ गए जो बरामदे की तरफ जाते थे और वहां क्रिस्टीन से मुलाकात की। फबीएना ने बाकी लोगों से क्रिस्टीन का परिचय करवाया।

--ये मेरा चचेरा भाई राफेल है और ये मेरे दोस्त हैं तालिता और मार्सेला।

क्रिस्टीन ने गाल पर उनको चूम कर उनका अभिवादन किया।

--तुमसे मिलकर खुशी हुई। अगर तुम फबीएना के दोस्त हो तो तुम मेरे भी दोस्त हो।

--मुझे भी बहुत खुशी हुई। क्लाउडियो तुम्हारे बारे में बहुत बात करता है।(राफेल)

--क्रिस्टीन हम यहां तुम्हें ओरोरुबा पहाड़ के सबसे ऊपर की चढ़ाई करने बुलाने आए हैं। हम वहां पिकनिक बनाने जा रहे हैं। प्रकृति के साथ इंसानों का मिलना उनको उनके कर्म से मुक्त करने का सबसे अच्छा रास्ता है। (क्लाउडियो)

--क्या तुम चलोगी क्रिस्टीन? तुम हमेशा घर पर ही रहती हो और ये अच्छी बात नहीं है। (फबीएना)

--चलो ना ।(सब एक साथ)

--ठीक है, मैं चलूंगी। तुम लोगों ने मझे राजी कर लिया है। बस एक मिनट रुको। मैं अपने माता-पिता को कहकर आती हूँ।

क्रिस्टीन घर के अंदर गई और जल्द बाहर आ गई। उसने सबके साथ मुलाकात की और वे सब साथ में ओरोरुबा पहाड़ की यात्रा करने को तैयार हो गए। वे सातों चलने लगे। क्रिस्टीन ने क्लाउडियो की तरफ ध्यान दिया और पाया कि वो एक ठेठ ग्रामीण इंसान है। मजबूत, विश्वास से भरपूर और आकर्षक। पहले दिन उसके साथ काम करके उसे वो अच्छा लगा पर वो अब भी नहीं जानती थी कि उसे उसके बारे में उसे कैसे लगता है। बस वह इतना जानती थी कि वह बहुत ही तेज और न टिकने वाली अनुभूति थी। खैर उसे लगा कि पिकनिक उसे जानने का एक

अच्छा मौका था। वे सातों तेजी से बढ़ने लगे और जल्द वे पहाड़ कर नीचे थे। क्लाउडियो जो कि उन सातों में मुखिया था रुका और सबको रुकने को कहा।

--ये जरूरी है कि हम अब पानी पी लें ताकि हमें आगे दिक्कत ना हो। ये एक लंबी और थका देने वाली चढ़ाई है।

--मैने सुना है कि यह पर्वत एक पवित्र और जादुई गुणों से भरा हुआ है।(तालिता)

--यह सच है। किंवदंती यह है कि एक रहस्यमय जादूगर ने अपने लोगों को बचाने के लिए अपना जीवन दिया ताकि अपने लोगों को वो बचा सके। तभी से ओरोरुबा पर्वत पवित्र हो गया। ऐसा भी कहा जाता है कि एक आत्मा जो कि इस पर्वत की रक्षक है इस पर्वत की हर गुप्त चीज की रक्षा करती है। (फबीएना)

--इतना ही नही, इसके सबसे ऊपर एक रहस्मयी गुफा भी है कहा जाता है जहां लोगों की सारी मनोकामनाएं पूरी होती हैं। पूरी दुनिया से लोग यहाँ उसके लिए आते हैं। पर जितना हमें पता है,कोई जिंदा नहीं रह पाया है। (पेट्रीसिया)

--ये सब कहानियाँ मझे चिंतित कर रही हैं। क्या ये अच्छा नहीं होगा अगर हम वापस लौट चलें? (क्रिस्टीन)

--चिंता मत करो क्रिस्टीन। ये सब सिर्फ कहानियां हैं। अगर यह सच भी होगा तो मैं तुम्हारी रक्षा करूँगा। (क्लाउडियो)

--सिर्फ क्लाउडियो ही नहीं। में भी एक आदमी हूँ और मैं भी तुम्हारी मदद करूँगा अगर तुम्हें जरूरत पड़ी तो। (राफेल)

--और मेरा क्या? क्या मेरी रक्षा कोई नहीं करेगा? मैं भी एक युवती हूँ । मुझे अच्छा नहीं लगा। (मार्सेला)

राफेल मार्सेला की तरफ गया और उसे झप्पी देकर ये जताया कि उसे कुछ नहीं होगा। सबने पानी पिया और फिर चढ़ाई शुरू कर दी। क्रिस्टीन थोड़ी सी तेज चलकर सबसे आगे क्लाउडियो के बाजू में पहुंच गई। उसे

पर्वत की जानकारी के बारे में जानकर डर लग रहा था। वे पर्वत, उसके संरक्षक और गुफा के बारे में सोचने लगी। उसी बीच उसने खुद को गुफा के अंदर जाते देखा। वो भी एक सपने देखने वाली इंसान थी और इतने सारे लोग जिन्होंने अपने सपनों की तलाश में गुफा में अपना जीवन खो दिया था। पर उसे अपने पैर जमीन पर रखने की जरूरत थी क्योंकि वह सच की दुनिया में एक मेजर की बेटी थी और यही बात उसके प्यार, दोस्ती और इच्छाओं के विरुद्ध आ जाता था। पर अब उसे पहले से खुला खुला और अच्छा लग रहा था। क्लाउडियो ने क्रिस्टीन को चलने के लिए अपना हाथ दिया क्योंकि वो देख पा रहा था कि वो थक चुकी थी और चल नहीं पा रही थी। क्रिस्टीन का दिमाग दौड़ने लगा और उसे लगा कि ऐसा दोस्त जो कि उसका साथ दे और ईमानदार हो जैसे कि क्लाउडियो है बहुत अच्छी बात है। उसने अपना सिर हिलाकर खयालों से बाहर आने की कोशिश की। ये हो ही नहीं सकता था क्योंकि उसके पिताजी ऐसे मिलन के लिए कभी राजी नहीं होंगे। क्लाउडियो एक साधारण टैक्स कलेक्टर था और वो मेजर की बेटी थी। वे एकदम अलग ही दुनिया से थे। उनकी टोली कुछ देर आराम करने फिर रुकी। गर्मी बहुत तेज थी और हवा बहुत धीरे-धीरे चल रही थी। वे आधा रास्ता आ चुके थे।

--यहां से हम मिमोसो का एक बहुत अच्छा हिस्सा देख सकते हैं। क्या तुम देख रही हो क्रिस्टीन? वो देखो तुम्हारा घर। (क्लाउडियो)

--यहां से सच में बहुत ही अच्छा नजारा दिख रहा है। मेरे खयाल से सबसे ऊपर से और भी खूबसूरत होगा। यहां से मिमोसा के पर्वतों की श्रृंखला थोड़ी भी बड़ी नहीं दिख रही है। (क्रिस्टिन)

--मेरे खयाल से हमें चलते रहना चाहिए। यहां ज्यादा देर रुकने का कोई मतलब नहीं है। (फबीएना)

--मैं भी राजी हूँ। ऐसे में हम पर्वत के सबसे ऊपर ज्यादा समय बिता पाएंगे जो कि पर्वत की सबसे अच्छी जगह है।(राफेल)

सब चलने को राजी हो गए। आखिर दोपहर के एक बजे चुके थे। क्रिस्टीन अभी से थक चुकी थी। पर्वत की चढ़ाई जिसको आदत नही

उनके लिए बहुत ही थकान भरी होती है। उसे अपने कान्वेंट में मिले हुए सारे चुनौती भरे काम याद आ गए पर उनमें से एक भी इतना चुनौतीपूर्ण नहीं था जितना यह पहाड़ चढ़ना था जो कि पवित्र माना जाता है। वो किसी के देखे बिना अपनी अंदर से अपनी सारी ऊर्जा जोड़ने की कोशिश करती है ताकि वो पर्वत की चढ़ाई कर सके। क्लाउडियो उसके तरफ देखकर मुस्कुराता है और वो ऊर्जा से भर जाती है क्योंकि वो उसके लिए किसी भी कठिनाई का सामना कर सकती है। प्यार में एक ऐसी शक्ति है जिसके कारण बिना किसी शारीरिक स्पर्श के बिना भी दोनों जुड़ जाते हैं। अगर उसको मौका मिले संरक्षक को पार करके गुफा के अंदर जाने का तो वो उससे दोनों को जीवन भर के लिए मिलाने की दुआ करेगी ताकि वो हमेशा साथ रह सकें। भले ही उसे अपनी जिंदगी कुर्बान करनी पड़े। वैसे भी ऐसी जिन्दगी जीने का क्या फायदा जिसमें अपने प्यार के साथ नही रह सकें। एक खाली जिन्दगी बिना जिन्दगी के जैसी ही है। उनकी टोली और आगे बढ़ती चली और वे सबसे ऊपर पहुँच गए। क्लाउडियो ध्यान नहीं देने की कोशिश करता है पर क्रिस्टीन की सुंदरता और खूबसूरती देखकर मोहित हो जाता है। जब से वो दोनों मिलें हैं उसकी जिंदगी बहुत हद तक बदल गई है। वो उसके बारे में बिना सोचे ढंग से खाना तो क्या कुछ भी काम तक नहीं कर पाता। वो अपना अपने परिवार से साथ पेसकुएइरा से मिमोसो आने के बारे में सोचने लगता है। वो सोचता है कि भाग्य ने भी कैसा साथ दिया कि वो दोनों यहां आकर एक ही नौकरी साथ कर रहे हैं। यह पिकनिक लड़की को मनाने का एक बहुत अच्छा मौका था। उसे उनके बीच इतने अंतर होने के बावजूद उनके मिलन की उम्मीद थी। उनकी परेशानियों में सबसे ज्यादा लड़की के माता पिता थे जो कि शायद मान भी सकते थे। समय के साथ सब पर्वत के सबसे ऊपर पहुंच गए और खुशी मनाने लगे। बस अब एक पिकनिक करने को अच्छी जगह की तलाश करनी बच गई थी। सारे लोग खुद को तीन समूह में बांटकर सही जगह ढूंढने की तलाश में लग गए। कुछ मिनटों बाद एक समूह ने जगह मिल जाने का सीटी बजाकर इशारा किया। जगह चुनी जा चुकी थी। सब लोग एक साथ इकट्ठे हुए

और पिकनिक की तैयारियों में लग गए। हर व्यक्ति ने पिकनिक के भोज में कुछ ना कुछ योगदान दिया।

--क्या तुम महसूस कर पा रही हो क्रिस्टीन? ये चिड़ियों का गाना, ये हवा की फुसफुसाहट, ये गांव का वातावरण, ये कीड़ों का भंनभनाना, ये सारी चीजें हमें एक ऐसी अनोखी जगह पर ले जाती हैं जहाँ हम कभी गए ना हों। जब भी मैं यहां आता हूँ मैं खुद को वातावरण के एक अभिन्न अंग की तरह महसूस करता हूँ और ऐसा नहीं कि यह मेरा ही है जैसा कि कुछ सोचते हैं।(क्लाउडियो)

--ये बहुत ही सुंदर है। यहां मैं खुद को एक आम इंसान की तरह महसूस करती हूँ और ना की एक मेजर की बेटी की तरह। तुम सोच नहीं सकते कितना अच्छा लगता है ये सब।(क्रिस्टीन)

--मजे लो इसके क्रिस्टीन। हर एक दिन ऐसा नहीं होता। पक्षपात, डर, शर्म ये सभी चीजें हमारे रोज को बिगाड़ देती हैं। यहां हम कुछ पल के लिए ही सही यह सब भूल तो सकते हैं।(फबीएना)

--इन हरी-भरी वादियों में हम पूरे संसार को समझ सकते हैं। ऐसा इसलिए होता है क्योंकि यह पर्वत पवित्र है और इसमें जादुई गुण हैं।(तालिता)

--मैं भी अपनी राय देना चाहूंगा। हम यहां सात लोग हैं जिनको क्या चाहिए? मैं खुद जवाब दूंगा। हमें रोमांच, नए अनुभव, दोस्ती और साथ में प्यार। पर ये सिर्फ तभी मुमकिन है जब हम खुद मन के साथ, दूसरों के साथ और संसार के साथ शांति बनाकर रखें। ये एक बहुत ही सुख की अनुभूति है जो हमें यहां मिली है।(राफेल)

--यहां हर चीज सीखने के लायक है। ये पर्यावरण की ताल, तुम सब का साथ और ये ताजी हवा इस चीज को लेकर चलना सिखाती है जो हमें अपने बच्चों और उनके बच्चों को सिखानी है।(मार्सेला)

--ये एक बहुत ही अच्छा वार्तालाप है। यह हमारे रूहों की आवाज है जो कि हमारे जीवन के विभिन्न हिस्सों में हमारे काम आएगी।(पेट्रीसिया)

सभी को उस जादुई पल में जैसा लग रहा था वैसा बताने के बाद सब एक दूसरे को खाना परोसने लगे। इस आरामदायक वातावरण ने सबको खाने के वक्त शांत रहने पर विवश कर दिया। सभी के खाने के बाद क्लाउडियो ने घोषणा की:

--असल में क्रिस्टीन हम यहां सिर्फ पिकनिक मनाने नहीं आए थे बल्कि हम यहां डेरा डालकर आज रात यहीं रुकेंगे।

क्रिस्टीन का एक पल के लिए चेहरे से रंग उड़ गए और सब हंसने लगे। वही एक अकेली इंसान थी उस टोली में जिसे यह नहीं मालूम था।

--और यहाँ रात में खतरों का क्या? और मेरे पिताजी मुझे बहुत डाटेंगे अगर मैं यहां रात रुक गई तो। मुझे लगता है कि मुझे जाना ही पड़ेगा।

--मैं तुम्हें नहीं जाने का सुझाव देती हूँ। रक्षक घात लगाकर बैठे होंगे कि कब मौका मिले और वो हमला करें।(फबीएना)

--चिंता मत करो क्रिस्टीन। मैंने कहा ना कि मैं तुम्हारी रक्षा करूँगा। और रही तुम्हारे पिताजी की बात तो उनको मालूम है कि हम रात यहीं गुजरेंगे।(क्लाउडियो)

क्रिस्टीन शांत हो गई। वैसे ये सही ही था कि वो बाकी टोली के साथ ही रहे क्योंकि उसे उस पर्वत और उसके रहस्यों के बारे में जानकारी नहीं थी। अकेले में बहुत ही भयानक लगता होगा यहां। क्या पता यहां क्या हो जाये? यहां जान जोखिम में डालना ठीक नहीं था। दोपहर गुजर गई और सभी दो तंबू गाड़ने में लग गए। कुछ ही समय में वो तैयार हो गया। क्लाउडियो और राफेल आग जलाने के लिए लकड़ियां लेने और जंगली जानवरों की तलाश में निकल गए जो कि वहां थे। लड़कियां तंबुओं में अकेली उसके आसपास को साफ करने लगीं।

--यहां आना बहुत अच्छा हुआ क्रिस्टीन। शाम में यह जगह और भी खूबसूरत हो जाती है। खाना खाने के बाद तुम देखना। बताओ ये घर में बैठने से अच्छा है या नहीं? (फबीएना)

--मुझे भी बहुत मजा आ रहा है पर तुमको मुझे बताना चाहिए था कि हम रात यहीं गुजरने वाले हैं। मैं चौंक गई थी।(क्रिस्टीन)

--क्या तुमने देखा कि क्लाउडियो और क्रिस्टीन कैसे एक दूसरे की तरफ देखते हैं? मुझे लगता है कि दोनों प्यार में हैं।(तालिता)

--तुम्हारी आंखें तुम्हारे साथ आंख मिचौली खेलती हैं तालिता। मेरे और क्लाउडियो के बीच कुछ भी नहीं है। (क्रिस्टीन)

--वैसे मुझे तुम्हारी भाभी बनने में बहुत खुशी होगी। (पेट्रीसिया)

--मैं इस चीज में तुम्हारे साथ हूँ।(फबीएना)

--शुक्रिया पर बदकिस्मती से ये कभी नहीं हो पाएगा।(क्रिस्टीन)

क्रिस्टीन एक पल के लिए गंभीर हो गई और वे ये सब बातें करना बंद कर दिए। क्लाउडियो और राफेल रात भर जलने लायक लकड़ियां लेकर वापस आ गए। क्लाउडियो ने क्रिस्टीन की तरफ देखा पर उसने अनदेखा कर दिया। दोपहर गुजर गई और अंधेरा होने लगा। लकड़ियां जलाई गयीं। सब उसके चारों तरफ बैठ गए और फबीएना और पेट्रीसिया ने खाना परोसा। सभी खाते-खाते बातें करने लगे। क्लाउडियो थोड़ा टोली से अलग हो गया और उसने क्रिस्टीन को उसके साथ चलने का इशारा किया। वो समझ गई और टोली से अलग होकर उसके साथ चली गई।

--हम क्या करेंगे क्रिस्टीन? तुम और मैं साथ इन तारों को देखते हुए। ये इस बात के सबूत हैं कि हमें क्या लग रहा है। और बस वो ही नहीं पूरा संसार इस चीज को समझ पा रहा है।

--तुम्हें पता है कि यह मुमकिन नहीं है। मेरे घरवाले इसे करने नहीं देंगे। वे बहुत ही रूढ़िवादी हैं।

--नामुमकिन। तुम इस शब्द का यहां प्रयोग कर रही हो वो भी इस पवित्र पर्वत में। यहां कुछ भी नामुमकिन नहीं है।

--पर..पर...

--और कुछ भी मत कहो तुम। अपने दिल को बोलने दो सब, जैसे मेरा कह रहा है।

क्लाउडियो एक कदम उसी तरफ बढा और उसको अपने बाहों में लेकर उसके होठों को अपने होठों से स्पर्श किया। इस चुम्बन से क्रिस्टीन

एक पल के लिए मुग्ध हो गई और उसे ऐसा लगा जैसे वे हवा में चल सी रही हो। जब यह खत्म हुआ तो वह उसे दूर हटाकर बोली:

--मैं इसके लिए तैयार नहीं हूँ क्लाउडियो। मुझे माफ कर दो।

क्रिस्टीन दौड़ कर वापस टोली के पास आ गई। क्लाउडियो भी उसके साथ गया। आग के चारों तरफ लोग पास आ गए क्योंकि ठंड बहुत बढ़ गई थी। राफेल आग के पीछे खड़े होकर पहाड़ों की डरावनी कहानी सुनाने को तैयार था।

--एक बार एक ख्वाब देखने वाला एक बस्ती ट्रमप जो कि पजेउ के ग्रामीण इलाके है का इंसान था। उसका नाम युआलिओ था। उसका सपना एक डाकू बनना और बड़ी टोली बनाने का था जो कि अपराध करने, अमीरों का धन छीनने, सामाजिक ताकत रखने और लड़कियों को झासनें का था। पर उसके पास इसके लिए कुछ भी करने की हिम्मत और लगन नहीं थी। वो बेमुश्किल एक तलवार उठा पाता था। उसने फिर ओरोरुबा पर्वत के बारे में सुना जो कि हर मनोकामना पूरी करता है। फिर उसने बिना सोचे समझे सामान बांधा और निकल पड़ा। वो पर्वत पर पहुंचा, संरक्षक के सारे कार्य पूरे किए और गुफा में प्रवेश किया। पर उसका दिल साफ नहीं था और उसका मांगना सही नहीं था। इसलिए उस गुफा ने उसको माफ नहीं किया और उसकी जिंदगी और सपने खत्म कर दिए। तब से उसकी रूह इस पर्वत पर दर्द में मंडराती रहती है। लोग कहते हैं कि उसे एक बार शिकारियों ने बीच रात में उसे देखा था। वो एक डाकू के भेष में था और उसने एक बड़ी बंदूक रखी हुई थी जिससे वो भूतों पर गोलियां बरसाता हैं।

--तुम्हारा मतलब वो बहादुर बन गया मरने के बाद? इससे तो वो गुफा ने उसकी मनोकामना पूरी कर दी।(तालिता)

--नहीं तालिता। उस गुफा ने उसकी जिन्दगी को खत्म कर दिया और सिर्फ उसकी रूह को उसकी इच्छाओं के साथ छोड़ा। उसके अलावा अब वो एक तड़पती भटकती आत्मा ही है।(फबीएना)

--ये सिर्फ एक कहानी है। कहने को बहुत से सपने देखने वाले लोग हैं जो कि उस गुफा को ढूंढने गए और अपनी जान गवाँ बैठे और अब तक कोई नहीं बच पाया इसी कारण इस गुफा को निराशा की गुफा भी कहते हैं।(राफेल)

--मैं उस गुफा में चाहे जो हो जाए नहीं जाऊंगी। मैं अपने सारे सपने अपनी मेहनत, लगन और आस्था के साथ पूरा करूँगी।(मार्सेला)

--मैं अपने प्यार के लिए वहां जाऊंगी। आखिर बिना जोखिम के जिन्दगी नहीं जी जा सकती।(क्रिस्टीन)

--हमेशा प्यार में पागल। क्रिस्टीन प्यार में है लोगों। (पेट्रीसिया)

सब हंसने लगते हैं सिवाये क्लाउडियो के। वो दुखी था क्योंकि क्रिस्टीन ने उसे ठुकरा दिया था। उसने अपना दिल उसके सामने खोल कर रख दिया था। पर वो उसे मनाने को काफी नहीं था। उसने अपने घरवालों के बारे में पक्षपात की बात की और इसकी शिकार वो खुद ही थी। जो पीड़ा उसे दिल में महसूस हुई उससे वो उस पल खींच कर ले गए जब दो साल पहले वो पेसकुएइरा में था और उसे एक बहुत ही खूबसूरत लड़की से प्यार था जो कि महापौर की बेटी थी। वे चुपचुप कर एक दूसरे से तीन महीनों तक बात करते रहे क्योंकि उसे उसके घरवालों की प्रतिक्रिया से डर लगता था। एक दिन उसके पिताजी को पता चल गया और उन्हें खुशी नहीं हुई। उन्होंने दो नौकरों को उसको मारने के लिए रखा। वो एक ऐसी मार मारी जो वो कभी नहीं भूल सकता। अभी भी उसे वैसा ही लग रहा था मार खाया हुआ उसके द्वारा, उसके घरवालों के द्वारा और उसकी भावनाओं के द्वारा। पर वो इतनी जल्दी अपनी जिंदगी से और अपनी खुशी से हार मानने वाला नहीं था। वो क्रिस्टीन को अपना मूल्य समझा कर रहेगा कि कीमती समय खोना कितना मूर्खता थी।

रात गहरी हो गई और सब तंबू में सोने को तैयार हो गए। आग को रात में जलने दिया गया ताकि कोई जंगली जानवर तंबू के आसपास न आ सके। क्रिस्टीन इधर-उधर अपने डर में पलटती रही। ये पहली बार था जब वह किसी पवित्र जगह पर सो रही थी। कड़ी जमीन से उसको

और सोने में दिक्कत हो रही थी। गर्जना होती रही और पैरों की आवाज सुनाई देती रही। क्रिस्टीन ने अपनी सांस निराशा में रोक ली। क्या यह डाकू, भूत है? या क्या यह जंगली जानवर है जो कि उसे निगलने को तैयार है? पैरों की आवाज उसकी तरफ ही आ रही थी। एक ठंडी हवा का झोंका तंबू पर पड़ा और दरवाजे के सामने एक हाथ दिखाई दिया। उसने चिल्लाना शुरू कर दिया पर जो इंसान दिखाई दिया उसने कहा:

--शांत हो जाओ मैं हूँ।

क्रिस्टीन शांत हो गई और अपने डर को काबू में किया। वो उसकी आवाज पहचान गई। वो क्लाडडियो था पर वो रात के इस समय उसके तंबू में क्या कर रहा था? उसका चेहरा, रात के अंधेरे से ढंके हुए थे, इस पर संदेह हुआ । क्लाउडियो नीचे झुका और पूछा:

--मैं आपको पूछने के लिए आया था कि क्या आपने अपनी इच्छा बनाई है।

--इच्छा? कैसी इच्छा?

--पर्वत बहुत ही पवित्र है और बीच रात में प्यार से उससे जो भी मांगा जाये वो पूरा हो जाता है। मैंने मांग लिया और तुम्हें पता है क्या? मैंने पर्वत से अपने दोनों के प्यार को हमेशा साथ रहने को कहा।

--क्या तुम्हें इस बात पर भरोसा है? मुझे नहीं लगता कि कोई भी पर्वत मेरे पिताजी की योजना को बदल सकता है।

--मैंने तुम्हें पहले ही बोला कि ये पर्वत पवित्र हैं। मानो मेरी बात, ये हमारे हर सपने को पूरा कर सकता है।

इतना कहकर क्रिस्टीन का हाथ क्लाउडियो ने पकड़ा और दोनों ने अपनी आंखें बंद कर ली। तभी दोनों का दिल एक ऐसी दुनिया में चला गया जिसमें वो दोनों बहुत खुश थे। क्रिस्टिन ने खुद को शादीशुदा और कम से कम सात बच्चों की माँ के रूप में देखा। वो क्षण उनको एक

सा महसूस करने के लिए काफी था जो कि असल दुनिया से जुड़ा हुआ था। फिर अचानक से वे वर्तमान में आ गए। क्लाउडियो ने उसे अलविदा कहा और क्रिस्टीन वापस से कडी, सूखी जमीन में सोने की कोशिश करने लगी।

पर्वत से नीचे उतरना

जैसे ही नया दिन शुरू हो जाता है, क्लाउडियो उठता है और दूसरों को जगाना शुरू करता है। क्रिस्टीन उठने में सबसे अंतिम है। क्लाउडियो और राफेल, पास के एक तालाब में कुछ मछली पकड़ने के लिए जंगल में जाते हैं। यह उनका नाश्ता होगा इस बीच, महिलाएं शेष बची हुई लकड़ी के साथ आग जलाने की कोशिश करती हैं फैबियाना चुप्पी तोड़ती है

–क्रिस्टीन आप अच्छी तरह से सोईं?

बहुत अच्छी तरह से नहीं। यह कठिन, सूखी जमीन ने मेरी पीठ को चोट पहुंचाई। इसमें अभी भी दर्द हो रहा है। (क्रिस्टीन)

–यह तुम्हारे लिए स्काउट का जीवन है। तैयार हो जाओ क्योंकि हमारे पास करने के लिए अभी भी बहुत सारे रोमांच हैं (तालिता)

क्या आपको सामान्य रूप से चलना पसंद है? (पैटरिसिया)

–हाँ, मुझे यह पसंद आया। पहाड़, शांति और शांति की एक हवा की सांस लेते हैं। मुझे प्रकृति और आपकी कंपनी के साथ संपर्क करना अच्छा लगा। (क्रिस्टीन)

–हमने भी इसका आनंद लिया, हालांकि यह हमारी पहली बार नहीं है अब आप हमारी टीम का हिस्सा हैं। (पैटरिसिया)

क्या आपने कल रात को क्लाडडियो के साथ चीजों को व्यवस्थित कर लिया? (तालिता)

– हमने इस रिश्ते को शुरू करने का फैसला नहीं किया क्योंकि हम पूरी तरह से अलग दुनिया में रहते हैं। (क्रिस्टीन)

समय रहते, आप इसको ठीक कर लेंगे। प्रेम, मतभेदों से ज्यादा मजबूत है और जैसा कि मैंने कहा था कि मैं आपकी ननद बनने में प्रसन्न रहूंगी। (फेबियाना)

–मैं भी। (पैटरिसिया)

मुझे तुमसे ईर्ष्या है। क्लाउडियो इतना प्यारा है। यह बहुत बुरी बात है कि उसे मुझ में दिलचस्पी नहीं है (तालिता)

वार्तालाप महिलाओं के बीच होता रहा लेकिन क्रिस्टीन ने इसका हिस्सा नहीं होने के लिए पसंद किया। अपने प्यार के बारे में बात करते हुए, क्लाउडियो ने उसकी आत्मा को चोट पहुंचाई क्योंकि उसे ऐसा लगता है कि यह प्यार असंभव होगा। वह अपने माता–पिता को अच्छी तरह जानती थी और यह भी जानती थी कि वे पूरी तरह से इस तरह से इस रिश्ते के खिलाफ होंगे। उसकी मां ने अब भी उम्मीद जताई है कि वह वापस कान्वेंट में जाएंगी और उसके पिता उसको अपने सामाजिक स्तर के एक पति से शादी करते देखना चाहेंगे। दोनों विकल्पों ने क्लाउडियो को उसके जीवन से बाहर रखा है लेकिन साथ ही साथ दिल उसका इंतजार कर रहा है और वह केवल उसे चाहती थी। ये उसकी दो "विरोधी ताकतें" थीं, जिनसे उसे सामंजस्य करना होगा, या फिर उनमें से उसे चुनना होगा। ये "विरोधी ताकतों" ने उसके दिल पर आक्रमण किया और अभी उसे संदेह में छोड़ दिया। जब क्लाउडियो और राफेल को गए हुए तीस मिनट बीत चुके तो वो मछली की अच्छी मात्रा लेकर वापिस आ गए। आग पहले ही जलाई गई थी और मछली को ग्रिल पर रख दिया गया।

क्लाउडियो बोले:

–हम मछली पकड़ रहे थे और अचानक एक बूढ़ी औरत आई और अपने भोजन के लिए कुछ मछली मांगने लगी। मैंने उसे दे दी और धन्यवाद में उसने मुझे आशीर्वाद दिया और कहा कि मैं बहुत खुश होने वाला था। मैं उस महिला को नहीं जानता था। मैंने उसे इस भाग के आसपास कभी नहीं देखा है। उसकी आंखों में जो भी देखा जिसने

मुझे चिंतित किया गया था जैसे कि वह भविष्य के बारे में जानती थी।

–क्या वह संरक्षक है? क्या कहानी नहीं कहती कि वह यहाँ पहाड़ पर रहती है? (फेबियाना)

–हो सकता है। यही मैंने सोचा जब मैंने उसे देखा। (राफेल)

–तब तो तुम बहुत भाग्यशाली हो, मेरे भाई। ऐसे कुछ ही लोग हैं जो खुशी प्राप्त कर सकते हैं। (पैटरिसिया)

–वह वास्तव में अजीब थी जब मैंने उसे मछली दी तो मैंने ठंडा महसूस किया। (क्लाउडियो)

–मैं प्रैक्टिकल हूँ मैं यहां तक कि विश्वास करती हूँ कि पहाड़ को उन अनुभवों द्वारा पवित्र माना जा सकता है जो मैंने यहां रहकर देखे हैं। लेकिन फिर संरक्षक और गुफाओं में जो चमत्कार होते हैं, मैं उनको नहीं मानती। जल्द ही, आप कोशिश करें और मुझे समझाएं कि भूत और गॉब्लिन हैं। (तालिता)

यदि मैं तुम्हारी जगह होती, तो मुझे संदेह नहीं होता। क्लाउडियो एक गंभीर आदमी है और झूठा नहीं है। (मार्सेला)

–मुझे भी उस पर विश्वास है। कॉन्वेंट में उन्होंने मुझे लोगों को उनकी आंखों से जांचना सिखाया और क्लाउडियो संरक्षक के बारे में बात करते समय पूरी तरह ईमानदार था वह सचमुच विशेष हैं कि वह उससे मिले (क्रिस्टीन)

शिविर के चारों ओर उन निम्नलिखित क्षणों में चुपी छाई रही और समूह के सदस्यों ने अपनी मछली खा ली। क्लाउडियो और राफेल ने तंबुओं को तोड़ दिया और महिलाओं ने उन चीजों को इकट्ठा किया जो वे लाए थे। समूह ने प्रार्थना में आभार व्यक्त किया जो क्षण उन्होंने पहाड़ों में बिताए थे और गांव की तरफ चलना शुरू कर दिया, जहां वे रहते थे। क्लाउडियो ने धीरे से क्रिस्टीन को अपना हाथ पेश किया और उसने स्वीकार किया। पर्वत से नीचे उतरना नए लोगों के लिए खतरनाक था। क्लाउडियो के साथ शारीरिक संपर्क ने क्रिस्टीन के हृदय गति को और भी बढ़ा दिया। यह आदमी उसे इतना पागल बना रहा था कि जब

वह पर्वत पर उसके साथ थी तब वह लगभग सामाजिक सम्मेलनों को भूल गई थी। वे ऐसे क्षण थे जिनमें उसको समानांतर ले जाने की शक्ति थी, जहां कोई भी उसकी पहुंच नहीं सकता था। इन क्षणों में उसे बहुत खुशी हुई थी हालांकि, पर्वत से नीचे आने पर, उसे काल्पनिक सपनों को छोड़ना होगा और कठोर वास्तविकता का सामना करना होगा। एक वास्तविकता जहां वह एक भ्रष्ट, सत्तावादी और कठोर मेजर की बेटी थी। उस के अलावा, उसने ऐसे क्षण जिए थे जब क्लाउडियो ने उसे पकड़ लिया और उसे चूमा। क्रिस्टीन ने क्लाउडियो के हाथ को दबाया ताकि यह सुनिश्चित हो सके कि वह वास्तव में उसके बगल में मौजूद है। वह पहले से ही अपने दादा-दादी खो चुकी थी और एक और नुकसान उठाने में सक्षम नहीं थी। समूह ऊपर से उतरता है और पहले से ही पर्वत की ढलान वाले पथ से आधी दूरी तक चले आए थे। क्लाउडियो, समूह का नेता, रुकता और हर किसी के लिए ऐसा करने के लिए कहता है सभी पानी पीते हैं और चलना जारी रखते हैं। क्रिस्टीन अपनी मां और उस डांट के बारे में सोचती है जो उसे पड़ेगी क्योंकि उसने पूरा दिन घर से दूर बिताया था। वह उससे एक बच्चे की तरह व्यवहार करती है जो अपना रास्ता चुनने में असमर्थ है। अपनी माँ के प्रभाव से, उसने एक कॉन्वेंट में प्रवेश किया और एक वैरागी के रूप में तीन साल बिताए थे। उसे केवल मदर सुपीरियर की अनुमति के साथ ही बाहर किसी के साथ जाने की अनुमति दी गई थी। उस समय में, वह लैटिन और ईसाई धर्म की नींव के बारे में सीख रही थी। उसके वहां रहकर सीखने के लिए संस्कृति और ज्ञान ही एकमात्र सकारात्मक चीजें थीं। अधिकतर, यह उसके जीवन का व्यर्थ हिस्सा था क्योंकि उसे नन होने की कोई इच्छा नहीं थी। वह अच्छी लड़की और आज्ञाकारी बनने से थक गई थी क्योंकि इससे उसको केवल घाटा ही हुआ था। जो "विरोधी ताकतें" वो अपने अंदर लेकर चल रही थी उनका हल होना था। समूह अपनी गति को तेज करता है और बहुत ही कम समय में, वे घर वापस जाने का रास्ते पूरा कर लेते हैं। वे एक दूसरे को अलविदा कहते हैं और सभी अपने घरों को लौटते हैं।

मेजर का दुर्व्यवहार

क्रिस्टीन का स्वागत सुचारू रूप से हुआ। उसके माता-पिता ने कोई शिकायत नहीं की कि उसने पवित्र पहाड़ पर रात बिताई। असल में, वह अकेली नहीं थी, अपने माता-पिता से बात करने के बाद उसने स्नान कर लिया, और अपने कमरे में गई और उसे जल्दी ही नीद आ गई, क्योंकि वह थका हुआ महसूस कर रही थी। मेजर और उसकी पत्नी लिविंग रूम में हैं और बात कर रहे हैं। एक ताली बजाने का शोर सुनाई देता है और गेरुसा तुरंत इसे खोलने के लिए दरवाजे पर चली जाती है। लेनिस, एक किसान, अंदर आने की प्रतीक्षा कर रही है।

–आपकी मैं क्या सहायता कर सकती हूँ?

–मैं मेजर से बात करना चाहती हूँ। यह बहुत महत्वपूर्ण है।

–अंदर आओ। वह लिविंग रूम में बैठे हैं।

लेनिस प्रवेश करती है और लिविंग रूम में जाती है।

–श्री मेजर, मैं आप से बात करना चाहती थी, सर यह मेरे नवजात बेटे, जोस के बारे में है

–उसके बारे में क्या? उसके पिता जिम्मेदारी नहीं लेना चाहते हैं? क्या आपको उसे पालने के लिए मदद की जरूरत है?

–नहीं, ऐसा कुछ भी नहीं। मैं चाहती हूँ कि आप, सर, उसके बपतिस्में के धर्म-पिता हों।

–क्या? धर्म-पिता? आप किस महत्वपूर्ण परिवार से हैं?

–मैं सिल्वा हूँ और हम कृषि का काम करते हैं।

यह नामुमकिन है। मैं सिल्वा परिवार के एक साधारण सदस्य का दोस्त नहीं होऊंगा, भले ही मैं पृथ्वी पर अंतिम व्यक्ति हूँ। ऐसे अनुरोध यहां लेकर आने से पहले आपको खुद को जांचना चाहिए।

–श्री मेजर आपके पास दिल नहीं है।

गरीब महिला, आँसू में डूबी हुई , कमरे से बाहर निकल जाती है।

वह मेजर का दोस्त होने का सपना देख रही थी, जैसे गांव के कई लोगों ने किया था। उसके बेटे के पास बढ़ने की अधिक संभावनाएं होतीं, अगर वो मेजर का धर्म–पुत्र होता। वह शिक्षा, स्वास्थ्य देखभाल और एक प्रतिष्ठित नौकरी तक पहुंच पाता क्योंकि उस गांव में सब कुछ मेजर के प्रभाव पर निर्भर था। सब, बिना किसी अपवाद के, इन विशेषाधिकारों के लिए उसके साथ किसी तरह के संबंध चाहते थे। जो लोग ऐसा नहीं करते थे वो दुःख और गरीबी की दुनिया में रहते थे।

किसान को बाहर निकालने के बाद, मेजर पुलिस स्टेशन जाने के लिए तैयार होता है। उसकी पत्नी, हेलेना, अपने कपड़े सीधे करती है।

क्या तुमने उस औरत को देखा,? क्या अशिष्टता! मेरे जैसा एक बड़ा व्यक्ति एक सरल सिल्वा का दोस्त नहीं हो सकता।

– ये स्वर्ण खनिक लोग आपका दोस्त होने के लिए मर रहे हैं।

–अगर वे कम से कम व्यापारी भी होते, तो मैं इसको मान लेता। क्या आपने कभी ऐसा कुछ देखा है? एक मेजर, किसानों के साथ दोस्त

–मुझे खुशी है कि आपने उसे उसके स्थान पर रख दिया है मुझे नहीं लगता कि अब कोई और किसान यहाँ आने की हिम्मत करेंगे।

मेजर ने चुंबन के साथ अपनी पत्नी को अलविदा कहा। वह चलना शुरू करता है, द्वार खोलता और चला जाता है। वह ध्यान देता है कि वह क्या करने वाला है। जब से वह इस क्षेत्र में आधिकारिक तौर पर मुख्य राजनीतिक प्राधिकरण के रूप में मेयर द्वारा पर शपथ ग्रहण कर चुके थे,

तब से उन्होंने अभी तक कोई सक्रिय निर्णय नहीं लिए थे। "अच्छा" मेजर की शख्सियत से वो पहले से ही परेशान था। उन्हें अब अन्य अधिकारियों द्वारा सम्मानित किए जाने के लिए आगे बढ़ना था।

मेजर और कर्नल की एक महत्वपूर्ण संरचना के समेकन में प्रमुख भूमिकाएं थीं, जिसे "कर्नल समूह" कहा जाता था, जो उस समय राज्य कर रहा था। मेजर चलते रहते हैं और जल्द ही वह पहले से ही स्टेशन के नजदीक पहुँच रहे हैं। वह पूरी तरह से आश्वस्त हैं कि वह क्या करने वाला है उन्होंने मैसियो, में अपने दुखद बचपन में, उचित समय में निर्णय लेने के बारे में सीखा था और उन्होंने यह स्वीकार किया कि अब यह सबसे अच्छा समय था। वह पछतावे और अपराध से बचने के लिए गति को बढाता है। वह पुलिस स्टेशन पर आता है, सामने का दरवाजे खोलता है और घोषणा करता है:

– *प्रतिनिधि पोम्पे, हमारे पास चर्चा करने के लिए एक महत्वपूर्ण मामला है।*

– *वह क्या है?*

मेजर प्रतिनिधि को उसके चैम्बर में एक सूची पकड़ा देता है।

– *यह क्या है?*

यह सभी अपराधी करदाताओं की पूरी सूची है। मैं अब और अधिक देरी को बर्दाश्त नहीं करूँगा और चाहता हूँ कि श्रीमान, प्रतिनिधि के रूप में, इस को संभालें।

क्या आपने उन्हें भुगतान करने के लिए कोई मोहलत दी थी?

–हाँ, मैंने अपनी सामर्थ्य के अनुसार सब कुछ किया। टैक्स कलेक्टर, क्लाउडियो, ने मुझे बताया कि वे बहुत बहाने बनाते हैं ताकि भुगतान न करें।

–मुझे नहीं लगता कि मैं कुछ कर सकता हूँ। कानून मुझे कोई कार्रवाई करने की अनुमति नहीं देता है।

–मुझे आपको याद दिलाना चाहिए, श्री पोम्पे, यदि आप आगे की कोई कार्रवाई नहीं करते हैं तो आपके प्रतिनिधि के प्रिय पद को जोखिम होगा। मुझे पता है कि कानून सबसे मजबूत कार्य करता है और मेजर के रूप में मैं आपको बताता हूँ कि इन सभी बदमाशों को तुरंत कैद कर लें जब तक वे अपने कर्ज का भुगतान न करें।

प्रतिनिधि पोम्पे ने अपने सिर को हिलाया और पीड़ितों को गिरफ्तार करने के लिए अपने दो अधिकारियों को बुलाया। मेजर संतुष्ट हैं क्योंकि उनकी मांगों को पूरा किया जा रहा है। यह बहुत से मनमाने कृत्यों में से पहला होगा, जो वह इस क्षेत्र में सबसे बड़ी राजनीतिक आधिकारिक व्यक्ति के रूप करने जा रहा है।

समूह

यह एक सुंदर रविवार की सुबह थी चौपल की घंटियाँ रविवार की घोषणा करते हुए चिल्लाती थीं। वेस्ट्री में, फादर चियावरेटो एक और उत्सव की तैयारी कर रहे हैं चियावरेटो मिमोसो के आधिकारिक पुजारी थे। मूल रूप से वेनिस, इटली से, एक मध्यम वर्ग के परिवार के बेटे, वह 1890 में अभिषिक्त किये गए थे। उनकी पुरोहित गतिविधि उनके समन्वय के एक ही वर्ष में उनकी पैतृक भूमि में शुरू हुई और 1908 तक चली। इस वर्ष, वेनिस के बिशप के निर्धारण के कारण उन्हें आधिकारिक तौर पर ब्राजील में स्थानांतरित कर दिया गया था। उनका मिशन सुसमाचार फैलाने और उन लोगों को पकड़ना जो अभी भी बुतपरस्ती में कायम हैं।

कड़ी मेहनत से दो साल में उन्होंने छोटे गांव में प्रगति हासिल की थी। हालांकि, प्राप्त किए जाने वाले लक्ष्यों में से एक बड़े पैमाने पर समूह जुटाना था। शुरुआत में, जब वह गांव में पहुंचे, तब बहुत बड़ी जनसंख्या थी। समय के साथ, लोग उत्साह खो देते हैं क्योंकि चियावरेटो द्वारा किए गए जनसंपर्क पूरी तरह लतिनी में थे। यह उस समय के चर्च का एक आधिकारिक निर्धारण था।

समारोह शुरू करने से पहले, पुजारी प्रतिबिंब के एक संक्षिप्त क्षण लेता है। वेनिस का समय उनके दिमाग में आया था और उसने अपने भाइयों और बहनों के भाग्य को याद किया। उनमें से एक ने सेना में एक सैनिक होने का फैसला किया और दूसरा देश में शांति का एक एकीकृत मोर्चा बनाने के लिए छोड़ दिया। वह हमेशा दूसरे बच्चों की रक्षा करने

की प्रवृत्ति रखते थे। एक बहन नन बन गई और दूसरी ने विवाह कर लिया और चार बच्चे थे। वे दोनों अपने जीवन में विपरीत दिशाओं में चल रही थीं लेकिन न तो दूसरे को भूलीं न उनकी मित्रता में कोई कमी आई। दोनों वेनिस, इटली में रहती थीं। चियावरेटो एक पुजारी बन गया, लेकिन चुनाव के द्वारा नहीं बल्कि भाग्य के द्वारा। उसे यीशु ने बुलाया था। जिन घटनाओं की वजह से उसने एक पुजारी बनने का फैसला किया गया था: जब वह एक बच्चा था, वह एक पुल पर अपने दोस्तों में से एक के साथ चुपचाप खेल रहा था जो एक नदी पर है। वे टैग गेम खेल रहे थे। इस खेल में उत्साहित होकर, वह अपने प्रतिद्वंद्वी से दूर होने के लिए पुल की रेलिंग के माध्यम से चढ़ गया। उसकी टाँगें कांप रही थी, उसे चक्कर आ गया और एक गलत कदम उठाकर वह नदी में गिर गया। नदी के रूप में पूरी तरह से बाढ़ आ गई थी, और पानी का बहाव बहुत ही तेज था। चियावरेटो ने तैरने की कोशिश की, लेकिन उसे पानी में कोई अनुभव नहीं था। धीरे-धीरे वह डूब रहा था और उसका दोस्त सिर्फ उसे देख रहा था क्योंकि उसे भी तैरना नहीं आता था। उस वक्त कोई वयस्क नहीं था। धीरे-धीरे, चियावरेटो ताकत और चेतना भी खो रहा था। जब उसे लगा कि वह अपने अंत के करीब था, तो उसने यीशु के पवित्र नाम को पुकारा। जल्दी से, एक शक्तिशाली हाथ ने उसे पकड़ा और एक आवाज आई:

–पेड्रो, डरो मत!

यही उसका नाम था: पेड्रो चियावरेटो । शक्तिशाली हाथ ने उसे उठाया और पानी से बाहर निकाला। जब उसे बचाया गया, नदी के किनारे पर, रहस्यमय आदमी गायब हो गया। उस दिन से, पेड्रो चियावरेटो ने खुद को धर्म के प्रति समर्पित किया और एक पुजारी बन गया यह अनुभव उसका एक रहस्य था, उसने किसी को नहीं बताया। वह प्रतिबिंब के संक्षिप्त क्षण गुजारता है और पुजारी वेदी की ओर जाता है। वह मण्डली को देखता है और पुष्टि करता है कि यह हमेशा की तरह लोगों की समान सटीक रेखा है: समृद्ध और शक्तिशाली, सबसे अच्छी जगह में बैठे हैं और कमजोर और दुर्भाग्यपूर्ण पीछे बैठे थे। इस प्रकार का विभाजन

उसे परेशान करता था क्योंकि जो उसने विद्यालय में सीखा था, उसके बिल्कुल विपरीत था लोग परमेश्वर के सामने बराबर हैं और सबका एक ही महत्व है। जो मनुष्य को अलग करता है और उन्हें विशेष बनाता है वह है उनकी प्रतिभा, करिश्मा और अन्य गुण हैं। फिर भी, वह कुछ भी नहीं कर सकता था। गणतंत्र की घोषणा और 1891 के संविधान के साथ चर्च और राज्य का एक आधिकारिक पृथक्करण था। ब्राजील उस समय से, एक घटक देश बन गया जिसमे कोई भी आधिकारिक धर्म नहीं था। चर्च ने अपनी बहुत शक्ति और विशेषाधिकारों को भी खो दिया है। इसके साथ, कर्नल का समूह (पूर्वोत्तर में राज्य करता रहा) उनके फैसले पर सर्वोच्च था, फैसले कि चर्च के खिलाफ नहीं जा सका।

पुजारी उत्सव शुरू करते हैं और केवल दो लोग जो वास्तव में उनके शब्दों पर ध्यान दे रही हैं, वे क्रिस्टीन और हेलेना हैं, क्योंकि दोनों लैटिन भाषा जानती हैं।

दूसरे लोग सिर्फ दूसरों के कपड़े और शैलियों को देखने के लिए और गपशप करने के लिए चर्च गए हैं। उन्हें सामूहिक प्रार्थना करने के वास्तविक अर्थ का कोई अंदाजा नहीं था। पुजारी क्षमा के बारे में और इस तथ्य के बारे में बोलता है कि हमें हमारे दिल से आने वाले संकेतों पर ध्यान देना चाहिए। उनका कहना है कि यह खोए हुए यात्रियों के लिए सबसे अच्छा कम्पास है। प्रार्थना जारी है और प्रभु भोज के क्षण तक पहुंचती है। जब पुजारी रोटी और शराब को यीशु मसीह के शरीर और लहू में बदलता है, तो क्रिस्टीन उस वेदी पर क्लाउडियो को पिता के बगल में देखती है। वह अपने सिर हिलाती है और दृश्य गायब हो जाता है। यह दूसरी बार था कि ऐसा कुछ उसके साथ हुआ। पहली बार यह हुआ वह अपने घर के बरामदे पर बुनाई कर रही थी। उसे क्या हो रहा था? उसके विचार अभी सामूहिक प्रार्थना को सम्मान नहीं देते थे। क्रिस्टीन ने भोज लेने की कोशिश नहीं की क्योंकि वह तैयार नहीं थी और उसमें भाग लेने के लिए पूरी तरह से शुद्ध महसूस नहीं कर रही थी। हेलेना करती है। उत्सव जारी है और क्रिस्टीन पुजारी के प्रवचन पर ध्यान केंद्रित करने की कोशिश करती है, वह उसके द्वारा व्यक्त किए गए हर शब्द

पर ध्यान केन्द्रित करती है। उस पल में, आखिरकार क्लाउडियो को और अद्भुत पिकनिक को भूल जाती है। उसने लगभग पहाड़ पर उसे खुद को दे दिया था। न्याय का डर और उसके पिता ने उसे वापस पकड़ लिया। पुजारी आखिरी आशीर्वाद देता है और क्रिस्टीन को कम से कम महसूस होता है उसे अब अपने विचारों को पकड़े रखने की चिंता नहीं होगी।

प्रतिबिंब

क्रिस्टीन, अपने माता-पिता के साथ, सेंट सेबेस्टियन के छोटे चौपल पर निर्भरता को त्याग देती है। मेजर उन्हें अलविदा कहता है और रेसिडेंट्स एसोसिएशन की बिल्डिंग में व्यापार का ख्याल रखने जाता है। दोनों वापिस घर जाती हैं, रास्ते में क्रिस्टीन ने पुजारी द्वारा सिर्फ एक पल पहले सुनाए गए प्रवचन पर प्रतिबिंबित करना शुरू कर दिया। क्या उसे कान्वेंट छोड़ने के बाद उसकी मां से माफी मिली? क्या उसे माफ कर दिया गया था? दोनों प्रश्नों का उत्तर नहीं है। उसकी मां, उसके कॉन्वेंट से बाहर निकलने के बाद निराश हुई थी, वह फिर कभी ऐसी मां नहीं थी, जिसने उसने प्यार और सम्मान करना सीखा था। वह अब वैसा प्यार नहीं करती थी या अब वो पहले की तरह प्यार करने या उसकी उसे किसी तरह की देखभाल करने वाली भावना रहित हो गई थी। उसकी मां अब उसकी दोस्त नहीं थी, केवल एक साथी थी। समय-समय पर, उसने कॉन्वेंट के बारे में बात की और टिप्पणी की कि अगर उसकी बेटी एक नन होती तो वह कितनी खुश होती। वह अभी भी अपनी उम्मीदों रखती है कि क्रिस्टीन वापस वहां वापिस जाएगी। अपने ही भाग्य के लिए, क्रिस्टीन ने अभी भी संदेह व्यक्त किया। वह क्लाउडियो के लिए उन भावनाओं के बारे में निश्चित थी, लेकिन इस जुनून के लिए पूरी तरह से आत्मसमर्पण करने और दुखी होकर खत्म करना चाहती थी। क्रिस्टीन ने कॉन्वेंट में सीखा था, कि आदमियों के कई पहलु होते हैं और भरोसेमंद नहीं हो सकते हैं। अपने दिल का अनुसरण करने के लिए, उसने अपने जीवन

के सबसे महत्वपूर्ण क्षणों में इसे सुनने से इनकार कर दिया था। उसने तब भी सुनने से इनकार कर दिया जब उसे कान्वेंट में कहा गया कि माली के बेटे के साथ मेल-जोल नहीं रखना। एक बार निष्कासित होने के बाद, उसने बिना किसी स्पष्टीकरण के इसको छोड़ दिया। उसने तब भी नहीं सुनी, जब उसको पर्वत पर क्लाउडियो को देने के लिए कहा गया। इसके बजाय, उसने सामाजिक सम्मेलनों और डर का पालन करना पसंद किया। दोनों बार उसने अपने दिल की बात सुनने से इनकार कर दिया, तो वह रुका हुआ था। क्रिस्टीन खुद के साथ एक समझौता करती है और अगले अवसर पर इसे सुनना स्वीकार करती है। पिता चियावरेट्टो का प्रवचन उपयोगी साबित हुआ।

सुकावाओ

यह शांत मंगलवार की सुबह थी। पहले दिन, एक मूसलाधार बारिश ने नालों और धाराओं को भर दिया था। मिमोसो नदी के क्षेत्र में कई स्नान करने वालों की हलचल थी जो मजे कर रहे थे। इस बीच, क्लाउडियो के नेतृत्व में युवा मित्रों का समूह, क्रिस्टीन के निवास स्थान जाने के लिए रास्ते पर थे। वे उससे एक विशेष यात्रा पर जाने के लिए कहेंगे। वे निवास पर आते हैं और ताली बजाते हैं। गेरुसा घर की दासी, दरवाजे पर आती है।.

– तुम क्या चाहते हो?

– हम यहाँ क्रिस्टीन से बात करने के लिए आए हैं क्या वह घर पर है?

– वह है। एक पल इंतजार करें। मैं उसे बुलाती हूँ।

–कुछ पल बाद में, क्रिस्टीन मुस्कुराती हुआ दिखती है और उनसे बात करने के लिए आती है। –गेरुसा ने मुझसे कहा कि तुम लोग मेरे साथ बात करना चाहते हो, क्या बात है?

क्लाउडियो, समूह के नेता ने बात शुरू की।

हम आप को एक दिलचस्प यात्रा पर जाने के लिए आमंत्रित करने के लिए यहां आए हैं। कल की बारिश के बाद, इस क्षेत्र की नदियों और धाराएँ भर गई हैं। पूरा शहर इसका आनंद ले रहा है। फरेक्वीरा वेल्ला खेत में, यहां से पास, एक बहुत खास जगह है जिसे हम आपको दिखाना चाहते हैं। आप क्या कहती हैं?

–अगर आप वादा करते हैं कि वहां कोई आश्चर्य नहीं होगा जैसे पिकनिक में उस समय था, मैं जाऊँगी (क्रिस्टीन)

– नहीं होगा आप जगह में जाकर खुश हो जाएँगी (फेबियाना)

– हम आपको एक बहुत खास सुबह दिखाने का वादा करते हैं (राफेल)

समूह के अन्य सदस्य भी क्रिस्टीन को स्वीकार करने के लिए प्रोत्साहित करते हैं और वह सहमत हो जाती है।

आखिरकार, वह उस क्षण में महत्वपूर्ण कुछ नहीं कर रही थी थोडा सा बाहर जाने से उसको अपने कुछ विचारों को बेहतर ढंग से प्रदर्शित करने में मदद मिलेगी। क्रिस्टीन की सहमति के साथ समूह ने उस स्थान की ओर बढ़ना शुरू कर दिया, जिसने उसे नजरअंदाज कर दिया। क्लाउडियो ने अपने हाथ की पेशकश की और अपने दिल की सहमति के बाद उसने स्वीकार किया। उसने पुजारी से यह सीखा था, शारीरिक संपर्क ने क्रिस्टीन को एक साधारण इंसान की कल्पना से परे समानांतर विश्व में गोता लगवा दिया था। इस स्थान में, उसके और उसके प्यारे को छोड़कर किसी के लिए कोई जगह नहीं थी। वो शादीशुदा थी और उसके क्लाउडियो से सात बच्चे थे। उनके पूर्वाग्रह और नैतिक रूप से अस्थिर माता–पिता को अपनी कल्पना में उसे प्रभावित करने की शक्ति का अभाव था। अगर ओरुरुबा का पर्वत वास्तव में पवित्र था, तो वह उनके अनुरोध के साथ आगे बढ़ेगा और इन योजनाओं को एक वास्तविकता बना देगा। हालांकि यह दो कारणों के कारण लगभग असंभव था। सबसे पहले, क्योंकि वह एक ऐसी मां की बेटी थी, जो अभी भी उसे एक नन बनने की उम्मीदों पर कायम थी। दूसरा, उसके पिता थे जो अपने भविष्य के सुरक्षा के लिए किसी के लिए अपने सामाजिक स्तर के व्यक्ति से उसका विवाह करना चाहते थे (उनकी राय में एक खुशी देने वाले) एक भविष्य का अनुमान लगाया। इसके अलावा, दोनों अत्यंत पक्षपातपूर्ण थे।

समूह थोड़ी देर के लिए रुक जाता है ताकि सभी थोड़ा आराम कर सकें।

क्लाउडियो एक पल के लिए भी क्रिस्टीन का हाथ नहीं छोड़ता है। उसके मन में था कि क्रिस्टीन केवल उसकी ही होगी, जैसे कि वे कैसे एक दूसरे से जुड़े थे। जिस क्षण से वह उससे मिले, उसकी जिंदगी बदल गई। उसने पीने और धूम्रपान करने को कम महत्व देना शुरू किया था उसने व्यावहारिक रूप से ऐसा करना बंद कर दिया। उसके दोस्तों ने भी परिवर्तनों को देखा। वह एक अधिक करिश्माई और हर्षजनक आदमी बन गया था । उसने अब काम या बिल के बारे में शिकायत नहीं की। वह परमेश्वर के प्यार से प्रबुद्ध हो गया। क्रिस्टीन के लिए, वह कुछ भी करने को तैयार था: खतरनाक मेजर और उसकी पत्नी का सामना करने; जनमत का सामना करने के लिए; यदि आवश्यक हो तो परमेश्वर और दुनिया का सामना करने के लिए वह सच्चा प्यार को जानने के लिए मिल रहा था, जो उसने दिनांकित अन्य बार के विपरीत किया था। वह सच्चे प्यार को जानने लगा था, जैसे उसने पहले डेट की थी अब वैसे नहीं थी।

समूह अपनी गति को तेज करता है और लगभग 10 मिनट में वे फ्रीक्सिरा वेल्ला खेत तक पहुंचते हैं। वे दाई तरफ मुड़ते हैं और कुछ और आगे चलते हैं क्योंकि एक शॉर्टकट उन्हें एक रेल सड़क की कगार पर ले जाता है। वे अंत में अपने गंतव्य पर आते हैं और क्रिस्टीन आश्चर्यचकित है यह पत्थर में खुदी हुई एक प्राकृतिक पूल का सामना करती है जो एक छोटी सी धारा को अनदेखी कर रहा है।

– *तो यह वही है जो आप मुझे दिखाना चाहते थे। यह सनसनीखेज है!*

– *हमें पता था कि आप इसे पसंद करेंगी। यह थोड़ा आराम करने के लिए एक शानदार जगह है इसे सुकावाओ कहा जाता है (क्लाउडियो)*

वे सब प्रकृति के इस छोटे से आश्चर्य को देखने के लिए भागते हैं। क्लाउडियो क्रिस्टीन से थोड़ा दूर चला जाता है और पानी में दीवानों की तरह कूदना शुरू कर देता है। वह डुबकी मारता है और कुछ सेकंड के लिए जलमग्न रहता है। क्रिस्टीन चिंतित हो जाता है और पूरे पूल में उसे

खोजना शुरू करती है जब उसे बहुत की कम उम्मीद होती है, तो दो मजबूत हाथ उसकी जांघों को पकड़ते हैं और क्लाउडियो बाहर आता है और उसे गले लगाता है।

–क्या तुम मुझे ढूंढ़ रही थी?

क्रिस्टीन कुछ भी नहीं कहती और क्लाउडियो के कंधे पर अपने छोटे छोटे हाथ रखती है। वह इस क्षण को महसूस करता है और उसके करीब जाता है। उसके होंठ उसके होंठों की तलाश करते हैं दोनों एक-दूसरे को मिलते हैं और वाह-वाही के तूफान का कारण बनते हैं। क्रिस्टीन और क्लाउडियो दूसरों की ओर मुड़कर हंसते हैं। उनके रिश्ते की पुष्टि हो गई थी। सभी लोग पूल का आनंद ले रहे हैं क्लाउडियो और क्रिस्टीन एक-दूसरे के पास से आगे नहीं बढ़ते हैं। समूह सुकावाओ में पूरी सुबह बिताने के बाद और फिर बाद में अपने घरों को लौट जाता है।

बाजार

एक बहुत ही तेज धूप वाली बुधवार की सुबह होती है और क्रिस्टीन अभी जाग गई है। वह बिस्तर से बाहर निकलती है और स्नान करती है। वह बाथरूम में प्रवेश करती है, नल की ओर मुड़ती है और ठंडे पानी उसके पूरे शरीर में बाढ़ की तरह आता है। उस पल में, उसका दिमाग पिछले दिन की घटनाओं को पूरी तरह से याद करता है। वह क्लाउडियो के आलिंगन और चुंबन के बारे में सोचती है। शुरुआती शारीरिक संपर्क ने उसे उसके बारे में और भी अधिक निश्चित कर दिया था। यह वास्तव में कुछ स्थायी था। उसने पानी बंद कर दिया, साबुन लगाया और भय ने उसके अंतरंग विचारों को पकड़ना शुरू कर दिया कि जब उसके माता-पिता को पता चलेगा तब उनका क्या होगा? क्या उनका प्यार पूर्वाग्रह और सामाजिक सम्मेलनों से अधिक होगा? क्या पर्वत ने वास्तव में उसके अनुरोध का उत्तर दिया था? इन सवालों के जवाब वह नहीं जानती थी। वे जो कुछ भी कर सकते थे की वे दोनों उन क्षणों का आनंद ले सकते थे और आशा कर सकते थे कि यह हमेशा के लिए बने रहें।

वह पानी को फिर से खोल लेती है और पिछला भय गायब हो जाता है। वह इस प्रेम के लिए लड़ने को तैयार थी, भले ही उसके लिए उसे अपनों को खोना पड़े। नल का पानी उसे सुकावाओ की याद दिलाता है कि वह कैसे जादुई था। वह सोचती है कि हर कोई बहती हुई नदी की तरह होना चाहिए जो पूरी तरह से अपने आप को भाग्य के हाथ में दे देती है। इसी तरह वह अपने प्यार, क्लाउडियो के संबंध में कार्य करेगी।

ठंडे पानी ने उसे परेशान करना शुरू कर दिया है और वह इसे बंद करने का फैसला करती है। वह दो तौलिए लेती है और सुखाना शुरू कर देती है पूरी तरह से खुद को सुखाने के बाद, वह कपड़े पहनती है और नाश्ता करने के लिए रसोई में जाती है। वहां पहुंचने पर, वह गेरुसा को अपने माता-पिता की सेवा करते हुआ पाती है।

--पहले से ही तैयार हो ? आप बहुत अच्छी लग रही हो। क्या हुआ?

--कुछ नहीं, माँ मैंने अभी अभी एक अच्छी रात बिताई है।

--मेरी बेटी एक अच्छी लड़की, महिला है। वह हमारे सिद्धांतों के खिलाफ कुछ भी नहीं करेगी (मेजर)

एक बर्फीली ठंड ने क्रिस्टीन के शरीर का दौरा किया और उस वक्त ऐसा लग रहा था कि उसके माता-पिता ने उसके विचारों का अनुमान लगा लिया था। वह चुप रहने का फैसला करती है ताकि संदेह पैदा न हो।

-तुम क्या कहती हो आज हम मेले में जा रहे हैं? मुझे फल, सब्जियां और बीन्स की जरूरत है (हेलेना)

-मैं खुशी से तुम्हारे साथ जाउंगी, माँ। (क्रिस्टीन)

-अच्छा, मैं नहीं आ सकता मैं व्यवसाय के सिलसिले में जा रहा हूँ। (मेजर)

दोनों नाश्ता खत्म करती हैं और बाजार में जाती हैं। मीमोसो बाजार एक बड़ा केंद्र बन चुका था, जो पूरे इलाके से आने वाले दर्शकों को लुभाने लगा था। उस दिन, यह बाजार बहुत व्यस्त था और व्यापार फल फूल रहा था। क्रिस्टीन और हेलेना ओलिविया के फल वाली जगह पर पहुंची और उसी समय में क्रिस्टीन और क्लाउडियो के बीच आंखों के आदान-प्रदानों ने स्वर्ग को पार कर दिया।

-तुम भी यहाँ हो? मुझे यह उम्मीद नहीं थी (क्रिस्टीन)

-मेरी मां ने मुझे अपने तम्बू का प्रभारी छोड़ दिया। क्या बच्चा अपनी मां के लिए नहीं इतना भी नहीं करेगा? आप कैसी हैं?

–बहुत अच्छी।

–मैं नहीं जानती थी कि तुम दोनों अच्छे दोस्त हो।

क्रिस्टीन क्लाउडियो के लिए अपनी भावनाओं को थोड़ा सा कम दिखाती है और जवाब देती है:

–वह उन दोस्तों के समूह का हिस्सा है, जिनके साथ मैं और बाहर जाती हूं, वह मेरा सहकर्मी है, क्या आप भूल गई?

–अरे हाँ। टैक्स कलेक्टर

क्लाउडियो ने क्रिस्टीन को सहभागिता का संकेत दिया। दोनों को सही समय आने तक झूठ बोलना पड़ेगा। क्लाउडियो पूछता है:

–आप क्या लेंगे?

–मैं दो दर्जन केले, तीन पपीते और छह आम चाहती हूँ। (हेलेना)

क्रिस्टीन अपने प्यार के हर मर्दाना विस्तार पर ध्यान देती है और प्रभावित है।

उसे कोई संदेह नहीं था: यही वह व्यक्ति था जिसे वह चाहती थी, चाहे उसे कितनी बाधाएं पार करनी होंगी। उसने कॉन्वेंट में सीखा था, कि विजेता वह होता है जो हिम्मत करने का साहस करता है। क्लाउडियो उन्हें फल देता है और क्रिस्टीन और हेलेना दूसरे स्टेशन पर जाती हैं। बाजार दोपहर 2:00 बजे तक खुला रहेगा।

गाय का मामला

क्षेत्र के अग्रदूतों में से एक के रूप में मेजर क्विंटिनो, एक अमीर वृक्षारोपण मालिक और परिणामस्वरूप इस क्षेत्र में सबसे बड़े पशुपालनियों में से एक बन गए। एक दिन, उनके कर्मचारी रेल पर मवेशियों को पार कर रहे थे संयोग से, वह तत्काल, महान गति के साथ एक ट्रेन क्षितिज पर दिखाई दी। कर्मचारियों ने जल्दी से पार करने और ट्रेन कंडक्टर रोकने की कोशिश की, लेकिन सफलता नहीं मिली। गायों में से एक को गाड़ी से मारा और टकराने से उसकी मृत्यु हो गई। ड्राइवर ने अपनी यात्रा जारी रखी और कर्मचारी डरे हुए थे। वे एक साथ मिल गए और सभी ने मेजर से कहने का फैसला किया।

मेजर ने कहानी सुनी और उसने रेल की पटरियों पर एक विशाल चट्टान डालने का अपने कर्मचारियों को आदेश दिया। उस समय, ट्रेन का इंतजार करने के लिए मेजर भी तैयार हो गए। सही समय पर क्षितिज पर ट्रेन दिखाई दी और जब इंजीनियर ने चट्टान को देखा तो उसने कोशिश करने के बाद ट्रेन रोकी सौभाग्य से, वह सफल रहा और कोई भी चोट नहीं पहुंची। चालक परेशान हो गया, ट्रेन से उतर गया और पूछा:

–यह कौन है जिसने रेलवे के ट्रैक के बीच में पत्थर डाल दिया?

उस पल में, मेजर आते हैं और पूछताछ करते हैं:

तुम्हारा नाम क्या है, सर?

मेरा नाम रॉबर्टो है मुझे बताओ, मेरे रास्ते में यह पत्थर किसने डाला है?

--यह मेरे लोग हैं जिन्होंने इसे यहाँ रखा था। मुझे देख पा रहा हूँ कि आज आप ट्रेन को रोकने में कामयाब रहे। हालांकि, कल ही, महोदय, आप सफल नहीं हुए और मेरी अपनी एक गाय को मारा।

-यह मेरी गलती नहीं थी ट्रेन पूरी गति से आई और जब तक मुझे एहसास हुआ कि गाय अभी भी वहां थी, तो बहुत देर हो चुकी थी।

--तुम्हारी माफी मेरे किसी काम की नहीं है, चिंता मत करो: मैं तुम्हारी अधिकारियों से शिकायत नहीं करूँगा या गाय के लिए भुगतान करने की मांग नहीं करूँगा। हालांकि, कल से ही, हर बार जब आप इस गांव से गुजरते हैं, तो तुम्हे मेरे घर के सामने रुकने के लिए बाध्य किया जाएगा और पूछना होगा कि क्या मेरे परिवार का कोई भी यात्रा करेगा। यदि हां, तो आप इंतजार करेंगे, जब तक हम तैयार नहीं हो जाते हैं। यदि नहीं, तो तुम अपनी यात्रा के साथ अनुसरण कर सकते हैं। क्या हम स्पष्ट हैं?

--अच्छा, मुझे लगता है मेरे पास कोई विकल्प नहीं है, ठीक है।

मेजर ने कर्मचारियों को अपने पत्थर को वापस लेने के लिए आदेश दिया ताकि ट्रेन अपनी यात्रा पर जारी रख सके।

प्रेस

मेजर क्विंटिनो अपने यातनाओं के तरीकों के लिए प्रसिद्ध थे। उनमें से सबसे अच्छी तरह से जाना जाता था, बिना संदेह, खतरनाक प्रेस, यह पांच रिंगों के साथ एक लोहे का साधन था, एक गर्दन पर रखने के लिए, प्रत्येक हाथ के लिए दो और प्रत्येक टांगों के लिए दो। बड़े दुश्मनों को प्रेस में पीटा जाता था, अक्सर उनके मरने तक। एक बार, एक चोर ने मेजर के तीन घोड़े चोरी किये थे और चोर उनके कर्मचारियों में से एक द्वारा देखा गया था। चोर एक समय के लिए गायब हो गया और मेजर उसे ढूंढने में असफल रहे। साथ ही मुकदमा बंद कर दिया गया, चोर ने लौटने का फैसला किया और मिमोसो के आसपास टहलता देखा गया। मेजर को तुरंत पता चला और अपने कर्मचारियों को उसे गिरफ्तार करने का आदेश दिया चोर पकड़ा गया था और प्रेस में रखा था। अत्याचार और अपमानित, चोर ने अपराध कबूल किया और कहा कि उन्होंने घोड़ों को कुछ पैसों के लिए बेचा था। नाराज हुए मेजर ने उसे माफ नहीं किया और अपने कर्मचारियों को रात भर उसे पीटने का आदेश दिया। चोर की चोटों के कारण मृत्यु हो गई। मेजर के कर्मचारियों ने शरीर को उठाया और उसे दफन कर दिया। वह समाज की इस प्राचीन व्यवस्था के शिकार लोगों में से एक थे; एक प्रणाली जो न्याय के पहले ही मारती है।

संदेश

अब कुछ हफ्ते बीत चुके थे जिसमें क्लाउडियो और क्रिस्टीन गुप्त रूप से डेटिंग कर रहे थे दोनों ने हर पंद्रह दिन बाद काम पर या अन्य स्थितियों में अपने दोस्तों के समूह के साथ एक दूसरे को मिलते थे। इन बैठकों में अच्छी तरह से दोनों सहलाने और चुंबन का आदान-प्रदान किया करते थे जब कोई देख नहीं रहा होता था। हालांकि, क्लाउडियो के लिए यह स्थिति आरामदायक नहीं थी। उसे अभी भी क्रिस्टीन का अपने रिश्ते के बारे में किसी को नहीं बताए जाने के कारण असुरक्षित महसूस हुआ वह चाहता था कि वह पूरे विश्व को बताए कि वह पूरी तरह कितना खुश महसूस करता था। अपने छोर से, उसने गुइलहेर्मे (एक सड़क के बच्चे) को बुलाया और उसे क्रिस्टीन को संबोधित एक नोट सौंप दिया। लड़का ने जल्दी से पालन किया। गुइलहेर्मे क्रिस्टीन के घर में आता है, उसके हाथ से ताली बजाता और चिल्लाता है। गेरुसा दरवाजे पर आती है:

-तुम्हें क्या चाहिए, लड़के?

मिस क्रिस्टीन के लिए यह नोट है क्या आप उसे बुलवा सकती हैं, कृपया?

-तुम इसे मुझे दे सकते हो मैं भरोसेमंद हूँ

-नहीं। यह नोट हाथ में ही दिया जाना है।

अनिच्छा से, गेरुसा ने क्रिस्टीन को बुलाया एक महान जिज्ञासा उसके दिमाग में थी। वह दस साल से इस परिवार की नौकरानी थी और उसकी

राय में उस घर में ऐसा कुछ भी नहीं था जो हुआ हो और उसने न देखा हो। चूंकि जब क्रिस्टीन एक बच्ची थी इसलिए उसने उसकी मां की तुलना में उसकी और उसके हितों की ज्यादा देखभाल की, वह इस से बाहर निकलने में सक्षम नहीं थी। क्रिस्टीन अपने कमरे में है और जब वह समाचार प्राप्त करती है तो वह लड़के को मिलने के लिए तुरंत चली आती है वह नोट लेती है और गेरुसा उसके साथ आती है। इसके तत्काल बाद, क्रिस्टीन एक दुखी गेरुसा को पीछे छोड़कर अपने कमरे में खुद को अवरोधित करती है। वह क्रिस्टीन के रवैये से अच्छा महसूस नहीं कर रही है। साझेदारी और सहभागिता के वर्षों को एक पल में धूल में मिला दिया। आखिर, ऐसा क्या इतना महत्वपूर्ण हो सकता है जिसे क्रिस्टीन को छुपाना पड़ रहा है?

मुलाकात

अपने दिल की तेज धडकन के साथ, क्रिस्टीन क्लाउडियो द्वारा लिखित नोट को पढ़ना शुरू कर देती है। इसमें, वह अपने घर में आयोजित एक बैठक में उसे आमंत्रित करता है। क्रिस्टीन संदेह में है, और सोचती है कि वहां जाना जोखिम भरा हो सकता है। आखिर, गांव की बुराई जीभ उनमें से दो के बारे में संदेह को बढ़ा सकती है और खबर उसके माता-पिता के पास सीधे पहुँच सकती है।

वह रिश्ते को संरक्षित करना चाहती थी। दूसरी ओर, वह क्लाउडियो को चोट पहुंचाना नहीं चाहती थी जिससे उन दोनों के बीच एक विवाद हो सकता था।

उसके अपने प्यार की भावनायें अधिक महत्वपूर्ण थी। वह थोड़ा सोचती है और जाने का फैसला करती है निश्चित रूप से यह उसके एक सच्चे प्रेम के लिए खतरनाक था। परिणाम, यदि कोई हो, तो वे एक साथ सामना करेंगे। क्रिस्टीन तैयार हो जाती है और बिना गेरुसा या किसी और को स्पष्टीकरण दिए बिना चल पड़ती है। उसका मन अज्ञात स्थानों पर भटकता है किसी अन्य व्यक्ति की तरह जो अपने इतिहास के बारे में नहीं जानता था। वह कॉन्वेंट, माली के पुत्र और उसके प्यार के बारे में सोचती है, क्लाउडियो। कॉन्वेंट एक पुरानी छवि के रूप में दिखाई देता है जिसे वह भूलना चाहती है वहां उसने लैटिन, धर्म के मूल सिद्धांतों, लोगों के प्रति सम्मान और शब्द प्रेम का सही अर्थ सीखा था। अभी भी कॉन्वेंट में, वह माली के बेटे को याद करती है और परिपक्वता के महत्व को ध्यान में रखती है कि क्या निर्णय था और कैसे उसने उसका जीवन बदल दिया। उसने एक नन होने का विचार छोड़ दिया था और इसके

सभी परिणामों को ले लिया था, जैसे कि उसकी मां की निराशा और अवमानना, वह क्लाउडियो के बारे में सोचती है और उस सोच के साथ ही आशा की किरण उसके पूरे अस्तित्व को भरती है। उसको आशा है कि वे एक शाश्वत प्रेम के साथ एक साथ रहेंगे, भले ही उन्हें दुर्गम बाधाओं को पार करना पडे। पर्वत पर पिकनिक उसके दिमाग में आती है कि वो एक साथ कितने खुश थे। वह आलिंगन, चुंबन इच्छा को याद करती है जो कि उसने पवित्र पर्वत पर की थी। एक तरह से, उनकी प्रार्थना का उत्तर पहले ही शुरू हो चुका था जैसा कि उसने और क्लाउडियो ने डेटिंग शुरू कर दी थी। चर्च जाते थे और जो कुछ उसने सिखाया था उसने उसे सुकोवाओ में रिश्ते शुरू करने में उनकी मदद की थी। उस जादुई जगह में दो दिल एक साथ लाने की शक्ति थी उसने बहती हुई नदी की तरह सीखा था, खुद को अपने भाग्य को क्लाउडियो को पूरी तरह से समर्पित करना। यह उसके लिए था कि उसने मुठभेड़ में जाने का फैसला किया।

क्रिस्टीन ने अपने कदमों को तेज कर दिया, जिज्ञासा से प्रेरित वह अब उस जगह कुछ ही फुट दूरी पर है। वह चारों ओर देखती है और सुनिश्चित करती है कि कोई भी उसके पीछे नहीं चल रहा है या उसे देख रहा है। स्व-संरक्षण की प्रवृत्ति किसी भी चीज से ज्यादा मजबूत थी। आखिर, लिया गया हर एहतियात इस रिश्ते में आवश्यक था जिसकी अभी तक पुष्टि नहीं हुई थी। वह थोड़ी आगे जाती है और आखिरकार क्लाउडियो के घर में आती है वह दरवाजे पर दस्तक देती है और इसका जवाब सुनने के लिए इंतजार करती है। दरवाजा खुलता है और क्लाउडियो ने उसे अंदर खींच लिया क्रिस्टीन के आश्चर्य के लिए, क्लाउडियो का पूरा परिवार वहां है।

– मेरी प्रेमिका, क्रिस्टीन, जैसा मैंने वादा किया था हम दो सप्ताह से डेटिंग कर रहे हैं यह मेरी मां, ओलिविया हैं (पचास वर्ष की उम्र के लगभग दिखाई देनी वाली एक महिला की ओर इशारा करते हुए जो की बहुत खूबसूरत है) दूसरों को आप पहले से जानती हैं: मेरी बहन फाबियाना और पेट्रीसिया, और मेरे पिता, पाउलो परेरा।

क्रिस्टीन इस प्रस्तुति के साथ बेदम है क्लाउडियो क्या कर रहा था? क्या दोनों ने चुपके से डेट करने पर सहमती नहीं की थी? अजीब तरह से, क्रिस्टीन सभी को बधाई देती है। क्लाउडियो उसे मेज पर बैठने को कहता है जहां हर कोई है:-

- परिवार में आपका स्वागत है, क्रिस्टीन मेरे पति और मैं इस रिश्ते को स्वीकार करते हैं। आप एक गंभीर और अच्छी तरह से निपुण लड़की हैं (ओलिविया)

- धन्यवाद। मुझे यह उम्मीद नहीं थी। क्लाउडियो ने आश्चर्य में डाल दिया है (क्रिस्टीन)

- मैं इस स्थिति को अब और नहीं ले सकता। मेरे माता-पिता को मेरे दिल की सबसे प्यारी लड़की से मिलने का अधिकार था (क्लाउडियो)

उसने कहा, क्लाउडियो ने क्रिस्टीन को अपनी बाहों में कस लिया और उसे चूमा।

- मैंने क्रिस्टीन को पहले ही बताया था कि मैं उसकी ननद होने के लिए कितनी खुश होउंगी इसके अलावा, मैं कहना चाहती हूँ कि मैं आपके दृढ़ संकल्प और धैर्य की प्रशंसा करती हूँ। (फेबियाना)

- मैं भी। मैं आप दोनों को खुश देखना चाहती हूँ। (पेट्रीसिया)

पाउलो परेरा कॉकटेल की सेवा शुरू कर देते हैं और क्रिस्टीन थोड़ा सा पीछे रहती है, हालांकि वो खुश है। वार्तालाप विभिन्न विषयों से और यात्रा से शुरू होता है और क्रिस्टीन ध्यान का केंद्र है। हर कोई उसकी मुद्रा और शैली की प्रशंसा करता है, समय बीत चुका है और क्रिस्टीन को महसूस नहीं होता। उसे थोड़ा पता चलने के बाद, क्रिस्टीन अलविदा कहती है और क्लाउडियो उसके साथ दरवाजे पर जाता है। वे अलविदा कहने से पहले एक-दूसरे को गले लगाते और एक-दूसरे को चूमते हैं। क्लाउडियो के दृष्टिकोण ने क्रिस्टीन को दिखाया कि उसके इरादे गंभीर और वास्तविक हैं।

पाप-स्वीकृति

यह एक खूबसूरत गुरुवार की सुबह थी और क्रिस्टीन ने खुद को पिता चियावरेटो से मिलने जाने के लिए तैयार किया। वह पांच लोगों की एक पंक्ति में थी। चिंता, घबराहट और संदेह से उसका पूरा अस्तित्व सराबोर था। उसकी स्वीकृति से पहले की गई तैयारी ने कोई प्रभाव नहीं डाला था। अभिप्राय, त्रुटियों और सावधानी की कमी जिनको वह अपनी नजरों में पाप मानती थी, वो सब उसके दिमाग में आते थे। हालांकि, वह अभी भी निश्चित नहीं कर पा रही थी कि क्या उसे पूरी सच्चाई बतानी चाहिए। दूसरी ओर, अगर वह ऐसा नहीं करती, तो वह पाप करना जारी रखेगी। कॉन्वेंट जहां वह तीन साल तक रही थी वहाँ की नन उस अभिप्राय में काफी सख्त थी। कतार खाली है और क्रिस्टीन आगे है। वह स्वीकृति गृह में प्रवेश करती है और घुटनों के बल बैठ जाती है।

– *अनुग्रह से भरी मरियम की जय हो।*

– *पाप रहित होकर विचार करो।*

– *अपने पापों को समझो, मेरी बेटी।*

– *अच्छा, पादरी जी, मेरे पास एक बड़ा रहस्य है, जिसके कारण मुझ पर एक भार है। यह कुछ समय पहले की बात है जब मैं टैक्स कलेक्टर, क्लाउडियो से मेल मिलाप कर रही थी। यह रहस्य मुझे परेशान कर रहा है, पादरी जी। कभी-कभी, मैं रात में भी सो नहीं पाती हूँ । हालांकि, मैं आपको बता रही हूँ, लेकिन मुझे यकीन है*

कि मेरे माता-पिता इस रिश्ते के खिलाफ होंगे, क्योंकि वे बहुत पक्षपातपूर्ण हैं। मैं क्या करूं, पादरी जी? मैं क्लाउडियो का साथ छोडना नहीं चाहती क्योंकि मैं उसे प्यार करती हूँ।

–मेरी बेटी, आपको पूरे सच्चाई को बताना चाहिए। केवल यह आपके पश्चाताप को मुक्त करता हैं। अपने माता-पिता से बात करें और उन्हें अपने दृष्टिकोण से अवगत कराएं। जब प्यार सच्चा होता है, तो यह सभी बाधाओं पर काबू पाता है। मुझे लगता है कि मैं आपको बेहतर चिंतन करने के लिए एक प्रायश्चित करने का मौका देने जा रहा हूँ। दस परम पिता और पांच अभिवादनीय मरियम वाली प्रार्थना करो ।

क्रिस्टीन ने पादरी को धन्यवाद ज्ञापित किया और अपने प्रायश्चित को पूरा करने के लिए चली गई। वह उसके द्वारा दी गई सलाह पर विचार करेगी।

अफवाह

क्लाउडियो के घर जा रही क्रिस्टीन के बारे में लोग बेखबर नहीं थे और न ही इस बात से बेखबर थे कि सार्वजनिक रूप से उसने क्रिस्टीन से किस तरह का व्यवहार किया था, इससे लोग अवगत थे। बीट्राइस, क्लाउडियो की पड़ोसिन, उन्हें संदेह था कि यह भेंट सिर्फ एक दोस्ताना मिलाप नहीं थी। तथ्य के बाद, उसने दोनों की जांच करने का फैसला किया कि क्या वह उसके संदेह में थी। वह पूरी सच्चाई जानकर सब समाप्त करती है। कुछ समय के लिए, वह मेजर और उसकी पत्नी की प्रतिक्रिया के डर से चुप रही। बाद में, उसे नहीं लगा था कि यह पूरी स्थिति बहुत निष्पक्ष थी। न्याय की भावना के साथ, उसने मेजर के घर जाने का फैसला किया। वह आती है, ताली बजाती है और गेरुसा से मिलती है।

–आप क्या चाहती हो?

–मैं मेजर और उनकी पत्नी से बात करना चाहती हूँ।

–वे बैठक कक्ष में हैं। अन्दर आइए।

शीघ्र ही, बीट्रिज आती है और दोनों के सामने खड़ी हो जाती है।

–शुभ दिन, मेजर क्विंटिनो और मैडम हेलेना। मैं उसके बारे में आपसे कुछ गंभीर बात करना चाहती हूँ। क्या आपकी बेटी घर पर है?

–वह पाप-स्वीकृति करने के लिए गई थी। (हेलेना)

–यह तो और भी बेहतर है। मैं आपसे उसके बारे में बात करना चाहती हूँ। वह चुपके से क्लाउडियो जो कि टैक्स कलेक्टर है, उससे मेल मिलाप कर रही है। क्या आप वहां मौजूद हैं. यह मैंने कहा। (बीट्रीज)

–क्या? क्या तुम पागल हो, औरत? मेरी बेटी एक अच्छी लड़की है वह उस तरह से एक लड़के के साथ शामिल नहीं हो सकती। (मेजर)

–मैं इस बात पर विश्वास नहीं कर सकती। मैं अभी भी उसे नन बनते हुए देखना चाहती हूँ। (हेलेना)

–मैं आपको आश्वासन देती हूँ कि जो मैंने कहा वह सच है। मैंने दोनों को अपनी आँखों से एक दूसरे को गले लगाते और चुंबन करते हुए देखा, मैं कसम खाती हूँ कि इस बात को लेकर उतना ही निश्चित हूँ जितना कि इस बात को लेकर कि मैं यहाँ खड़ी हूँ। (बीट्रीज)

–फिर उसने हमें धोखा दिया वह गलत है। अगर वह सोचती है कि वह उसके साथ रह सकती है तो वह ऐसा गलत सोचती है। मैं एक साधारण परेरा के साथ अपना नाम या खून नहीं मिलाना चाहता। (मेजर)

–मैं इस पर विश्वास नहीं कर सकती। मैं उसे शादी नहीं करने दूँगी। (हेलेना)

–अच्छा, मुझे लगता है कि मैंने अपना अच्छा सामरी का काम पूरा कर लिया है। मैं अन्याय देखने के लिए खड़ी नहीं रह सकती। (बीट्रिज)

–हमें जानकारी देने के लिये धन्यवाद। मैं यह आप के लिए करूंगा।

मेजर खड़ा होता है और बीट्रिज को नोटों की गड्डी सौंपता है। वह खुशी से और चुपचाप बंगले से बाहर निकलती है कि उसने अपने मिशन को पूरा कर लिया है।

रेसिफ की यात्रा

इस खबर ने कि क्रिस्टीन एक साधारण टैक्स कलेक्टर के साथ मेल मिलाप कर रही थी, मेजर को खुश नहीं छोड़ा था। उनका गर्व घायल हो गया, उन्होंने इस कट्टर परिस्थिति को समाप्त करने की योजना बनाई। अपने गर्व के कारण घायल हो गए, उन्होंने इस कट्टर परिस्थिति को समाप्त करने की योजना बनाई। उन्होंने महापौर और रियो ब्रैंको के कर्नल को रेसिफ की यात्रा पर आमंत्रित किया। ये तीनों राज्यपाल से व्यापार, राजनीति और व्यक्तिगत मामलों के बारे में बात करेंगे। सभी कुछ स्थापित करने के साथ, मेजर ने अपने सामान को लपेटा क्योंकि वह रेसिफ के लिए अगले दिन निकल रहे थे।

दिन की शुरुआत हमेशा की तुलना में अधिक तेज सूरज की गरमी के साथ हुई। मेजर बिना देरी किये उठता है और स्नान के लिए जाता है। वह बाथरूम में प्रवेश करता है, नल की ओर मुड़ता है और ठंडे पानी को अपने शरीर पर उंडेलता है। ठंडे पानी से उसकी अंतरात्मा आश्वस्त होती है, लेकिन उसका खून अभी उबल रहा है। जब क्रिस्टीन एक बच्ची थी वह उस समय को याद करता है वह एक फूल की ही तरह प्यारी और निविदा थी। एक बार वह गुड़िया के साथ खेल रहा थी और उसे भी खेलने के लिए आमंत्रित किया। उसने भद्दे ढंग से स्वीकार कर लिया। क्रिस्टीन ने गुड़िया की मां की भूमिका निभाई और उसने पिता की। उन्होंने एक परिवार के भीतर बातचीत और परिस्थितियों का अनुकरण कई बार दर्शाया। तभी एक पल उसने कहा था: मेरी गुड़िया भाग्यशाली है कि

उसके पास आप के जैसे पिता हैं। इस बात ने उसे थोड़ा द्रवित कर दिया और वह खेल से पीछे हट गया ताकि वह उसे रोते हुए न देख सके। उस छोटी सी संवेदनशील लड़की को क्या हुआ था? वह, उसे इस तरह से कैसे धोखा दे सकती थी? जब वह पैदा हुई थी, तो उसने, उसके एक महिला पैदा करने के लिए एक निश्चित प्रतिकूलता महसूस होने से इंकार नहीं किया। किसी से अत्याचार, राजनीतिक शक्ति और सामाजिक उपेक्षा का सामना करने में सफल होने के लिए, उसके लिए सबसे उपयुक्त, उसके एक बेटा होना था। लेकिन समय के साथ, उसने अपना मूल्य दिखाया और परिवार में हर किसी पर जीत हासिल की। उनकी योजनाओं ने अपनी बेटी की देखभाल करने और उसे सफल बनाने के लिए एक अच्छे दामाद चुनने की व्यवस्था में बदल दिया। ये योजनाएं नवीनतम समाचार के रूप में उतार-चढ़ाव में बदलती जा रही थीं। जल्दी से, मेजर पानी बंद कर देता है और बाथरूम छोड़ देता है। वह अपनी योजना के क्रियान्वयन की जल्दबाजी में था।

वह रसोई में जाता है और नाश्ता करता है। वह अपनी पत्नी को अभिवादन करता है, लेकिन अपनी बेटी को नहीं देख पाने का ढोंग करता है। क्रिस्टीन ने पहल की और उससे बात की, लेकिन वह उसके लिए कड़क और सूखी प्रतिक्रिया देते हैं वह सोचती है कि उसके पिता का रवैया अजीब है, लेकिन चुप रहती है। मेजर नाश्ता करता है, उन्हें बताता है कि वह कुछ दिनों के लिए जा रहा है, वह उठता है और वहाँ से निकल जाता है। घर से बाहर निकलते ही, वह कार्रवाई की एक योजना बनाना शुरू कर देता है: पहले वह पुलिस स्टेशन जाएगा और उसके बाद रेसीफे के लिए जाने वाली ट्रेन की ओर रवाना होगा। उनकी योजनाओं ने राज्य के मेजर को अस्वस्थ, असहज और निराशाजनक स्थिति में डाल दिया। साधारण जन सेवक का ससुर होने की इस मौजूदा स्थिति में खुद को डालने के बारे में वह असहज था। वह इस यात्रा के दौरान क्या हासिल करेगा, इस बारे में नहीं जानते हुए भी आशंका महसूस कर रहा था। वह अपनी एकमात्र प्यारी बेटी द्वारा धोखा दिये जाने से निराश हो गया था।

और क्या हो सकता था? खैर, वह नहीं जानता था। चंद क्षणों के बाद ही वह पुलिस स्टेशन देख सकता था और उसकी घृणा अधिक बढ़ती जाती थी। वह छोटा सा टैक्स कलेक्टर खुद को क्या समझता है? वह अपने सपनों में भी खुद मतियास परिवार में शामिल नहीं हो सकता था। यह एक ऐसा परिवार था, जो परंपरागत था और जिसने पश्चिमी पेसकुएइरा की सारी जमीन पर कब्जा कर लिया था। परेरा कौन थे? बस एक साधारण व्यापारी परिवार जो, उसकी बेटी के स्तर के नहीं थे। अपने जीते जी इन दोनों को एक साथ रहने की अनुमति नहीं देगा।

अंततः मेजर स्टेशन में प्रवेश करता है और प्रतिनिधि पोम्पे के कार्यालय में प्रवेश करता है। वह अपने सिर को हिलाता है और बोलना शुरू करता है।

– श्री पोम्पे, मुझे आपसे एक काम है। मैं चाहता हूँ कि आप मेरे लिए एक आदमी को गिरफ्तार करें।

– क्यों? वह आदमी कौन है?

– यह एक ऐसा व्यक्ति है, जिसने मेरी बेटी को अपमानित किया है। उसका नाम क्लाउडियो है, टैक्स कलेक्टर।

– क्लाउडियो? वह एक अच्छा इंसान लगता है।

– मैंने भी सोचा था। हालांकि, उसने मुझे अपने दृष्टिकोण के साथ निराश किया है। आज के दिन से वह मेरा दुश्मन है और उसकी धोखाधड़ी के लिए उसे भुगतना होगा। मैं चाहता हूँ कि आप उसे तुरंत गिरफ्तार कर लें और जब तक मैं नहीं कहूँ तब तक उसे नहीं छोड़ें।

– ठीक है, मैं ऐसा ही करूँगा। मेरे आदमी आज उसे गिरफ्तार करेंगे।

– यही मैं सुनना चाहता था। आप एक अच्छे दोस्त हैं, पोम्पे। कौन जानता है, जब मैं महापौर हूँ तो हो सकता है कि आप मेरे सचिव हो।

– हमेशा आपकी सेवा में महोदय।

दोनों प्रस्थान करते हैं और मेजर रेलवे स्टेशन की दिशा में रुख करता है। रेसीफे की ओर जाने वाली ट्रेन कुछ ही मिनटों में निकल जाएगी।

मेजर के कदम अधिक नियमित होते जाते हैं और वह बेहतर महसूस करता है। उसकी योजना का पहला चरण पूरा हुआ। उसका दुश्मन, कम समय में, सलाखों के पीछे शक्तिहीन होगा। क्रिस्टीन को उसके बिना रहने की आदत डालनी होगी। मेजर, उसके आगे के चरण में, उसकी दूसरी योजना का ढांचा तैयार करना शुरू करता है, एक चरण जिसके बारे में केवल उसे और परमेश्वर को पता था। वह स्टेशन पर आता है, टिकट खरीदता है, कर्मचारियों और बोर्ड को नमस्कार कहता है।

ट्रेन में प्रवेश करने पर, वह रियो ब्रेंको के कर्नल (श्री हेनरिक कैर्ग्यूइरा) के पास जाता है। वह उसके बगल में बैठता है और वह खुश है कि कर्नल ने उसके मुलाकात के अनुरोध को स्वीकार किया। वे बात करना शुरू करते हैं और अपने शुरुआती दिनों को याद करते हैं। वे मूल निवासियों के प्रतिरोध को याद करते हैं और याद करते हैं कि कैसे उन्हें अपनी भूमि का अधिकार लेने के लिए क्रूर होना पड़ा। वह दोनों के लिए महिमा के क्षण थे। मेजर क्विंटिनो और किसान ओसमर ने मिमोसो क्षेत्र में भूमि का कब्जा कर लिया और कर्नल हेनरिक कैर्ग्यूरा ने रियो ब्रेंको क्षेत्र में भूमि ली, जो कि मिमोसो के पश्चिम में स्थित एक गांव था। कर्नल याद करता है कि वह किस तरह से मूल परिवार को यह समझने में सक्षम हुआ था कि वह उन्हें कोई नुकसान नहीं पहुंचाएगा। पूर्व पारित पहले के दिनों को याद करते हुए उन दोनों का समय जल्दी ही बीत गया।

यह ट्रेन सीटी बजकर संकेत दे रही थी कि आगे यह रुकने वाली है। मेजर और कर्नल जल्दी नाश्ते के लिए बाहर निकल जाते हैं। वे पेसकुएइरा रेलवे स्टेशन के पास बार में पहुंचते हैं।

– आपके पास क्या उपलब्ध होगा, महानुभाव?

– मेरे दो कप अच्छा पेय सामान और भुने हुए गाय के मांस की एक प्लेट होगी। (मेजर)

– खैर, मेजर, आपने मुझे रेसिफ जाने के लिए कहा है लेकिन मुझे यह नहीं बताया है कि हम वास्तव में क्यों जा रहे हैं।

– मेरे पास योजनाएं हैं, लेकिन मैं अभी बात नहीं कर सकता। मुझे गवर्नर के साथ एक मुद्दे को हल करना होगा और फिर आपके साथ एक गंभीर बात करनी होगी।

– तुम मुझे एक संकेत नहीं दे सकते?

– नहीं । मैंने पहले जो कहा उससे ज्यादा नहीं?

वार्तालाप ठंडी हुई और दोनों ने अपना नाश्ता समाप्त किया। उन्होंने बार छोड़ दिया, रेलवे स्टेशन पर वापस चले गए और रेलगाड़ी में फिर से चढ़ गए क्योंकि यह जाने वाली थी। ट्रेन में प्रवेश करने पर, महापौर पहले से मौजूद थे। मेजर खुश है कि उन्होंने भी उसके अनुरोध का जवाब दिया है। वे अपने परिवारों, फुटबॉल सितारों और महिलाओं के बारे में बात करने के लिए एक ही कार में मौजूद रहते हैं। अपने परिवार के बारे में बात करते हुए, मेजर अपनी पत्नी और बेटी को अपना सबसे बड़ा खजाना बताते हैं। कर्नल अपने बेटे बर्नार्ड, और उनकी बेटी करीना के बारे में बताता है और यह सुनिश्चित करता है कि वे उसके वैध उत्तराधिकारी होंगे, राजनीति में भी उतना ही हिस्सा लेंगे। महापौर कहते हैं कि उनके पास कोई बच्चा नहीं है क्योंकि उनकी पत्नी बांझ है, लेकिन वह खुश खुशहाल शादीशुदा इंसान हैं। खेल के बारे में बोलते हुए वे रेसिफ के खेल और नॉटिको को बेहतरीन फुटबॉल टीमों के रूप में दर्शाते हैं। महिलाओं के बारे में, मेजर यह पुष्टि करता है कि वह सभी प्रकार की महिलाओं को प्यार करता है। कर्नल का कहना है कि वह पतले शरीर के साथ काली-चमड़ी वाली महिलाओं को पसंद करते हैं। महापौर का दावा है कि वह अपनी पत्नी के अलावा किसी अन्य महिला को नहीं देखता है। दूसरे लोग उसके कथन पर हंसते हैं। वे बात करते रहते हैं और समय जल्दी से गुजरता है ट्रेन अपने अंतिम गंतव्य, रेसिफ पर पहुंचने से पहले कई बार रुकती है।

तीनों पहुँचते हैं और तत्काल एक वाहन तीनों को महल में ले जाने के लिए आता है जो कि राज्य सरकार की एक जगह है। कार में, चालक खुद का परिचय देता है और कुछ सवाल पूछता है। वे बातचीत जारी रखते हुए

सवालों का जवाब देते हैं। चालक रेसीफे के बारे में वार्ता करता है, अपने पुलों, समुद्र तटों, नदियों, चर्चों और अन्य स्थलों को उजागर करता है। वह कहता है कि रेसिफ के लोग मेहमान–नवाज और दोस्ताना हैं। मेजर बातचीत पर ज्यादा ध्यान नहीं देता क्योंकि वह अपनी योजनाओं पर केंद्रित है। राज्यपाल के साथ बातचीत उसके लिए निर्णायक होगी। कुछ समय बाद ही कार महल के सामने रुक जाती है और सभी निकल जाते हैं।

तीन कुछ कदम घूमते हैं जो कि महल से अलग होता है और मुख्य द्वार से प्रवेश करते हैं। अंदर वहां मंत्रिमंडल को निर्देश दिए गए हैं और कहा कि राज्यपाल उन्हें देखेंगे। वे क्षेत्र में प्रवेश करते हैं और राज्यपाल द्वारा अगवानी किए जाते हैं। महापौर उचित परिचय कराता है।

– यह मेजर क्विंटिनो है, जो मिमोसो के संपन्न गांव के क्षेत्र में सबसे बड़ा राजनीतिक प्राधिकरण है। और यह रस्सी ब्रैंको (हेनरिक कैर्ग्यूरा) के कर्नल हैं, जो पेस्केरा के पश्चिमी क्षेत्र का एक महत्वपूर्ण निशानवाही है।

– मैंने मिमोसो की बातें सुनी है। रेलवे की तैनाती के साथ यह जगह परनामबुको का एक महत्वपूर्ण व्यापारिक पोस्ट है। आपके लिए, कर्नल, आप अपनी महान उपलब्धियों के लिए प्रख्यात हैं। इस भवन में आप का स्वागत करना एक सम्मान की बात है जो कि हमारे लोगों की ताकत और हमारे राज्य के गौरव का प्रतिनिधित्व करता है। मैं किस चीज में आपकी मदद करूं?

– मेजर को पता होना चाहिए। उन्होंने हमें यहां आने के लिए आमंत्रित किया है, लेकिन उसने हमें इसके कारणों से अवगत नहीं कराया है। (रियो ब्रैंको के कर्नल)

– यह सच है। पेसकुएइरा के मेयर के अगले चुनावों के लिए, मैं पूरे सम्मान के साथ यह चाहूंगा कि महोदय, आप हमारे प्रिय मित्र, उत्तराधिकारी श्री हॉरोसी बारबोसा के लिए मेरी सहायता करें।

– क्या? पेसकुएइरा क्षेत्र में कई कर्नल हैं। उनमें से एक उत्तराधिकारी होना चाहिए।

– उनमें से किसी में भी मेरी बुद्धि और राजनीतिक शक्ति नहीं है। मैंने अत्याचार के एक उपकरण को लागू किया है जिसे प्रेस कहा जाता है और यह मेरे दुश्मनों के लिए पूर्ण आतंक बन गया है। मैं अब बस एक साधारण मेजर नहीं रहा हूँ। श्री होरोसी और श्री हेनरिक, यहां मौजूद हैं, मेरे पक्ष में गवाही दे सकते हैं।

– यह सच है। मेजर क्विंटिनो पेसकुएइरा शहर में खड़े हैं। वह हमारी "कर्नल" प्रणाली का एक महत्वपूर्ण सदस्य है। मैं, रियो ब्रैंको के कर्नल के रूप में, उसे अपना अप्रतिबंधित समर्थन दिखाता हूँ।

– मैं भी उसका समर्थन करता हूँ। वह मिमोसो के क्षेत्र की भूमि के पहले अग्रदूतों में से एक थे। मूल निवासियों के साथ उनका रवैया बेहद महत्वपूर्ण और निर्णायक था। केवल एक वह ही है जो मेरी महापौर की जगह ले सकता है।

– खैर, यदि आप दोनों अपनी उम्मीदवारी को स्वीकार करते हैं और पुष्टि करते हैं, तो मैं इस बात का विरोध नहीं करता हूँ। मैं उसे पस्केरा के अगले महापौर के रूप में स्वीकार करने का समर्थन करता हूँ।

तीनों ने राज्यपाल की सराहना की और मेजर क्विंटिनो, रियो ब्रैंको के कर्नल को दूसरे कमरे में खींच कर ले जाता है। उनके बीच एक निजी बातचीत होगी।

– आप मुझे क्या कहना चाहते हैं? आपने मुझे इस रास्ते में क्यों खींच लिया?

– मेरे पास आपके लिए कुछ प्रस्ताव है, महोदय। मेरी क्रिस्टीन नाम की एक खूबसूरत बेटी है और चाहता हूँ कि वह जल्द से जल्द शादी करे। मैंने अच्छे मिलाप के बारे में सोच रहा था। फिर मैंने आपके बेटे बर्नार्डो को याद किया और वह आपके दृष्टिकोण और राजनीति दोनों का उत्तराधिकारी है।। मुझे लगता है कि वह मेरी बेटी के लिए

एकदम सही मिलाप होगा। आपका क्या कहना है? यह अच्छा होगा परिवारों को एकजुट करें।

श्रीमान हेनरिक एक क्षण सोचते हैं और जवाब देते हैं।

– मैं भी बर्नार्डो की शादी करने के बारे में सोच रहा था। ऐसा समय आता है जब कोई व्यक्ति बुद्धिमान हो और जड़ें लगाए।।

– आपकी बेटी उसके लिए एक महान लाभ साबित होगी। हालांकि, क्या वह एक नन होने वाली नहीं थी?

– वह पहले से ही उस विचार को त्याग कर चुकी है। जब वह एक लड़की थी, तभी मेरी पत्नी ने उसके दिमाग में ऐसा भर दिया था। अब, वह स्थिर हो गई है और शादी करने के लिए तैयार है। हम शादी कब करा सकते हैं?

– मुझे लगता है कि तैयारी करने के लिए एक महीने का समय पर्याप्त है। हमें एक बड़ा समारोह आयोजित करना होगा और सिस्टम के भीतर के हमारे साथियों को आमंत्रित करना होगा।

बेशक। सब कुछ दोनों की खुशी के लिए होगा। अब मैं अपने घर के नाती–पोतियों से भरा हुआ होने का और इंतजार नहीं कर सकता।

दोनों हाथ मिलाते हैं और राज्यपाल के कार्यालय में वापस जाते हैं जहां वे महापौर की बातचीत में शामिल होते हैं। वे राज्य के उच्चतम राजनीतिक प्राधिकरण को विदाई देते हैं और निकटवर्ती होटल के लिए रुख करते हैं। वे पर्नमबको की राजधानी समारोह में भाग लेते और समुद्र तटों की सुंदरता का आनंद लेते हुए, दो और दिन बिताएंगे ।

अंतर्देशीय वापसी

तीनों यात्री होटल के आंतरिक क्षेत्र से प्रस्थान करते हैं और परनामबुको की राजधानी की सुविधाओं से दूर जाते हैं। वे ट्रेन स्टेशन की ओर जाने के लिए सीधे एक वाहन की सुविधा लेते हैं। बहुत ही कम समय में वे अपने गंतव्य पर पहुंच गए। वे कार से बाहर निकलते हैं, टिकट खरीदते हैं और आखिरकार अपनी यात्रा प्रारंभ करते हैं। वे प्रथम श्रेणी अनुभाग में बैठते हैं। महापौर और रियो ब्रैंको के कर्नल बातचीत शुरू करते हैं, लेकिन मेजर विचारमग्न लगते हैं, उसके विचार बिखरे हुए हैं। क्लाउडियो और क्रिस्टीन की छवियां उसके मन में आती हैं। नहीं, वे कभी भी एक साथ नहीं हो सकते हैं, क्योंकि वे पूरी तरह से अलग दुनिया के थे। उसने खुद अपनी बेटी को खुदरा स्टोर में लिपिक बनने के लिए पैदा नहीं किया था। वह उससे अधिक की हकदार थी क्योंकि वह एक मेजर की बेटी थी, मिमोसो के क्षेत्र में सर्वोच्च राजनीतिक अधिकारी। अपने दिमाग से मेजर, क्लाउडियो को जेल में देखता है और यह सोचकर उसे अजीब सी खुशी का एहसास हो रहा है। किसने उसे, उस तरह से धोखा देने के लिए कहा था? किसने उसे इतना अधिक सपना देखने का अधिकार दिया? वह केवल अपने ही पागलपन की कीमत चुका रहा था। मेजर पूरे दृश्य को अपने ख्यालों में कल्पित कर रहा था और उसे इस बात का कोई पछतावा नहीं था। आखिरकार, वह अपनी बेटी और उसके भविष्य के हितों की देखभाल कर रहा था।

ट्रेन झटका देती है और मेजर अपने दो साथियों के साथ बातचीत में प्रवेश करना शुरू करता है। वे अपने भावी परियोजनाओं की बात करते

हैं। रियो ब्रैंको का कर्नल अपने गांव को कुछ वर्षों में एक शहर बनाने के लिए उत्सुक है और बाद में पेसकुएइरा शहर से अपनी आजादी अर्जित करना चाहता है। वह महापौर होने और अपने दोस्तों और परिवार के लिए अच्छे स्थान पाने के सपने देखता है। महापौर राजनीति छोड़ने और विंटर बेला के आसपास, हिंटरटेलैंड में एक महान मकान मालिक बनने के बारे में बोलता है। वह मवेशियों के झुंडों की देखभाल और व्यापक वृक्षारोपण के बारे में कहता है। धोखाधड़ी उपायों का प्रयोग करते हुए धन अर्जित करके इस योजना को पूरा करने का उसका उद्देश्य है। मेजर अधिक विनम्र है। वह अपनी बेटी की शादी करना और उसे बच्चों के साथ देखना चाहता है। वह राज्यपाल के शब्द पर भी भरोसा कर रहा है, जिन्होंने महापौर के लिए उन्हें समर्थन देने का वादा किया था। तीनों बातचीत का दौर जारी रखते हैं और एक कर्मचारी उन्हें रस और नाश्ता प्रदान करता है। वे उसे स्वीकार करते हैं। समय जल्दी ही गुजरता है और वे राज्य के प्रमुख शहरों के माध्यम से जाते हैं। जब वे पेसकुएइरा पहुँचते हैं, तो महापौर उन्हें विदाई देते हैं और उतरते हैं।

मिमोसो और मुख्यालय के बीच शेष मार्ग (पन्द्रह मील) सुचारू और तय सुरक्षित रूप से किया जाता है। रियो ब्रैंको के कर्नल और मेजर ज्यादातर समय चुप रहते हैं। जब ट्रेन मिमोसो में आती है, तो मेजर विदाई लेते हैं और ट्रेन से उतर जाते हैं। ट्रेन छोड़ने पर, यह उसके चेहरे पर दिखता है कि वह कितना खुश है क्योंकि वह अपने लक्ष्य में सफल हुआ है।

माता पिता द्वारा तय विवाह

स्टेशन के अधिकारियों को अभिवादन करने के बाद, मेजर अपने घर की ओर प्रस्थान करता है। मेजर अपने रास्ते में कुछ लोगों को देखता है, लेकिन वह उन लोगों पर अधिक ध्यान नहीं देता क्योंकि वह सोच रहा है कि अपनी औरतों को अच्छी तरह से इस खबर से अवगत कराएगा। क्रिस्टीन की प्रतिक्रिया क्या होगी? उसकी प्यारी पत्नी क्या कहती है? पहली ने एक साधारण टैक्स कलेक्टर से मेल मिलाप करके उसने मेजर के साथ विश्वासघात किया था। दूसरी अभी भी उसकी बेटी को एक नन बनाने की कामना कर रही होगी। खैर, उसे किसी बात की परवाह नहीं थी। वह घर का मुखिया था और इस कारण से उन दोनों को मेजर के फैसले का पालन करना होगा। उसने जो निर्णय लिया वह पूरे परिवार के लिए सबसे अच्छा था। उस विचार के साथ, बड़ी जल्दी और पहले घर में प्रवेश करता है। वह सामने का दरवाजा खोलता है और बैठक कक्ष में जाता है, लेकिन वहां कोई नहीं है। वह अपनी बेटी और पत्नी को बुलाता है और वे रसोई घर से जवाब देती हैं। शीघ्रता से वह रसोईघर की ओर प्रस्थान करता है।

– मैं रेसीफ से वापस आया हूँ, क्या तुम मुझसे गले नहीं मिलोगी?

क्रिस्टीन और हेलेना गर्मजोशी से मेजर के अनुरोध का जवाब देती हैं। वे थोड़ी देर के लिए दुलार का आदान प्रदान करते हैं।

– मैं तुम्हारे लिए एक अच्छी खबर लाया हूँ। देखो, मुझे क्या सम्मान प्राप्त हुआ है, मुझे राज्यपाल के साथ व्यक्तिगत तौर पर मिलने का सौभाग्य मिला।

– मैं हमेशा जानती थी कि तुम एक महान व्यक्ति हो। मैं जबसे तुमसे मिली थी, मैं जानती थी कि तुम ही मेरे जीवन साथी हो। एक आदमी दृष्टिगोचर और सफल है। तुम्हें मेजर का दर्जा प्राप्त हुआ, हम रेसिफ आ गए और पेसकुएइरा के पश्चिम में स्थित बहुत सी भूमि पर आधिपत्य रखने का उज्ज्वल विचार तुम्हारा था। तब से, हमारे पास कई उपलब्धियां हैं। मुझे तुम पर गर्व है, मेरे प्रिय (हेलेना)

मेजर और उसकी पत्नी गले लगते हैं और चुंबन करते है और क्रिस्टीन इस दृश्य को देखकर रोमांचित हैं। वह भी हमेशा से उसके माता-पिता की तरह ही खुश होना चाहती थी।

– आपके पास क्या खबर है, पिताजी? मैं जानना चाहती हूँ।

मेजर अपने चेहरे पर गंभीर और रहस्यमय अभिव्यक्ति से उन्हें बैठने के लिए कहता है।

– ठीक है, मेरे पास दो बड़ी घोषणाएं हैं। सबसे पहली यह है कि राज्यपाल पेसकुएइरा शहर के महापौर के लिए मेरी उम्मीदवारी के लिए अपना पूर्ण समर्थन देगा। दूसरी, लेकिन उतनी ही महत्वपूर्ण, घोषणा यह है कि मैंने तुम्हारे लिए एक अच्छी शादी की योजना बनाई है, क्रिस्टीन तुम्हारा पति रियो ब्रैंको के महत्वपूर्ण कर्नल का बेटा होगा। उसका नाम बर्नार्डो है और वह तुम्हारे समान उम्र का है। शादी एक महीने में होगी।

एक ठंडी सी सिहरन क्रिस्टीन के शरीर में उठती है और वह थोड़ा अशांत महसूस करती है। क्या उसने सही सुना है? यह वास्तविकता किसी दुखद स्वप्न से भी बदतर थी।

–क्या? आपने मेरे लिए शादी की व्यवस्था की है? मुझे यह उम्मीद नहीं थी पिताजी, मैं इसके लिए तैयार नहीं हूँ। मैं इस लड़के के बारे में जानती भी नहीं हूँ कि वह कितना प्यार करता है। कृपया मुझे क्षमा करें, लेकिन मैं उससे शादी करने के लिए तैयार नहीं हूँ।

–मैं भी इसका विरोध करती हूँ। मैंने हमेशा सपना देखा कि वह एक नन बन गई है। मुझे अब भी उम्मीद है कि वह वापस कान्वेंट में जाएगी। शादी मेरी बेटी को खुशी नहीं दे पाएगी।

–यह निर्णय ले लिया गया है। तुमने सोचा था कि मैं क्लाउडियो के साथ तुम्हारी छेड़खानी को स्वीकार कर रहा था? सपने में भी वह कभी मेरा दामाद नहीं बन सकता था। मैंने अपनी बेटी को किसी को भी सौंप देने के लिए नहीं पाला है। जहां तक प्यार की बात है, उसकी चिंता न करें, तुम समय के साथ इसे प्राप्त कर लोगी।

क्रिस्टीन पूरी स्थिति के बारे में सोचकर रो रही थी। क्या इसका मतलब था कि वह पहले से ही उसके और क्लाउडियो के बारे में जानते थे? उन्होने कभी इस बारे में कुछ भी नहीं कहा था।

–पिताजी, मैं अपने पूरे दिल से क्लाउडियो से प्यार करती हूँ। यहां तक कि अगर मैं उसके साथ नहीं हो सकती, तब भी मैं उसे भूल नहीं सकती। यह विवाह जो आपने मेरे लिए तय किया है, वह केवल दुःख लाएगा। मुझे लगता है कि यह अच्छी तरह से नहीं चलेगा।

बकवास है ये। सब कुछ ठीक हो जाएगा। और रही बात क्लाउडियो की, तो वह अब तुमको कोई और नुकसान नहीं पहुंचाएगा। मैंने उसे ... क्षेत्र से बाहर निकाल लिया है।

–आपने उसके साथ क्या किया?

–मैंने डिप्टी पोम्पे को उसे गिरफ्तार करने के लिए कहा है। वहां, जिस दिन उसने तुझ को छुआ था उस दिन को याद करके उसे खेद होगा।

–तुम एक बेरहम राक्षस हो। मैं तुमसे नफरत करती हूं!

क्रिस्टीन रसोई छोड़ देती है और चली जाती है और अपने कमरे में खुद को बंद कर लेती है। वह अपने असंभव प्यार के लिए दिन भर रोती है।

यात्रा

एक नए दिन का आगमन क्रिस्टीन को बदलने वाला नहीं था। वह सिर्फ जाग उठी थी, लेकिन बिस्तर पर स्थिर पड़ी रही। पिछला दिन उसके जीवन में विनाशकारी रहा था। पिता द्वारा तय विवाह की खबर के साथ, उसका दिल टूट गया था और उसके खुश होने की उम्मीद भी। वह क्लाउडियो और उसके दुखों के बारे में सोच सकती थी। वह उठने की कोशिश करती है, लेकिन उसका कमजोर शरीर इस प्रयास का विरोध करता है। वह एक बार पुनः कोशिश करती है, दो बार, तीन बार जब तक कि वह उठ नहीं पाती है। वह दर्पण में देखती है और एक पराजित और टूटी हुई क्रिस्टीन उसे नजर आती है। उसका क्या होगा? क्या वह उस अजनबी के लिए रखने वाली घृणा को छुपा सकती है, जो उससे शादी करने जा रहा था? इन सब के बाद वह एक सुंदर प्रेम कहानी को नष्ट कर रहा था। वह बेहतर दर्शाती है और खुद की राय बदलती है। दोनों का दोष नहीं था। यह पुरातन प्रणाली है जो कहती है कि माता-पिता को अपने बच्चों के लिए विवाह का प्रबंध करना चाहिए था। फ्रांसीसी क्रांति में कल्पना की गई स्वतंत्रता कहां थी? यह बस ब्राजील में ही मौजूद नहीं था। समानता और बिरादरी भी प्राप्त करने के लिए दूरगामी लक्ष्य थे। ऐसी दुनिया में जहां कर्नल और अधिकारियों का शासन था, वहां मानवाधिकारों के लिए कोई स्थान नहीं था।

क्रिस्टीन दर्पण से दूर चली जाती है और स्नान करने का फैसला करती है। हो सकता है कि ठंडे पानी का थोड़ा सा असर उसकी नसों

और उसके मन पर पड़ेगा? इस आशा के साथ वह स्नानघर में जाती है। लगभग 20 मिनट बाद वह बाहर आती है, अब वह थोड़ा बेहतर दिखाई देती है। जल में वास्तव में दबाब को बहाल करने की क्षमता है। वह खुद को सूखाती है और एक अच्छी पोशाक पहनती है। उसके तुरंत बाद, वह रसोई में नाश्ता करने जाती है। वह पाती है कि उसकी मां की, गेरुसा द्वारा सेवा की जा रही है।

–पिताजी कहां हैं?

– वह जल्दी ही निकल गए थे। वह पास के खेत पर मवेशी को खरीदने के लिए गए हैं। बाद में, निवासी संघ में उनकी एक व्यवसायिक बैठक होनी है। (हेलेना)

– क्या वह अभी भी मेरे शादी करने की इच्छा रखने पर विचार कर रहे है?

– वह कल बहुत स्पष्ट थे। तुम्हारी शादी अगले महीने के लिए निर्धारित है अगर मैं, तुम्हारी जगह होती, तो मैं इस फैसले स्वीकार कर लेती, क्योंकि वह अपना मन नहीं बदलेंगे।

– आप, मेरी मां, क्या आप मेरे लिए अनुरोध नहीं कर सकती? यह विवाह हमारे परिवार के लिए कुछ भी अच्छा नहीं लाएगा।

– मैं तेरे पिता के साथ लड़ना नहीं चाहती। हमारी शादी इतने समय तक चल गई है क्योंकि मुझे पता था कि सतर्क और विनम्र कैसे होना चाहिए। यदि तुमने मेरी बात सुनी होती और कान्वेंट में रही होतीं, तो तुमको इस स्थिति का सामना नहीं करना पड़ता। तुम हमारे प्रभु यीशु मसीह के साथ पूर्ण अलगाव में, इस क्षण में सही हो पाती।

– मैं आपका सपना जीने नहीं जा रही थी, माँ। मेरा अपना जीवन है हमारे प्रभु यीशु मसीह की सेवा करने के कई अन्य तरीके हैं।

– तो मुझसे कुछ भी मत पूछो।

क्रिस्टीन चुप थी और उसने अपने नाश्ते को समाप्त किया। वह उठती है और अपने साथ चलने के लिए गेरुसा को आमंत्रित करती है, और

वह तुरंत सहमत हो जाती है। हेलेना के संदेहों को नहीं जगाने के लिए दोनों वहाँ से बाहर निकाल जाती हैं। जब वे घर से बाहर हैं, तो क्रिस्टीन नौकरानी को कुछ निर्देश देती है। वह उन निर्देशों को स्वीकार करती है और दोनों चलना जारी रखते हैं। वे पुलिस स्टेशन के लिए जा रहे थे जहां क्रिस्टीन का केवल अपने प्रिय, को संक्षिप्त समय के लिए देखने का इरादा था। वह उन अत्याचारों के बारे में सोचकर परेशान हो रही थी, जो कि वे क्लाउडियो के सामने प्रस्तुत कर रहे थे। वह उसे देखने के लिए बेताब हैं, उसके कदमों का तेजी से इजाफा हो रहा था। वह पहाड़ या सुकावाओ पर व्यतीत किए गए क्षणों को नहीं भूल नहीं पाई थी, जहां उसने खुद को पूरी तरह समर्पित किया था। उसके पिता उसकी दूसरे आदमी से शादी करा सकते हैं, लेकिन वह उसके दिल में पनप रही भावना को मार नहीं पाएंगे। अगर वह चाहें तो भी वह ऐसा नहीं कर सकते।

कुछ समय बाद में वे अंततः पुलिस स्टेशन के पास आते हैं। क्रिस्टीन, गेरुसा को बाहर इंतजार करने के लिए कहती है और वह प्रतिनिधि के कार्यालय के लिए प्रस्थान करती है।

– शुभ प्रभात, कुमारी क्रिस्टीन, आप क्या चाहती हैं?

– मैं कैदी, क्लाउडियो से बात करना चाहती हूँ।

– मुझे माफ करना, लेकिन मेरे पास सख्त आदेश हैं कि वह किसी से मिल नहीं सकता है। वैसे, उसके माता-पिता यहाँ थे और मैंने उन्हें वापस भेज दिया। वह किसी आगंतुक से नहीं मिल सकता है।

– आपको बहुत अच्छी तरह से पता है कि उसकी गिरफ्तारी अवैध है। यदि नगर पालिका के अधिकारियों को इस बात का पता चल गया, तो आप बड़ी मुश्किल में पड़ सकते हैं।

– वस्तुतः, मुझे केवल एकमात्र प्राधिकरण के बारे में पता है जो हैं, आपके पिता, मेजर। वह आदमी भयानक है, लेकिन आप मुझे ऐसा कहने के लिए माफ करें।

–तुम मुझे समझ नहीं रहे हों। मैं उसे अभी देखना चाहती हूँ या क्या आप मेजर की बेटी के अनुरोध का जवाब देने से इंकार कर रहे हैं?

प्रतिनिधि पोम्पे ने थोड़ी देर के लिए इस बारे में सोचा और जोखिम नहीं लेने का फैसला किया। उसने अपने अधीनस्थों में से एक को बुलाया और उन्हें एक आरक्षित कमरे में, क्रिस्टीन के साथ क्लाउडियो को अकेला छोड़ने का आदेश दिया। दोनों ने एक दूसरे को गले लगाया और वे देर तक चुंबन करते हैं।

– क्या हाल है? वे तुम्हें चोट पहुँचा रहे हैं?

– मैं हारा हुआ हूँ। तुमसे दूर रहना मेरे लिए सबसे बड़ी यातना है। उपचार और भोजन अच्छा नहीं है, लेकिन मैं जीवित हूँ। आप सही थी क्रिस्टीन; आपके माता-पिता बहुत पक्षपाती हैं।

क्रिस्टीन क्लाउडियो की पीठ पर अपना हाथ फेरती है और उसकी पीड़ाओं के निशानों को वह महसूस कर सकती है। एक कंपन सी उसके शरीर में होती है और वह रोना शुरू कर देती है।

ऐसा क्यों हुआ है? दो इंसानों को स्वतंत्र रूप से प्यार करने का अधिकार क्यों नहीं है? और हमने पर्वत पर जो अनुरोध किया था क्या वह किसी दिन सच हो जाएगा?

– प्यार और पहाड़ पर विश्वास करो, क्रिस्टीन। जब तक हम जीवित हैं, एक आशा है, हालांकि छोटी है। हम निराशा की गर्त में गए, भले ही यह हमारी कल्पनाओं में थी, और हमने बाधाओं और जाल को हरा दिया। आत्मसमर्पण गहरी इच्छाओं को पूरा करने में सक्षम है।

– हाँ यह सच है। अक्सर, मेरी कल्पना में, मैं समानांतर विमानों में चला गया था जहां सिर्फ हम दोनों रहते हैं, मैं खुद को विवाहित और अपने सात सुंदर बच्चों के साथ देख रहा हूँ।

– ये ही तरीका है। हालांकि, यहां आकर आपको इतना जोखिम नहीं उठाना चाहिए था। यह जगह आपकी सुंदरता को दागती है। मैं जल्दी ही ठीक हो जाऊंगा, चिंता न करें। यदि आप मेरे माता-पिता

में से किसी को भी देखती हैं, तो कृपया उन्हें बताएं कि मैं उन्हें याद करता हूँ।

– मैंने एक प्रयास किया था, क्योंकि मैं आपको प्यार करती हूँ इसे कभी मत भूलना। मैं बहादुर सिपाही संत सेबेस्टियन, से प्रार्थना करूँगी, आपकी आजादी के लिए पूछूँगी।

– धन्यवाद। मैं भी आपसे प्यार करता हूँ।

दो गले मिलते हैं, चुंबन करते हैं और अंत में अलविदा कहते हैं। समय समाप्त हो चुका था। कमरा छोड़ने के बाद, क्रिस्टीन प्रतिनिधि को धन्यवाद देती है और वहाँ से निकल जाती है। गेरुसा बाहर है, प्रतीक्षा कर रही है। क्रिस्टीन उसे कुछ और निर्देश देती है और दोनों घर वापस चले जाते हैं।

पिटाई

मेजर क्विंटिनो निवासी संघ की इमारत में एक व्यावसायिक बैठक में है। वह इशारों, समझौतों के प्रस्ताव और संघ के सदस्यों से शिकायतों को सुनता है। उसके मेजर के पद ने उन्हें अंतिम शब्द सबके समक्ष रखने का अधिकार दिया। बैठक के मध्य में, प्रतिनिधि पोम्पे ने पांच मिनट के लिए मेजर का ध्यान उस पर रखने के लिए पूछा। वह क्षमा याचना सहित संघ से बाहर जाकर उसके साथ बात करता है।

– इतना क्या महत्वपूर्ण है कि आपको बैठक में बाधा डालना पड़ी? क्या आप बाद में मुझसे बात करने के लिए इंतजार नहीं कर सकते थे? (मेजर)

– मैं आपको सूचित करने आया था कि आपकी बेटी पुलिस स्टेशन आई थी ताकि वह कैदी क्लाउडियो से बात कर सके।

– क्या? आपने उसे ऐसा करने अनुमति नहीं दी थी, है ना?

– उसने बहुत जोर दिया, मैंने अंदर जाने दिया। आखिरकार, वह आपकी बेटी है।

– आप वास्तव में असमर्थ थे। क्या मैंने किसी को भी जाने की इजाजत दी थी? एकमात्र कारण यह है कि आपको तुरंत आपके पद से तुरंत नहीं हटाया जा रहा है, क्योंकि आप पहले से ही समुदाय को अच्छी तरह से सेवा प्रदान कर चुके हैं। आज से ही, उसे और अधिक आगंतुकों से मिलने की अनुमति न दें, भले ही यह स्वयं पादरी ही

क्यूँ ना हों। मेरी बेटी ने मुझे एक बार फिर झुका दिया। मुझे लगता है कि मुझे गंभीर कार्रवाई करनी होगी।

– मैं पालन करूँगा, महोदय मुझे पद से मुक्त न करने के लिए धन्यवाद।

– तुम जा सकते हो। मैं काफी सुन चुका हूँ।

मेजर, प्रतिनिधि को विदाई देते हैं और संघीय इमारत के लिए वापस लौट जाते हैं, ताकि वे यह जान सकें कि मेजर जा रहे हैं। कुछ लोग शिकायत करते हैं, लेकिन वह उनकी परवाह नहीं करता है। निस्तब्ध होकर, वह अपने घर के लिए प्रस्थान करते हैं, जहां क्रिस्टीन उनका इंतजार कर रही है, विचारों की आंधी मेजर के मन को भ्रमित कर रही है। वह क्रिस्टीन द्वारा विश्वासघात को याद करते है और उनका खून खौल उठता है। वह क्या समझती है कि वह किसके साथ ऐसा कर रही हैं? एक व्यापक और प्यार करने वाले पिता के साथ? उसने मेजर की प्रतिक्रिया की प्रतीक्षा भी नहीं की थी। वह पिता द्वारा तय किए गए विवाह के बारे में जानने पर क्रिस्टीन की प्रतिक्रिया को याद करते है और वह किस तरह से उन्हें गलत समझ रही हैं। उसके परिवार और उसके बेटी के भविष्य के लिए जोश ने प्रमुख के दिल में पहली जगह ले ली थी। वह अपने लक्ष्यों को प्राप्त करने के लिए किसी भी बाधा का सामना करने के लिए तैयार हैं। यहां तक कि उन्होंने अपनी एकमात्र बेटी के प्यार और स्नेह खो दिया। वह बाद में, भविष्य में, उनका धन्यवाद करेंगी। मेजर घर आने के कुछ समय बाद, सामने का दरवाजा खोलते हैं और अंदर प्रवेश करते हैं। पहला व्यक्ति जिसे वह देखते हैं, वह उनकी पत्नी हेलेना है।

–क्रिस्टीन कहाँ है?

–वह अपने कमरे में है, आराम कर रही है।

–उसे तुरंत बुलाओ, मैं उससे बात करना चाहता हूँ।

हेलेना उसके कमरे के दरवाजे पर दस्तक देती है और उसे बुलाती है। कुछ क्षण बाद वह बाहर निकल कर आती है और मेजर का सामना करती है।

– हाँ, मैं तुमसे ही बात करना चाहता हूँ। मैं ये क्या सुन रहा हूँ, तुम क्लाउडियो से बात करने गई थी? क्या तुम यह समझ नहीं पा रही हो कि तुम दोनों का कोई भविष्य नहीं हैं?

– मेरे दिल ने मुझे उससे मिलने के लिए कहा और मैं देखना चाहती थी कि वह कैसा था। आप मुझे किसी और आदमी से शादी करने के लिए बाध्य कर सकते हैं, लेकिन मैं क्लाउडियो के लिए क्या महसूस करती हूँ उसे मिटा नहीं सकते हैं। हमारा प्यार शाश्वत है।

– मेरे खिलाफ जाने के लिए तुम बहुत ही भारी भुगतान करोगी। मैं मेजर हूं, इस क्षेत्र का सर्वोच्च निर्णय लेने वाला अधिकारी, और मेरी बेटी, तुम भी, मेरी इच्छा के खिलाफ नहीं जा सकती हो। ध्यान से सुनोः आज से, मेरी अनुमति के बिना तुम्हारा कहीं भी जाना वर्जित है और मैं कुछ ऐसा करूँगा जो मुझे बहुत समय पहले करना चाहिए था।

मेजर अपनी पैंट से चमड़े की बेल्ट को निकालता है और तेज चाल के साथ क्रिस्टीन को अपनी मजबूत, मर्दाना हाथों से पकड़ लेता है। क्रिस्टीन बचने की कोशिश करती है, लेकिन नहीं बच पाती है। बेरहमी से, वह क्रिस्टीन पर बेल्ट की बौछार करने लगता है। क्रिस्टीन दर्द से कराह उठती है और उसकी मां हेलेना उसे बचाने की कोशिश करती है। मेजर उसे धमकाता है और वह दूर चली जाती है। वह क्रिस्टीन को थोड़ी देर तक पीटता रहता है और जब उसे एहसास होता है कि यह पर्याप्त है, तो वह रुक जाता है। क्रिस्टीन थक हार कर जमीन पर गिर जाती है और घायल हो जाती है। हेलेना उसकी सहायता के लिए आती है और मेजर वहाँ से चला जाता है। क्रिस्टीन दर्द से नहीं, बल्कि इस बात से रोने लगती है कि उसके पिता एक बेरहम बदमाश हैं। जो कुछ भी उसने किया है उस पर क्रिस्टीन को कोई अफसोस नहीं होता है और न ही वह प्रेम जिसे उसने क्लोडियो के लिए महसूस किया था, उस पर। उसे कुछ ऐसी चीजों के लिए पीड़ित किया जा रहा था जिसे पवित्र माना जाता था। मेजर की मार और धमकियों ने उसे सच्चा प्यार के बारे में सपने देखने से नहीं रोका। आखिरकार, यदि वह खुश रहने की आशा खो बैठे, तो

जीवन क्या होगा? प्यार के लिए, यदि वह आवश्यक हुआ तो वह अपना जीवन खोने का जोखिम भी उठा सकती है।

हेलेना क्रिस्टीन को नहाने के लिए स्नानघर ले जाती है और फिर उसे उसके कमरे तक ले जाने में मदद करती है। वह किसी से भी मिलने या किसी भी गतिविधि में हिस्सा लेने की हालत में नहीं थी।

गेरुसा की चचेरी बहिन

मीमोसो में एक नये निवासी ने प्रवेश किया था, जो अभी ट्रेन स्टेशन पर पहुंची थी। यह क्लेमिलडा, गेरुसा की चचेरी बहन थी। मूल रूप से बाहिया से, उसका जन्म रहस्यों से भरा हुआ था। वह उस समय पैदा हुई थी, जब उसकी मां एक गुप्त अनुष्ठान श्रद्धांजलि में भाग ले रही थी। जब से वह पैदा हुई तब से, इस लड़की ने इन ताकतों से निपटने में कुछ प्राकृतिक क्षमता दिखाई थी। उसे न्योछावर करने के बाद, उसकी मां ने उसे एक धर्मार्थ संस्थान के दरवाजे पर तुरंत छोड़ दिया था। उसे कर्मचारियों द्वारा बचाया गया था और उनकी अपनी बेटी के रूप में बड़ा किया गया था। उसे गोद लेने के बाद से, उसी संस्था में रहस्यमय घटनाएं होने लगीं। एकाएक ग्लास और दर्पण टूट गए, आग बिना किसी कारण के लगने लगी और पंजे की आवाज छत पर और खिड़कियां पर सुनाई देती थी। उस आग में से भाग निकलने वाली, वह एकमात्र बच्ची थी। संस्थान बंद हो गया था और वह फिर से वह एक अनाथ बन गई थी। उसके बाद उसे एक बेघर व्यक्ति द्वारा उठा लिया गया और बचने के लिए छोटे अपराध का अभ्यास करना शुरू किया। उसके उपहारों की खोज की गई और उसके हितकारी ने धन का उपयोग अपने लाभ के लिए करना शुरू कर दिया। वह छेड़छाड़, चोरी, लॉटरी परिणाम में छेड़खानी के साथ बड़ी हुई। उसके हितकारी की मृत्यु के कुछ ही समय बाद वह उसके प्रभाव से मुक्त हो गई थी। वह सल्वाडोर में अकेली थी। फिर उसने अपनी चचेरी बहिन गेरुसा को (जो नियमित रूप से उससे मिला करती

थी और वह ही उसके परिवार में से एकमात्र थी जिससे वह कभी मिली थी) को एक पत्र लिखने का फैसला किया था और उसे स्थिति बताई थी। उसने उसे मिमोसो में रहने के लिए आमंत्रित किया, जहां वह एक धनी घर में एक दासी के रूप में काम करती थी। क्लेमिल्डा ने आसानी से इसे स्वीकार कर लिया।

वह अब वहां थी, स्टेशन पर, पूरी तरह से आश्वस्त और उसके फैसले पर राजी थी। वह अपनी योजना जल्द ही क्रियान्वित कर देगी, क्योंकि उसका गुप्त शक्तियों पर पूरी तरह से नियंत्रण था। मिमोसो उसके अन्याय के राज्य के लिए आदर्श स्थान होगा। मिमोसो को जीतने के बाद, दुनिया भर को जीत लेने का उसका इरादा है। हालांकि, ऐसा करने के लिए, उसे "विरोधी ताकतों" को असंतुलित करना होगा और अपने लाभ के लिए उनका उपयोग करना होगा। इसे पूरा करने के लिए उसे एक अभिशाप को तैनात करना, एक सच्चा प्यार बिगाड़ना और त्रासदी बनाना था। सब कुछ पूरा होने के बाद, वह सच्चे धर्म को दबाकर और हर चीज पर नियंत्रण कर सकती थी।

वह अपने पत्र में निहित पते की जांच करती है और वहां के एक व्यक्ति से पूछती है कि वहां कैसे जाना है। वह व्यक्ति द्वारा निर्देशित होती है और चलना शुरू करती है। उसके विचार नकारात्मक ऊर्जा से भरे हुए हैं और वह केवल नष्ट करने, अपमानजनक और प्रतिरूप के बारे में सोचती हैं। उसके सूटकेस में, एक वाणी है जो उसकी और अंधेरे के देवता के बीच मध्यस्थ के रूप में कार्य करती है। वह अधोलोक के साथ अपने पहले संपर्क को याद करती है और इस तरह की उपलब्धि को प्राप्त करने के बाद पाने को खुश और शक्तिशाली महसूस करने लगी थी। उसके बाद, उसके कई संपर्क थे। उसे प्राप्त अंतिम संदेश ने कुछ तथ्यों को स्पष्ट किया था, जो उसे अज्ञात थे। अब वह कार्रवाई करने और अपने अन्याय के राज्य को शुरू करने के लिए तैयार थी।

वह चलना जारी रखती है और जल्द ही सुंदर बंगला देखती है। वह घर के अंदर पीड़ा और पीड़ा का मिश्रण महसूस करती है। वह हँसती है, क्योंकि वह इन परिस्थितियों में प्रसन्नता का अनुभव करती है। वह थोड़ा

तेज चलती है और जल्द ही घर आ जाती है। वह ताली मारती है और चिल्लाती है क्यूंकि वह यहाँ खुशी महसूस कर रही है। कुछ पल गुजरते हैं और गेरुसा दरवाजा खोलती है।

– मेरी चचेरी बहिन, क्लेमिलडा तुम्हे यहां देखकर कितना अच्छा लग रहा है।

– मैं यहाँ थोड़ी देर पहले आई थी। तुम्हे मेरे रहने के लिए यहाँ जगह मिल गई है?

– अभी नहीं। मेजर घर पर हैं और आप व्यक्तिगत रूप से उनसे बात कर सकती हैं। कृपया अंदर आएं।

– क्लेमिलडा ने तत्काल निमंत्रण स्वीकार कर लिया। वह घर में प्रवेश करती है (गेरुसा के साथ) और मेजर से बात करने के लिए चली जाती है। वह उसे कमरे में मिलते हैं।

– श्रीमान मेजर, यह मेरी चचेरी बहिन है, क्लेमिलडा, जो बाहिया से आई है। वह आपसे अनुग्रह करने आई थी।

– आपसे मिलकर अच्छा लगा। मेरा नाम क्विंटिनो है और जैसा आप शायद पहले से ही जानती होंगी, मैं इस क्षेत्र में सबसे बड़ा राजनीतिक प्राधिकरण हूँ। आप क्या चाहती हैं?

– मेरी चचेरी बहिन गेरुसा ने मुझे आमंत्रित किया और मीमोसो में यहां रहने के लिए कहा है क्योंकि मैं सल्वाडोर में अकेली थी। मैं सोच रही थी कि क्या श्रीमान, मुझे एक अच्छा काम और रहने के लिए स्थान दिला सकते हैं।

– अच्छा, मेरे घरों में से एक घर खाली है और देख सकता हूँ कि आप गेरुसा की चचेरी बहिन हैं, और वह इतने सालों से हमारे साथ रह रही है, मैं इसे आपको इस घर में स्थान दे सकता हूँ। नौकरी के बारे में, मेरे दिमाग में अभी कुछ आ नहीं रहा है, लेकिन जब मैं एक अच्छा मौका देखूंगा, होगा तो मैं आपको बता दूँगा। क्या बस इतना ही कहना है? गेरुसा आपको घर की चाबी दे देगी। वास्तव में, यह एक विशाल महल है मुझे लगता है कि आप इसे पसंद कर सकती हैं।

– *बस इतना ही कहना था। धन्यवाद।*

चुड़ैल खुश है, क्यूंकि उसके रहने के लिए नई जगह मिल गई है। अगले दिन उसकी क्रूर योजना की शुरुआत होगी।

“आशीर्वाद”

क्लेमिल्डा के आगमन के एक दिन बाद, सुंदर बंगले के निवासियों का नाश्ता हो रहा है। क्रिस्टीन अपने पिता से बात करने से बचती है, क्योंकि वह अब भी उसकी मार पीट से क्रोधित है। हेलेना और मेजर स्वतंत्र रूप से बातचीत कर रहे हैं।

– आपका मतलब है कि लड़का हमारी बेटी से मिलना नहीं चाहता है? मुझे यह बेतुका लगता है। (हेलेना)

– उसके पिता इसे इस तरह से पसंद करते हैं, यह रहस्य को बनाए रखने के लिए है। यह दुःख की बात है कि हमारी बेटी शादी करने के विचार का आनंद नहीं ले रही है। मैं उसे समझाने के लिए कुछ भी दूंगा और यही सबसे अच्छा तरीका है। (मेजर)

– रहने भी दो। असंभव बात मत करो।

गेरुसा सुन लेती है और हस्तक्षेप करने का फैसला करती है।

– मैं किसी को जानती हूँ, जो आपकी मदद कर सकती है। मेरी चचेरी बहिन क्लेमिलडा रिश्तों में अनुभवी है।

– मुझे लगता है यह एक अच्छा विचार है। गेरुसा, मेरी बेटी के साथ सुश्री क्लेमिल्डा के घर के लिए प्रस्थान करेगी। यदि आप सफल होती हैं, तो मैं आपको इनाम दूंगा। (मेजर)

– मैं नहीं जा रही हूँ। (क्रिस्टीन)

– आप ऐसा नहीं करना चाहती हो। मुझे तुम को फिर से मार-पीट करने के लिए सचेत मत करो। (मेजर)

सजा याद करके एक कंपकंपी क्रिस्टीन के शरीर के माध्यम से चल उठती है। वह उस सजा को फिर से महसूस करने के लिए तैयार नहीं थी। अपनी इच्छानुसार यह सब कुछ नहीं होने के बावजूद वह इससे सहमत है। वह मेज से उठती है और गेरुसा के साथ जाती है। दोनों घर से निकलते हैं और पहले से ही क्लेमिल्डा के निवास को देख सकते हैं, जो सड़क के पार मौजूद है। क्रिस्टीन ने एक ठंडी चेतावनी के रूप में यह महसूस किया कि उसे वहाँ जाना नहीं चाहिए। हालांकि, उसे पिता का डर अधिक था और उसने चुप रहने का फैसला किया। निवास के लिए जाने वाले कुछ कदम तय कर लिए गए थे। गेरुसा मुलाकात के लिए दरवाजे पर दस्तक देती है। कुछ ही क्षणों में क्लेमिल्डा प्रकट होती है।

– मैं आपका ही इंतजार कर रही थी। अंदर आओ। आप क्रिस्टीन हो, क्या आप नहीं हो?

– आप मुझे कैसे जानती हैं, महोदया?

– आपके बारे में हर कोई टिप्पणी करता है। वे आपकी सुंदरता और आपके अच्छे तरीकों के बारे में बात करते हैं। इसलिए जब आप आई तो मैंने अनुमान लगाया था, अच्छा, अंदर आओ।

गेरुसा और क्रिस्टीन अंदर जाते हैं और वातावरण नकारात्मक ऊर्जा से भरा हुआ था। वस्तुयें जो पहले ही डरावना दृश्य बना चुकी थी, पहले से ही उन्हें क्लेमिल्डा द्वारा हटा दिया गया था।

– मैं यहाँ क्रिस्टीन को लाई हूँ कि आप उसे शादी की स्वीकृति के लिए सलाह दें, जो कि मेजर द्वारा तय की गई है। वह इस विचार के प्रति प्रतिरोधक है।

– अच्छा, मुझे लगता है कि मैं उससे बात कर सकती हूँ गेरुसा, क्या आप हमें एक पल अकेला छोड़ सकती हैं? वैसे, रसोई घर में बिना धुले बर्तनों का एक ढेर है।

– आप कभी नही बदलेंगी। हमेशा मेरा फायदा उठाने की कोशिश करती हैं।

गेरुसा आज्ञा का पालन करती है और रसोई घर में चली जाती है। क्लेमिल्डा, क्रिस्टीन के पास आती है और उसके चारों ओर घेरा बनाना शुरू कर देती है।

– मैं आपके रास्ते में एक आदमी को देख रही हूँ। उसका नाम क्लाउडियो है, है ना? वह एक जवान आदमी, मांसल और सुंदर है। आप काम पर मिले और प्यार के बीज आपके दिल में जमा हुए थे। हालांकि, मेरी तरह सोचो, उसमें आपकी दिलचस्पी क्यों नहीं होगी? आप युवा, सुंदर, बुद्धिमान और सब से ऊपर, एक शक्तिशाली मेजर की बेटी हैं। क्या यह ऐसा प्यार हो सकता है जो आपको लगता है कि बदला हुआ नहीं है? मैं आपको गारंटी देती हूँ कि उनके पास उनके ऐसा करने कारण होंगे: अभिमान, महत्वाकांक्षा और शक्ति। यही लोग पाना चाहते हैं। आपके दिल में जो प्यार बसा रखा है वह सिर्फ एक भ्रम है।

– आप मुझे इतनी आसा से नहीं समझा सकती हो। मैं क्लाउडियो को जानती हूँ और हम जो महसूस करते हैं वो असली है। मुझे उसकी भावनाओं को सुनिश्चित करने के लिए उसके मन को पढ़ने की आवश्यकता नहीं है। भ्रम तो यह शादी है जिसमें मुझे शामिल किया जा रहा है।

– क्या आप मानती हैं कि यह केवल उसकी योजना हो सकती है? क्या आपको नहीं लगता है कि यह अचानक से दोस्ती करना अजीब है जिसे आपने शुरू किया है? लोग वास्तव में उम्मीद के मुताबिक ही कार्य करते हैं। वे क्या चाहते हैं, वह हमेशा ही शीर्ष पर होते हैं, दूसरों की भावनाओं की परवाह किए बिना।

–तुम्हारे जहरीले शब्द मुझे भ्रमित नहीं करेंगे। मुझे यहाँ नहीं आना चाहिए क्योंकि मुझे यहाँ आना अच्छा नहीं लग रहा था।

– रुको, प्रिय मैं आपको आशीर्वाद दूं ताकि आप अपने विवाह में खुश रहें।

क्रिस्टीन का जवाब जानने से पहले, क्लेमिलडा ने उसके सिर पर अपना हाथ फेरा। वह अस्पष्ट शब्द बोलती है और क्रिस्टीन को चक्कर आना शुरू हो जाते हैं। ऊर्जा का एक बवंडर उसके हाथों से से निकलता है और क्रिस्टीन के सिर में पहुंचता है। यह संचालन अगले तीस से थोड़े अधिक सेकंड तक चला। बाद में, क्रिस्टीन ने अपना हाथ वापस ले लिया और गेरुसा को बुलाया। उसने उत्तर दिया; दोनों ने उसका निवास छोड़ दिया और घर लौट आए। आशीर्वाद ने क्रिस्टीन को उत्परिवर्ती में परिवर्तित कर दिया था।

घटना

क्लेमिल्डा जादूगरनी के साथ चित्ताकर्षक बैठक के बाद, क्रिस्टीन ने पहले से बिल्कुल अलग महसूस करना शुरू कर दिया। वह सामान्य गतिविधियां जो वह प्रदर्शित किया करती थी और जिनसे उसे खुशी का अनुभव होता था जैसे: बुनाई, पढ़ना और काम करना, वह अब उसे उबाऊ लगने लग गए थे। क्या बरकरार रहा और जो पहले की ही तरह था वह एकमात्र काम था, वह क्लाउडियो के लिए जो प्यार महसूस कर रही थी। इसके अलावा, उसके चारों ओर अजीब घटनाएं होने लगती हैं। बचपन में सीखी गई बुनाई अचानक से उसे व्यर्थ लगने लगती है। पंक्तियों में अब उसे कोई अर्थ नहीं लग रहा था, एक किताब पढ़ने के दौरान, वह जिस पृष्ठ को पढ़ रही थी, वह आग की किरण से जला दी जाती थी। वह उस क्षण में अपनी आँखों में जलन महसूस करने लगती थी। धातु की वस्तुओं के पास से गुजरते हुए, वह उन्हें आकर्षित करने लगी थी। हर खोज के साथ, वह चिंतित हो गई और आश्चर्यचकित हो गई कि इन सबका क्या मतलब है? क्या यह एक अभिशाप था? वह क्या हो गई थी? कोई भी नहीं जानता या उसके अलावा अस्पताल में भर्ती होने का खतरा उसके साथ चलने लगा था और दुनिया भर के डॉक्टर उसके साथ प्रयोग करने जा रहे थे।

उनकी खोज से बचने के लिए, उसने अपने दोस्तों के साथ बाहर जाना बंद कर दिया और केवल सामाजिक गतिविधियों में भाग लिया करती थी जैसे कि उदाहरण के लिए, कार्य। हर समय, उसने खुद को

नियंत्रित करने की कोशिश की क्योंकि यह घटना केवल तब हुई थी जब वह भावनात्मक रूप से अस्थिर थी। अभिशाप से छुटकारा पाने के लिए उसने कई तरीकों का सहारा लिया लेकिन उनमें से कोई भी प्रभावी साबित नहीं हुआ। पीड़ादायक और नाराज, क्रिस्टीन ने खुद को अपनी ही दुनिया में अलग कर दिया था।

एक नया मित्र

काम की दिनचर्या में, हर पंद्रह दिन में, व्यवहारिक रूप से क्रिस्टीन ने एकमात्र सामाजिक गतिविधि थी जिसमें भाग लिया था। इसके माध्यम से उसने कई लोगों से मुलाकात की और मित्र बनाए। उनमें से एक युवा लड़की थी, क्रिस्टीन के लगभग समान उम्र की, रोसा। दोनों में अनुकूल आत्मीयता थी और हर बार जब उन्होंने एक-दूसरे से भेंट की, तो उन्होंने एक अच्छा समय बिताया। ऐसे ही एक अवसर पर, क्रिस्टीन ने उसे अपने घर आने के लिए कहा और उसने तुरंत स्वीकार किया। नियत दिन और समय जिस पर उन्होंने मिलने का निर्णय लिया था, रोसा आ गई, घर के बगीचे में आकर, खुद के आने की घोषणा करती है, गेरुसा ने, दरवाजे की खटखटाहट का जवाब दिया।

– मैं आपकी कैसे मदद कर सकती हूं?

– मैं क्रिस्टीन से बात करने आई थी।

सिर्फ एक पल में, मैं उसे बुलाकर लाती हूँ।

कुछ समय बाद, क्रिस्टीन उसे दिखाई दी और उसे घर के बरामदे पर बाहर आने के लिए आमंत्रित किया क्योंकि यह सबसे अधिक हवादार और आरामदायक स्थान था।

– अच्छा, क्रिस्टीन, मैं आपको बेहतर जानना चाहती हूँ। आपने पहले मुझे बताया था कि आप एक नन बनने जा रही थीं। कान्वेंट में जीवन कैसा था?

– मैंने अपने जीवन के तीन अनमोल साल वहाँ बिताए हैं। वैसे, ननस मेरे लिए बहुत अच्छी थीं, भले ही वे काफी सख्त थीं। प्रार्थना को समर्पित समय काफी व्यापक था और मुझे कभी-कभी ऊब होने लगती थी। मेरी यह राय थी कि यदि कोई इंसान ईश्वर के संपर्क में प्रवेश करना चाहता है तो उसे इस तरह निःस्वार्थ और समर्पित होना जरूरी नहीं था क्योंकि परमेश्वर सर्वज्ञ है और जो कुछ हम चाहते हैं वह समझते हैं। समय के साथ, उन्हें एहसास हुआ कि उनके पास मेरे लिए कोई स्थान नहीं है और उन्होंने मुझे बाहर निकाल दिया।

– तो आपने मित्रों को छोड़ दिया और दुनिया में लौट आईं। आपको इस निर्णय पर पछतावा नहीं है?

– यह सब इस पर निर्भर करता है कि आप इसे कैसे देखते हैं। तुरंत, नहीं हालांकि, अब मेरे पिताजी मुझे शादी करने के लिए मजबूर कर रहे हैं, मुझे लगता है कि अगर मैं होती तो बेहतर होता। यद्यपि यह सिर्फ एक अनुचित संसार से छुपना होता है जहां हम रहते हैं, जहां माता-पिता अपने बच्चों के भविष्य तय करते हैं।

– क्या आपको कभी किसी से प्यार हुआ है?

– जब मैं कान्वेंट में थी, मेरी मुलाकात माली के एक पुत्र से हुई, जिसने मुझे मोहित किया। मैंने सोचा था कि उस क्षण में वह प्यार था लेकिन जल्द ही उसके परित्याग होने के बाद मुझे एहसास हुआ कि यह सिर्फ जुनून था। अंत में सच्चा प्यार मैंने क्लाउडियो, मेरे सहकर्मी में पाया। हालांकि, मेरे माता-पिता के विरोध ने हमारे संबंधों को असंभव बना दिया। मेरी एकमात्र आशा मेरा इस पर्वत पर किया गया अनुरोध है जिसका हर कोई पवित्र होने का दावा करता है। मुझे अपने बारे में कुछ बताओ। क्या आपने कभी किसी से प्रेम किया है?

– मैंने किया है, मेरा फेलिपे नाम का एक प्रेमी है, जो गोदाम के मालिक का बेटा है। हम दोनों एक-दूसरे से प्यार करते हैं और शायद एक दिन हम शादी कर सकते हैं। हमारे माता-पिता ने पूरी तरह से हमारा समर्थन किया है।

– मुझे आपसे ईर्ष्या हो रही है। आप नहीं जानतीं कि मेरे माता-पिता की गलतफहमी ने मुझे कितना दर्द पहुंचाया है। काश मैं सिर्फ एक आम लड़की होती और सर्वशक्तिमान मेजर की बेटी नहीं होती।

आंसू बह कर क्रिस्टीन के चेहरे तक आने लगे और उसकी दोस्त उसे दिलासा देने की कोशिश करती है। उसके कंधों पर मौजूद वह बोझ उनकी अपरिपक्वता के लिए बहुत भारी था। वह खुश रहना चाहती थी और इस मौके को हाथ से फिसलते हुए देख रही थी। किसी भविष्य के बिना और एक अजनबी, जिसे वह केवल नाम से जानती थी, के साथ शादी करने के लिए उसके पास केवल दो दिन रह गए थे। यह सब देखकर उसकी सहेली से बात करने की कोई इच्छा नहीं रह गई थी, रोसा ने उसे अलविदा कह दिया और एक और बार मिलने का वादा किया। उनकी मित्रता क्रिस्टीन के लिए महत्वपूर्ण थी क्योंकि वह उसके साथ बहुत अलग और पूरी तरह से त्यागा हुआ महसूस नहीं करती थी।

शादी से एक दिन पहले

शादी के दिन की निकटता ने क्रिस्टीन को बहुत अधिक उत्तेजित कर दिया था। वह पुजारी से बात कर रही थी, एक दोस्त से बात कर रही थी और उसने अपने माता-पिता से शादी करने के विचार को छोड़ने के लिए एक अंतिम प्रयास किया था। अब तक, उसे कोई परिणाम नहीं मिला था। पुजारी ने सुझाव दिया कि वह अपने निर्णय का त्याग कर दे और इस स्थिति को स्वीकार कर ले। वह ऐसा कैसे कर सकती है? यह उनकी जिंदगी और खुशी थी जो कि उन्होंने दांव पर लगाई थी। उसने कान्वेंट में सीखा, कि सभी इंसान अपने निर्णय लेने के लिए स्वतंत्र थे और अपनी नियति का नेतृत्व करते थे। एक ऐसे समाज द्वारा उसके अधिकारों को दबा दिया जा रहा था, जिसमें बच्चों को उनके माता-पिता द्वारा तय शादी करनी होती है। अपनी सहेली के साथ, उसने अपने और क्लाउडियो के भविष्य पर विचार-विमर्श किया। पर पवित्र पर्वत की आशा के अलावा जो कि क्रिस्टीन ने उससे अनुरोध किया था उसके अलावा कोई वास्तविक और सुखद विकल्प नही पाया गया जो कि उन दोनों को एक दूसरे के

साथ ला सके। उसे करने के लिए केवल एकमात्र काम बचा था; एक चमत्कार की प्रतीक्षा करे या होने की संभावना नहीं।

क्रिस्टीन छत की तरफ जाती है और आकाश को देखना शुरू कर देती है वह पर्वत और सितारों के साथ बिताए गए क्षणों को याद करती है जो कि उसने और क्लाउडियो ने एक साथ देखे थे। वे इस धारणा के साक्षी थे कि दोनों ने एकजुट किया और यहां तक कि अगर मेजर और उनके सामाजिक सम्मेलनों ने कभी इसे अनुमति नहीं दी, तो भी दोनों एक-दूसरे से प्यार करते रहेंगे। आकाश को देखते हुए, वह आशा करती है कि अगली दुनिया एक बेहतर और बेहतर जगह होगी और जो वास्तव में सच्चा प्यार जानती हैं, वे सुख प्राप्त कर सकते हैं। वह परमेश्वर को याद करती है और उसने वह कैसे सीखा है कि वह कितने बढ़िया हैं। वह परमेश्वर से पूछती हैं कि वे एक सपने देखने वालों की इच्छाओं को गुफा में बिना जाए या कुछ और इसी तरह दर्ज करें। वह अंत तक अपने शहीद होने तक सहन करने के लिए शक्ति भी मांगती है। वह उत्परिवर्ती की तरह महसूस करती थीं और प्यार में निराश थीं। वह रोने के लिए अंतिम आंसू रोती है और घर चले जाती है।

दु:खद घटना

यह आखिरी दिन था और इसका मतलब था कि भयानक दिन आ गया था। क्रिस्टीन जाग जाती है, लेकिन सच्चाई का सामना न करना पड़े इस कारण सोए होने का ढोंग करने का प्रयास करती। है कौन जानता था, हो सकता है वे उसे भूल गए हों और शायद वह पिछले कुछ दिनों से जिस तरह से पीड़ित थी, वह केवल एक साधारण दु:स्वप्न रहा हो? वह अपनी आँखें खोलना चाहती है और अपने सच्चे प्यार क्लाउडियो को ढूंढना चाहती थी। वह क्लाउडियो से शादी करना चाहती थी, एक अजनबी से नहीं, जो रियो ब्रैंको के कर्नल का बेटा था। एक पल के लिए, वह ऐसा महसूस करती है जैसे वह सुकावाओ में है और वहां जो कुछ हुआ था उसका हर विवरण याद करती है। वह वहां पानी की ताकत महसूस कर रही है, क्लाउडियो को गले लगाती है और उसकी गंध को महसूस करती है। वह अपने विचारों में पूरी तरह से खो जाती है, जब तक कोई आवाज उसे परेशान नहीं करती और वास्तविकता में उसे वापस लाती है। यह उसकी मां थी।

–क्रिस्टिन, मेरी बेटी, उठो, शादी के मेहमान पहले ही आ चुके हैं। क्या आप भूल गई हैं कि यह 8:00 बजे आयोजित किया जाएगा?

–ओह, माँ, धैर्य रखें। मैं इस शादी के बारे में पूरी रात सोचती रही, मुश्किल से सो पाई हूँ।

क्रिस्टीन काफी उदासीन सी होकर उठती है और स्नान करने के लिए स्नानघर में जाती है। उसकी माँ उसके कमरे में प्रतीक्षा कर रही है।

लगभग बीस मिनट बाद वह वापस आती है और अपनी खूबसूरत पोशाक बिस्तर पर फैली हुई पाती है। वह इसे देखती है और सोचती है कि यह सुंदर है और वो इसकी हकदार है, हालांकि क्रिस्टीन उदास है। उसकी मां उसे कपड़े पहनने और श्रृंगार करने में मदद करती है। पूरी तरह से तैयार होने के बाद, वह देखने के लिए दर्पण तक पहुंचती है कि वह कैसी दिखती है। वह खुद का एक दिल टूटने वाला संस्करण देखती है, भले ही वह खूबसूरती से बना हो। वह, एक अज्ञात व्यक्ति के पक्ष में क्या होने जा रहा है और अपने भविष्य के बारे में सोचती है। अचानक, एक महान तस्वीर के साथ दर्पण टूट जाता है। क्रिस्टीन चिल्लाती है और उसकी मां बचाव के लिए जाती है सौभाग्य से, उसे चोट नहीं आई। वह अपनी छाती में दर्द महसूस करती है और आश्चर्य करती है कि क्या होने वाला है। वह अपने सपने याद करती है। उसकी माँ ने उसे शांत किया और कहा कि यह कुछ भी नहीं है। दोनों, दूल्हे के परिवार से मिलने और कुछ मेहमानों का स्वागत करने के लिए बैठक कक्ष में जाती हैं। मेजर क्रिस्टीन का हाथ पकड़ता है और उसका परिचय कराना शुरू करता है।

– श्रीमान हेनरिक, यह मेरी बेटी क्रिस्टीन है। क्या यह सुंदर नहीं है?

– हाँ, यह बहुत सुंदर है। मेरा बेटा एक भाग्यशाली आदमी है। आज हमारे परिवार का संघ पूरा होगा और इससे मुझे बहुत खुशी होगी।

क्रिस्टीन, किसी को बुरा न लगे इस कारण हंसने का दिखावा करती है। दूल्हे की मां भी अच्छा होने की कोशिश करती है।

–शादी करने के बाद अगर आपको किसी भी मदद की जरूरत है, तो मुझसे पूछने में संकोच न करें। हमारे परिवार की महिलायें बहुत मिलनसार हैं।

करीना, दूल्हे की बहन, भी आगे बढ़ती है और क्रिस्टीन के बालों की प्रशंसा करती है। प्रमुख और हेलेना अपने मेहमानों का स्वागत करते हैं, जो अब भी पहुंच रहे हैं। जैसे ही घड़ी में ठीक 8.00 बजते हैं, तो हर कोई छत पर जाता है, जहां पर शादी होगी। क्रिस्टीन, मेजर के साथ, अस्थायी वेदी की ओर प्रस्थान करती है। वेदी पर जाने के रास्ते में, उसे एक नजर

में, अचंभित अभिव्यक्तियों वाले लोगों को देखने का मौका मिलता है। वह वरिष्ठ मदर और उसकी बहनें, जो उनके साथ कान्वेंट में रहती थी, को देखती हैं। वह अपने पहले प्राध्यापकों और उसके चचेरे भाइयों को भी देखती है, जो रेसीफ से आए थे। वह हर तरह से, प्रत्याशा और उस क्षण की उत्तेजना महसूस कर सकती है। थोड़ा और आगे बढ़ने पर, वह पहले से ही दूल्हे और फादर चियावरेटो को देख सकती है। अचानक, उसके अंदर एक क्रोध की अग्नि जल उठती है और उसे उन दोनों से नफरत होने लगती है। बर्नार्डो नाम का वह आदमी, उससे शादी करने के लिए क्यों सहमत हो गया? आखिरकार, वह एक आदमी था और उसे हर काम की अधिक स्वतंत्रता प्राप्त थी। वह अपने आप को किसी के भी साथ शादी करने के लिए समर्पित कर देगी, जिसके साथ उसका कोई भविष्य नहीं है और अपने जीवन के बाकी हिस्सों में भी हमेशा नाखुश रहेगी। लेकिन उसके पिता का क्या है? वह उस प्रहसन में भाग लेने के लिए कैसे तैयार हुए? चर्च को उसके साथ खड़ा होना चाहिए था और स्थिति को स्वीकार करने के बजाय उसके साथ सहकारिता होनी चाहिए थी।

वह दूल्हे के करीब आती है और उसका क्रोध कम नहीं होता। उसे देखकर, बिजली की एक किरण उसकी आंखों से सीधे आती है और सीधे उसके सीने में प्रहार करती है। वह गिरता है, और मर जाता है। दर्शकों में खलबली होने लगती है और क्रिस्टीन अपने पैरों पर गिर जाती है।

– *वह एक चुड़ैल है! (कुछ चीखें)*

मेजर तेजी से कार्यवाही करता है और अपने प्रधान सेवकों को भेजता है ताकि वे क्रिस्टीन को उठा सकें और क्रोधित भीड़ से उसकी रक्षा कर सकें। इस बीच, ननस क्रूस द्वारा अपना बचाव करती हैं, और जो उन्होंने अभी देखा था, उस पर विश्वास नहीं करती हैं। दूल्हे का परिवार प्रतिनिधि को कार्रवाई करने पर दबाव डालने का प्रयास करते हैं, लेकिन मेजर ने अपने कार्यों को खारिज कर दिया। अंत में, क्रिस्टीन बच जाती है और मेजर मेहमानों को वापस भेज देता है। पार्टी और सभी उत्सव रद्द कर दिए जाते हैं। तय की गई शादी में एक त्रासदी हुई थी।

काले बादल

दुर्घटना समाप्त होने के बाद, क्लेमिलडा ने एक जादू करना शुरू किया, जो मिमोसो के पूरे क्षेत्र तक पहुंच जाएगा। उसे ऐसा करने का अधिकार था, क्योंकि उसने तीन चरणों को पूरा किया था: उसने एक शाप लगा दिया था, उसने सच्चे प्यार को विकृत कर दिया और एक त्रासदी का कारण बनी थी। अब, अपवित्र मंत्रालय कार्रवाही करने के लिए तैयार था, ईसाई धर्म को दफन कर रहा था। वह कड़ाही के करीब जाती है और अपने जादू के लिए इसमें अंतिम सामग्री डालती है। अस्पष्ट शब्दों को अभिव्यक्त करती है, वह इसके चारों ओर नृत्य करती है। अचानक, वह रुक जाती है और एक गहरी, मजबूत आवाज के साथ कहती है:
–काले बादल, सामने आओ!

तत्काल, एक बड़े, काले, मोटे बादलों ने मिमोसो के आकाश को ढँक लिया। सूरज भी ढँक जाता है और इसके साथ ही आकाश की प्राकृतिक रोशनी काफी कम हो जाती है। शाप दोपहर के 12.00 बजे के बाद हर दिन प्रभावी होने के लिए तैयार किया गया था। इस के साथ, चुड़ैल की शक्ति दोगुनी हो जाएगी और वह अधिक स्वतंत्र रूप से कार्य कर सकती है।

शहीद

काले बादलों की तैनाती के तुरंत बाद, चुड़ैल कार्रवाही शुरू करती है। उसने दो बुतपरस्त, टोटोनहो और क्लीइड को अपने जादू कार्यों में सहायता करने के लिए नियुक्त किया। इसके अलावा, उसने जगह में ईसाई धर्म के प्रतिनिधियों से छुटकारा पाने के लिए दो लोगों को निर्देश दिए। पहले पीड़ितों में पिता चियावरेटो और फ्रिअर ननस थे, जो मिमोसो आई थे। इसके अलावा, कुछ विश्वासियों के सिर धड़ से अलग कर दिये गए थे और दूसरों को आग में डालकर जला दिया गया था। हत्याओं के बाद, उन्होंने छोटे गिरजाघर को नष्ट करना शुरू कर दिया था, जिसे संत सेबेस्टियन के सम्मान में बनाया गया था। वास्तव में कुछ भी नहीं बचा था लेकिन क्रॉस जो इसे नष्ट करने के प्रयासों के बावजूद बरकरार थी। यह प्रतीक था कि ईसाई धर्म अभी भी जीवित था और प्रतिक्रिया कर सकता था।

पूर्ण वर्चस्व के साथ, "विरोधी ताकतों" का मंडल भंग हो गया और यह असंतुलन पैदा कर रहा था। यदि यह स्थिति एक लंबे समय के लिए इस तरह की रही, तो मिमोसो नष्ट होने का जोखिम पैदा हो जाएगा। इसका कारण यह है कि इस अपवित्र वातावरण के आगे अच्छाई की शक्ति बंदी नहीं बनी रहेगी। अंत में, यह एक अप्रत्याशित युद्ध होगा जो दोनों दुनियाओं को नष्ट कर सकता है।

दर्शन का अंत

दृष्टि से चित्रों का अनुक्रम, जो कि मेरे दिमाग में बसा हुआ था, अचानक से बंद हो गया। चेतना धीरे-धीरे वापस आती है और मैं खुद को समाचार पत्र के एक पृष्ठ के शीर्षक को देखता हुआ पाता हूँ: क्रिस्टीन, युवा चुड़ैल। मैं इसे देखता हूँ और सोचता हूँ कि इस त्रासदी के रूप में शीर्षक बेहद अपर्याप्त था, क्योंकि उसकी गलती किसी भी तरह से नहीं थी। वह क्रूर और शक्तिशाली जादूगर क्लेमिलडा की एक अन्य शिकार थी। अचानक, मैं समझने लगता हूँ कि मेरी समय यात्रा क्यों हुई है और गुफा पर मेरी जीत क्यों हुई है। मैं दुर्भाग्य से एक साजिश का हिस्सा था जो कि त्रासदी की सेना से आशीर्वादित मिमोसो को पुनः प्राप्त करने की कोशिश कर रही था। मेरा उद्देश्य "विरोधी ताकतों" का पुनर्मिलन करना और गुफा में सुनाई देने वाली चीख के मालिक की मदद करना था। मुझे पूरा यकीन था कि उस आवाज का मालिक सुंदर सुश्री क्रिस्टीन थी। एक उत्परिवर्तित, पूरी तरह से द्वेषपूर्ण क्रिस्टीन मेरा इंतजार कर रही थी। मुझे उसके बारे में प्रतिक्रिया देनी होगी और उसके सहयोगी को बुराइयों की ताकतों के खिलाफ लड़ने के लिए समझना होगा। अंत में, मुझे संरक्षक की शिक्षाओं और निराशा की खतरनाक गुफा को याद रखना होगा, जिस गुफा ने मेरे सपनों का एहसास किया और मुझे दृष्टा बनाया। मेरे पास अब नई चुनौती थी और मैं इसे पूरा करने के लिए तैयार था।

हाथ में अखबार लेकर, मैं क्रिस्टीन के बारे में पूरी कहानी पढ़ता हूँ। उन्होंने दावा किया कि वह बचपन से एक चुड़ैल थी और केवल तब ही

इसके बारे में पता चला था। आवेश और क्रोध का एक मिश्रण मेरे पूरे अस्तित्व को भरने लगा था। उन पत्रकारों को ऐसा प्रकाशित करने की हिम्मत कैसे हुई? झूठ बोलने के लिए उन्होंने एक त्रासदी का फायदा उठाया था। क्रिस्टीन तो कभी नहीं थी, और न ही एक चुड़ैल कभी हो सकती थी। वह सिर्फ एक बुराई और विकृत चुड़ैल द्वारा शापित थी। यह अच्छे लोगों पर निर्भर था कि वे उसकी मदद करें और उसे ठीक करें। मैं समाचार पत्र को पढ़ता रहता हूँ और उनका दावा है कि क्रिस्टीन एक युवा विद्रोही है, जो बुरे व्यवहार के कारण कान्वेंट छोड़कर आई थी। मेरे अंदर फिर से विद्रोह पैदा होता है और मेरा पूरे समाचार पत्र को फाड़ देने का मन कर रहा है। दमनयुक्त पत्रकार, वे सब कुछ पैसे कमाने के लिए बिगाड़ देते हैं। क्रिस्टीन एक युवा, विनम्र लड़की थी और उसने अपनी मां की सलाह का एक कान्वेंट में खुद को मजबूत करने के लिए पालन किया था। जब बहनों को एहसास हुआ कि यहाँ उसकी कोई आवश्यकता नहीं है, तो उन्होंने उसे बाहर निकाल दिया। मैंने समाचार पत्र पढ़ना छोड़ दिया, क्योंकि यह सच नहीं था। यह दृष्टि मेरे लिए पर्याप्त थी कि मैं कहां खड़ा था। मैं समाचार पत्र लेता हूँ और इसे कैबिनेट दराज में वापस रख देता हूं, मेज के बगल में, जहां से मुझे यह प्राप्त हुआ था। मैं उठता हूँ और अपने दिमाग में एक योजना तैयार करना शुरू कर देता हूँ। मुझे किसी तरह से "विरोधी ताकतों" का पुनर्मिलन करना होगा और क्रिस्टीन को सच्ची खुशी मिल जाएगी। मैं दरवाजे की ओर जाता हूँ और मैं इसे बस खोलने जा रहा हूँ।

साक्ष्य

जब यह दरवाजा खुलता है, तो मुझे आश्चर्य होता है कि होटल के छोटे पार्श्व कक्ष में लोगों का एक जमाव है। इसका अर्थ क्या था? मैं करीब आ गया ताकि मैं पूछूं

– *यहाँ क्या चल रहा है?*

पोम्पे, प्रतिनिधि, बोलते हैं

– *हम यहाँ हैं क्योंकि आपके खिलाफ गंभीर आरोप लगाए गए थे। आपको हमारे साथ आने की जरूरत है, लड़के*

प्रतिनिधि अपने सहयोगियों की ओर संकेत करता है और वे हथकड़ी लाते हैं। उन्होंने उसे मेरे कलाई पर बांध दिया और मुझे लगता है कि पुराने समय में एक दास की तरह ले जाता था। कारमेन हस्तक्षेप करने की कोशिश करती है, लेकिन प्रतिनिधि नहीं सुनता।

– *क्या यह सचमुच आवश्यक है? मेरे पास एक स्पष्ट विवेक है।*

– *हम उस बारे में स्टेशन पर देखेंगे, बेटा (मेजर)*

उसके आदेशों का पालन करते हुए, मैं चलना शुरू कर देता हूँ और ट्रेन भी चलना शुरू कर देती है। होटल छोड़ने पर, मुझे पता है कि बहुत ज्यादा लोग मौजूद थे, जो कि क्या चल रहा था, यह जानने में रुचि रखते थे। वे मेरे साथ क्या करना चाहते थे? क्या मैंने कोई अपराध किया है? जब से मैं मिमोसो में आया हूं, मैंने अपने खुद को किसी बात पर ध्यान

नहीं देने के लिए बहुत कोशिश की थी। हालांकि, अब मुझे हथकड़ी लगाई गई और पुलिस स्टेशन ले जाया गया था। मैं उन्हें क्या बताऊँ यह सोचकर मुझे चिंता हो रही थी। मैं पूरी सच्चाई नहीं बता सकता था और मिशन को खतरे में नहीं डालना चाहता था। मुझे व्यवहारिक ज्ञान का प्रयोग करते हुए अपने आप का आरोपों से बचाव करना होगा। मैं क्लाउडियो के बारे में सोचना शुरू करता हूँ और जिस तरह से वह जेल में फेंक दिया गया था, उस बारे में भी। मुझे लगता है कि मेरे साथ ऐसा ही होने से बचने के लिए मुझे एक तरीका सोचना होगा।

होटल छोड़ने के कुछ दस मिनट बाद, हम अंततः भव्य पुलिस स्टेशन पहुंचे। मेजर क्विंटिनो और प्रतिनिधि पोम्पे मेरे साथ आते हैं। दूसरे लोग बाहर निर्णय के लिए इंतजार कर रहे हैं। प्रतिनिधि के निजी कार्यालय में प्रवेश करने पर, वे मेरे से हथकड़ी हटा देते हैं और इसके बाद मुझे अधिक राहत मिलती है।

– अच्छा बैठ जाओ दृष्टा, अब मैं वो हूँ, जो सवाल पूछेगा। सबसे पहले, आपका असली नाम क्या है और आप कहां से हैं? (प्रतिनिधि)

– मेरा नाम है अलडीवन और मैं रेसिफ से हूँ।

– अगर आप रेसीफ से हैं, तो आप यहाँ क्या कर रहे हो? आपका व्यवसाय क्या है?

–मैं राजधानी समाचार पत्र के लिए एक संवाददाता हूँ और मैं एक अच्छी कहानी की तलाश में आया हूँ। मैं आपको आश्वासन देता हूं, मेरा इरादा सर्वोत्तम है। मैं एक अपराधी नहीं हूँ और मैं किसी को चोट नहीं पहुंचाना चाहता हूँ।

– आपको उन दयाहीन पूछताछों के बारे में क्या कहना है, जो आप इस जगह के लोगों को प्रस्तुत कर रहे हैं? ऐसा करने के पीछे आपका वास्तव में क्या मतलब है?

– यह मेरी नौकरी का हिस्सा है, एक रणनीति जिसमें जानकारी एकत्रित करना है। हालांकि, यदि यह किसी के लिए अजीब लगता है, तो मैं ऐसा करना रोक दूंगा।

– आप जान सकते हैं, रानी क्लेमिलडा ने आपके व्यक्तित्व के खिलाफ हुक्मनामा प्रस्तुत किया है। उस बारे में आप क्या कहेंगे? क्या आप उसके दुश्मन हैं?

– मुझे लगता है कि मुझे उस प्रश्न का उत्तर नहीं देना ही बेहतर होगा।

–अच्छा, मेरे पास और कोई सवाल नहीं है। मेजर, क्या आपके पास कोई और सवाल है, जो आप इस आदमी से पूछना चाहते हैं?

– हाँ। मैं जानना चाहता हूँ कि क्या वह सरकार के विरोधियों के लिए काम करता है।

– नहीं, कदापि नहीं। मैं अपने आप को राजनीतिक मुद्दों में शामिल ही नहीं करना चाहता हूं, हालांकि मुझे लगता है कि वर्तमान प्रणाली काफी अनुचित है।

– खैर, श्री अलडीवन, मुझे लगता है कि मैं आपको कुछ दिनों के लिए जेल में रहने दूँगा, ताकि ये जांच सकें कि यहां जो कहा गया है वह सच है।

– मैं यहाँ नहीं रहूंगा। यह अनुचित है। यदि आप यह सनकी फैसले करते हैं, तो मैं आपकी राज्यपाल के सामने निंदा करूँगा, जो मेरे सबसे करीबी दोस्त है।

प्रमुख और प्रतिनिधि मेरी प्रतिक्रिया के द्वारा और जो समाचार मैंने अभी दिया था, उससे आश्चर्यचकित हुए हैं। वे शांति से बातचीत करने के लिए जाते हैं और इसका जोखिम नहीं उठाते हैं। अंत में, मैं पुलिस स्टेशन के बाहर कुछ लोगों के विरोध के बावजूद रिहा हुआ हूँ। मेरी योजना ने काम किया था।

वापस होटल में

जब मैं स्टेशन छोड़ता हूं, तो मुझे आश्चर्य होता है कि मिमोसो के लोग इतने निष्क्रिय तरीके से प्रतिक्रिया क्यों देते हैं। वे एक क्रूर चुड़ैल के और मेजर के अत्याचार सहते रहते थे। मुझे लगता है कि शायद यह कोई डर है जो कि उनमें से किसी को भी प्रतिशोध लेने से रोकता है। अचानक, मैं गुफा में जाने के लिए मेरे द्वारा चुने गए तीन दरवाजों को याद करना शुरू कर देता हूँ। वे डर, असफलता और खुशी का प्रतिनिधित्व करते थे। वहां, मैंने अपने भय को नियंत्रित करना सीखा और गुफा में मौजूद सभी कारकों जैसे अंधेरा, अप्रत्याशित और सभी नुकसान के बावजूद उनका सामना करना सीखा। मैंने विफलता का सामना करना सीखा, अंत जैसे नहीं, लेकिन एक नई योजना की बहाली के रूप में भी इसे सीखा। मैं खुशी के दरवाजे के चुनाव के साथ इस सफर को समाप्त कर चुका हूँ और यह, वह है जिसे लोगों को अक्सर चुनना नहीं है। कई अपने दैनिक जीवन में अहंकार, नैतिकता, शर्म और अपने स्वप्न को पूरा करने की क्षमताओं के दास हैं। ये वे हैं जो विफल होते हैं और डरते हैं। वे अपनी इच्छाओं को पूरा करने के लिए गुफा में प्रवेश करने का भी जोखिम नहीं उठाते हैं। वे नाखुश बन जाते हैं, जो आत्म-प्रेम नहीं करते हैं।

मैं अपनी तरफ देखता हूँ। मैं उन लोगों को देखता हूँ जो मुझे अभी तक नहीं जानते हैं, फिर भी पुलिस स्टेशन से मेरी रिहाई से बहुत नाराज हैं। अपने दिल में वे पहले से न्याय कर चुके हैं और मुझे सजा सुनाई गई

है। कितनी बार हम ऐसा करते हैं? हम कितनी बार सोचते हैं कि हम सच्चे हैं और हमारे पास निंदा करने की शक्ति है? याद रखें कि यीशु ने क्या कहा: **अपने भाई की तरफ इशारा करने से पहले अपने आप में झांक कर देखें।** उन्होंने कहा कि क्योंकि हम सभी में दोष हैं और इस कारण से हमारे निर्णय आंशिक और अस्पष्ट होते हैं। केवल जो लोग मानव हृदय जानते हैं और जो सभी पापों से मुक्त होते हैं, उनमें सब कुछ स्पष्ट रूप से देखने की क्षमता होती है। मैं इन लोगों को आखिरी बार देखता हूँ और मुझे उनके लिए खेद है क्योंकि वे अपने स्वयं के जीवन पर विचार करने के बजाय न्याय की लालची भावना पसंद करते हैं। मैं उन्हें पीछे छोड़ देता हूँ और अपने रास्ते वापस होटल में चला जाता हूँ। मैं मानसिक रूप से हर कदम को व्यवस्थित करने की शुरुआत करता हूं, ताकि मैं "विरोधी ताकतों" का पुनर्मिलन कर सकूँ और सुश्री क्रिस्टीन की मदद कर सकूँ। वह उस चीख की मालिक थी, जो मैंने निराशा की गुफा में सुनी और मुझे समय के माध्यम से यात्रा करने के लिए प्रेरित किया। यह यात्रा मेरे लिए आध्यात्मिक और मानव सुधार की प्रक्रिया का हिस्सा थी और साथ ही अन्यायों को दूर करने का उद्देश्य था। मैं चल रहा हूँ और लगभग पांच मिनट के बाद मैं होटल पहुंचता हूँ। रेनाटो और कारमेन द्वार पर इंतजार कर रहे हैं। वे इस लड़ाई में मेरे साथी हैं। अगला दिन मेरी योजना शुरू करने के लिए सबसे उपयुक्त समय होगा।

विचार

सूरज की पहली किरण मेरे चेहरे पर पड़ती हैं और प्राकृतिक प्रकाश की ताकत के कारण मैं अभी जागृत हो गया हूँ। मैं थोड़ी देर के लिए स्थिर रहता हूँ क्योंकि मेरी रात इतनी अच्छी नहीं थी। मैं अभी भी दुःस्वप्न को याद कर रहा था, जो कल रात मैंने देखा, उसने मुझे जगाया। सपने में, मैं कुछ युवा लोगों के साथ मेरी किताब के बारे में बात कर रहा था। मैंने अपनी उम्मीदों के बारे में उनसे बात की और उसके लिए एक वाणिज्यिक प्रकाशक पाने की उम्मीद की। उसी समय एक छोटा सा शैतान सबको परेशान करता है और हर किसी को डराता है। लोग भाग गए और राक्षस, जिसने अपना चेहरा नहीं दिखाया था, उसने कहा: तो तुम सब की समझ से बाहर है!

उस पल में, दुःस्वप्न समाप्त होता है और मैं रात के मध्य में जागता हूं, मुझे बहुत ही पसीना आ रहा है। इसका क्या मतलब था? क्या मिमोसो के इतिहास के साथ इसका कुछ संबंध है? मुझे यकीन नहीं था। मुझे बस इतना पता था कि मैं ब्रह्मांड में एक सभ्य स्थान चाहता था और अगर मेरा भाग्य और मेरा व्यवसाय साहित्य में था, तो मैं इसे बहुत जुनून के साथ पालन करूंगा। आखिरकार, मैं गुफा में क्यों प्रवेश कर रहा था अगर मैं द्रष्टा नहीं बनना चाहता था, क्या कोई समय से आगे निकलने में, भविष्य की भविष्यवाणी करने और सबसे भ्रमित और व्यथित दिलों को समझने में सक्षम था? इस विचार के साथ, मैं बिस्तर में करवट लेता हूँ और खड़ा हो जाता हूँ। मैं रेनटो का निरीक्षण करता हूं, जो अभी भी सो

रहा है और मैं आश्चर्यचकित हूँ कि संरक्षक ने मुझे मेरे साथ उसको लाने के बारे में इतना जोर क्यों दिया था। अब तक उसने मुश्किल से योगदान दिया था। एक बच्चा मेरे लिए क्या कर सकता है? खैर, मुझे नहीं पता था। मैं उस पर से अपना ध्यान हटा देता हूँ और मैं स्नान करने के लिए स्नानघर की ओर जाता हूँ। स्नान मुझे अधिक सुलभ बना देगा। मैं पानी चलाता हूं, और पहले से ही लाभों को महसूस करने लगा हूँ। मैं अपने परिवार के बारे में सोचता हूँ और मुझे घर की याद आने लगती है। मुझे अपनी मां और मेरी बहन की याद आती है और वे मेरे सपने के विपरीत थे। माफी की भावना मेरे अस्तित्व को हिला देती है और मैं अन्ततः इस तथ्य को भूल जाता हूँ। आखिरकार, यह मैं था जिसे अपनी प्रतिभा और सहज ज्ञान में विश्वास करना था। मेरे शरीर को धोने के अलावा, मैं किसी भी अशुद्धता को मन से साफ करने की कोशिश करता हूं, क्योंकि मुझे बाधाओं और चुनौतियों का सामना करने के लिए तैयार रहना था। मैं पानी को बंद कर देता हूँ और साबुन रख देता हूँ।

उस पल में एक छोटी सी बूंद, अपने आप से, मेरे सिर को छूती है और मैं तुरंत दूर आयामों के माध्यम से यात्रा करने लगता हूँ। मैं स्वयं को स्वर्ग में देखता हूं, स्वर्गदूतों से बात कर रहा हूँ और उन्हें पूछ रहा हूँ कि जीवन का अर्थ क्या है? जवाब में, मुझे झंकार सुनाई देती है और यह मुझे और अधिक उलझन में डाल देती है। स्वर्गदूतों के बाद, मैं ईश्वर के दूत से बात करता हूँ और उनमें से एक मुझसे कहता है कि मैं परमेश्वर के लिए बहुत खास हूँ। वह मुझे अपना बेटा समझता है। मैं देख रहा हूं, दूर से, मैरी को और वह मुझे वैसी ही लग रही है जैसे पहले लगा करती थीः शुद्ध और बुद्धिमान। उसके बाद, मैं सिंहासन पर सारी महिमा के साथ यीशु मसीह को देखता हूं, और वह मुझसे अच्छा बनने के लिए कहते हैं और अपनी प्रतिभा पर भरोसा करने के लिए कहते हैं। यह सब एक क्षण से भी कम समय में हुआ था, उस वक्त जब उस पानी की बूंद ने मेरे सिर को छूआ था। तब मैं नल को देखता हूं, मेरे शरीर के नीचे से पानी बह रहा है, और मैं वास्तविकता में वापस आ जाता हूँ। मैं इसे बंद करने का निर्णय लेता हूं, क्योंकि मैं पर्याप्त साफ हूँ। बाथरूम से बाहर

आने पर मैंने रेनटो को अभी भी सोते हुए पाया और मैं परेशान हूँ। मैं उसे उठाने के लिए उसके शरीर को सख्ती से हिलाता हूँ। वह घबड़ाता हुआ उठ जाता है और स्नान करने जाता है। मैं इस होटल के रसोईघर में जाता हूँ और नाश्ता करता हूँ। जब मैं आता हूँ, मुझे बहुत अच्छा लगता है और कारमेन मुझे कुछ नमकीन परोसती है।

– आपका मतलब है कि कल प्रतिनिधि ने आपको ऐसे ही रिहा कर दिया? (रिवानिओ)

– मैं उसे समझाने में सक्षम था। उन्हें मुझे वहाँ कैद करने का कोई कारण नहीं था।

– आप भाग्यशाली हो बालक, इस गांव में कई अन्याय होना बहुत आम बात है। एक उदाहरण क्लाउडियो है उन्हें गिरफ्तार कर लिया गया, क्योंकि वह मेजर की बेटी को चाहता था। (गोम्स)

– यह वास्तव में शर्म की बात है। मैं उसके लिए कुछ कर सकता हूँ ...

– बेहतर है आप ऐसा करने की हिम्मत न करें। मेजर आपको अपना दुश्मन मानेगा और यह एक दुःस्वप्न होगा। मेजर अपने शत्रुओं से निपटने के लिए जो विधि उपयोग करता है वह सुखद नहीं है। (कारमेन)

कारमेन की चेतावनी ने मुझे काफी प्रतिबिंबित किया। मुझे सचमुच सावधान रहना था क्योंकि मेजर और चुड़ैल को एक साथ कुंठित नहीं करना था। मैं दुश्मन के इलाकों में चल रहा था और एक विजेता को इनसे बाहर आने के लिए सही चाल चलनी होगी। वार्तालाप अन्य विषयों पर जारी है और मैं अपना नाश्ता खत्म करता हूँ। जैसे ही मेरा नाश्ता हो जाता है, कारमेन मुझसे निजी बातचीत करने के लिए कहती है।

– अच्छा, अब भुगतान के बारे में चर्चा करने का वक्त है, जैसा मैंने पहले कहा था। क्या आपके पास पैसे हैं?

सवाल ने मुझे थोड़ा आश्चर्यचकित किया, लेकिन मुझे याद आया कि मैंने यात्रा के दौरान मेरे साथ कुछ पैसे रख लिए थे। मैंने खुद को

माफ किया, मेरी थैली में देखा और कुछ फुटकर पैसों के साथ वापस आ गया। कारमेन ने पैसे लेकर पूछा;

– यह किस देश का पैसा है? मैंने कभी नहीं सुना "रेयाइस।"

दुर्भाग्य से, मैं इसे स्वीकार नहीं कर सकती। मुझे राष्ट्रीय मुद्रा चाहिए।

कारमेन की प्रतिक्रिया चेहरे पर थप्पड़ की तरह थी और फिर मुझे एहसास हुआ कि 1910 में मेरे पैसे का कोई मूल्य नहीं था। मेरे पास कोई जवाब नहीं था।

– अच्छा, मैं देख रही हूँ कि आपके पास कोई पैसा नहीं है। तब आपको मुझे भुगतान करने के लिए एक नौकरी करनी होगी। मेजर के लिए आपका एक पत्रकार के रूप में काम करने के बारे में क्या ख्याल है?

– मुझे नहीं लगता कि यह एक अच्छा विचार है। हालांकि, मेरे पास यही विकल्प है, मैं मेजर से बात करने जा रहा हूँ और नौकरी की मांग करूँगा।

– ये सही तरीका है। मेरे द्वारा आपके लिए शुभकामनाएं दी जाती हैं।

कारमेन मुझे आलिंगन करती है और चली जाती है। उसका विचार इतना बुरा नहीं था। मुझे क्रिस्टीन से मिलने का मौका मिलेगा और कौन जानता है, शायद उसके साथ कुछ प्रकार का संपर्क भी हो।

मेजर की कल्पना

कारमेन के साथ बात करने के तुरंत बाद और उसके मुझे यह राय देने के बाद, मैंने यह सब नियत करने का फैसला किया। सब के बाद, घड़ी चल रही थी और मेरे पास अब "विरोधी ताकतों" को इकट्ठा करने और क्रिस्टीन को उसकी नियति को खोजने में मदद करने के लिए बस दो सप्ताह का समय था। इस बात को ध्यान में रखते हुए, मैं अपने कमरे में गया, अच्छे कपड़े पहनकर होटल से निकल गया। होटल छोड़ने पर, मैं ध्यान देना शुरू करता हूँ और मेजर से सर्वोत्तम तरीके से मिलने के बारे में सोचता हूं, क्योंकि वह एक मुश्किल, बहुत पूर्वाग्रह, गर्व और रौब वाला आदमी था। क्रिस्टीन और क्लाउडियो उसकी कुछ सोच और अभिनय के शिकार हुए थे। मैं एक शिकार और नहीं बनना चाहता था और इसलिए मुझे सही शब्दों को चुनना होगा। मैं मेजर पर प्रतिबिंबित करना जारी रखता हूँ और जब वह सिर्फ एक बच्चा था, उसके द्वारा सामना की गई कई मुश्किलों के बारे में सोचता हूँ। हालांकि, उसे कुछ भी नहीं पता था क्योंकि वह लोगों को अपमानित करने और लोगों को नुकसान पहुंचाने का अवसर नहीं छोड़ सकता था। जीवन ने उसके दिल और उसकी आत्मा को कठोर बना दिया था। वह किसी के भी विचार में सही मालिक नहीं था, लेकिन मुझे अपनी योजनाओं को पूरा करने के लिए नौकरी की जरूरत थी।

एक पल के लिए, मैं इसके बारे में सोचना बंद कर देता हूँ और थोड़ा तेज चलता हूं, क्योंकि मैं बंगले के नजदीक हूँ। मैं अपने चारों ओर देखता हूँ और जिन लोगों को मैं देखता हूँ वे उदास और विनम्र हैं।

मुझे लगता है कि मिमोसो के लोग इस जगह पर होने वाले अत्याचार और अन्याय की वर्तमान स्थिति के लिए आंशिक रूप से जिम्मेदार हैं। वे एक दुष्ट चुड़ैल और कर्नल प्रणाली के मेजर द्वारा शासित थे। एक ने लोगों को काले जादू के साथ धमकाया था और दूसरे ने उनको धमकाने के लिए बल का उपयोग किया था और भयभीत किया था। यदि उनके खिलाफ विद्रोह में सभी एकजुट हों तो दोनों को दबाया जा सकता है। पहल और अनुरूपता की कमी ने उन्हें समान प्रभुत्व स्थिति में रखा।, तो अच्छाई की सेना ने कार्रवाई की और मुझे एक पहाड़ की यात्रा करने दी, जिसे सभी पवित्र मानते थे। वहां, मैंने संरक्षक, युवा लड़की, भूत, लड़के से मुलाकात की और तीन चुनौतियों का सामना किया और एक गुफा में प्रवेश किया जो गहरे सपने को साकार बनाने में सक्षम थी। गुफा में, जब तक मैं अंत तक पहुंच नहीं गया, मैं जाल और अग्रिम परिदृश्य से बच गया। और मुझे द्रष्टा में बदल दिया गया था और मैंने एक अनभिज्ञ आवाज का पीछा करते हुए समय की यात्रा की। यह सुश्री क्रिस्टीन की आवाज थी, जो मेजर की बेटी है। एक मेजर, जिसका मुझे नौकरी पाने के लिए अब सामना करना पड़ेगा और मेरे ऊपर कारमेन का कर्ज था उसका भुगतान करना था। आखिरकार, मैं बंगले में आया और घर की नौकरानी मुझे बगीचे में अभिवादन करने आई।

– मैं आपकी मदद कैसे करूं, महोदय?

– मेरा नाम है अलडीवन है और मैं एक पत्रकार हूँ। मैं मेजर से बात करना चाहता हूँ। क्या वह घर हैं?

– हाँ। अंदर आइये, वह बैठक कक्ष में हैं।

मेरे दिल की धड़कन बढ़ने के साथ, मैं सुंदर बंगले में प्रवेश करता हूँ। मेरी चिंता और घबराहट मुझे परेशान कर रही थी। मैं कमरे में जाता हूँ और मेजर का अभिवादन करता हूँ।

– आप यहाँ क्या आए हो, श्रीमान दृष्टा?

– अच्छा, जैसा कि महामहिम आप जानते हैं कि, मैं पत्रकार हूँ। इसलिए मैंने सोचा कि महामहिम आपको मेरी सेवाओं की आवश्यकता

हो सकती है और मैंने अपने अनुबंध की समीक्षा करने के लिए यहां आने का फैसला किया।

– देखो, मैं आपको अच्छी तरह से नहीं जानता हूँ और मुझे अभी भी यकीन नहीं है कि क्या आप एक जासूस हैं या आप विपक्षी हैं। मुझे नहीं लगता कि मैं आपकी मदद कर सकता हूँ।

– मैं गारंटी देता हूँ कि मैं भरोसेमंद हूँ और आपके जैसे मेजर को समाज द्वारा अनुमोदित होने के लिए पत्रकारिता के समर्थन की आवश्यकता है। जैसा कि कहा जाता है, मीडिया ही है जो एक आदमी को बनाता है।

– इस तरह से देखने पर, मुझे लगता है कि यह एक अच्छा विचार हो सकता है। यह देखने के लिए एक प्रयोग करते हैं कि क्या यह वास्तव में काम करता है। हालांकि, यदि आप मेरी छवि को नुकसान पहुंचाते हैं, तो आपसे दुश्मन के रूप में व्यवहार किया जाएगा और आपने सुना होगा कि ऐसा होना किसी भी तरह से आरामदायक बात नहीं है। वेतन के लिए, यह अच्छा पैसा होगा आपको उसकी चिंता करने की जरूरत नहीं है।

– धन्यवाद। मैं आपको निराश नहीं करने का वादा करता हूँ। मैं कब से काम शुरू करूँ?

– जितनी जल्दी हो सके काम करने के लिए जाओ। मैं अपना नाम पूरे पर्नम्बुको में परिचालित करना चाहता हूँ। मैं महान बनना चाहता हूँ और कई पीढ़ियों तक याद रखा जाना चाहता हूँ।

– ऐसा ही होगा, मेजर। मेरा यह वादा है आपसे।

मैं वहाँ से विदाई लेता हूँ और निकल जाता हूँ। मिशन पूरा होने के साथ, मुझे और अधिक आराम और आत्मविश्वास महसूस हो रहा है। मेजर को समझाना इतना मुश्किल नहीं था, क्योंकि उसमें सत्ता और प्रसिद्धि के लिए प्यास थी। मैंने उसकी कमजोरी को पकड़ा था और इसलिए मैं एक विजेता बनकर बाहर आया।

नौकरी

मेजर ने मुझे पहले सारे निर्देश दिये और मैंने उनका नाम आगे बढ़ाने के लिए काम करना शुरू कर दिया। असल में, मेरा काम स्थानीय आबादी के लिए उसके कृत्यों और अनुग्रह को प्रचारित करना है और जब वह नगर पालिका के महापौर के पद के भागीदार होंगे, उस दौरान उसके अभियान में योगदान करके उसे मजबूत बनाना था। इन कार्यों ने मुझे एक आरामदायक स्थिति में नहीं रखा था, क्योंकि मैं कर्नल प्रणाली के आदर्शों और मेजर के रवैये का विरोधी था। हालांकि, मुझे पता था कि क्रिस्टीन के करीब आने का यह एकमात्र मौका था, क्योंकि वह त्रासदी के बाद पूरी तरह से आरक्षित थी। मेरा आदर्श वाक्य था: अंत भला तो सब भला। खबरों के पहले आलेखों में से एक, जिसके बारे में मुझे खुलासा करना था, वह इस प्रकार था: जरूरतमंद परिवारों की मदद करना। मैंने दिनांक को निर्दिष्ट किया, मेजर और उसके कार्यों की भलाई के बारे में बताया, और मैंने लोगों के लिए धन्यवाद ज्ञापित किया और उस भयावह स्थिति का उल्लेख किया, जिसमें वे फंसे हुए थे। हालांकि, सबसे महत्वपूर्ण बात का खुलासा नहीं किया गया था। मैंने यह नहीं बताया कि भोजन की टोकरी खरीदने के लिए इस्तेमाल किया जाने वाला पैसा करों से आया था और उसके बदले में परिवारों को महापौर के रूप में मेजर को चुनने के लिए उन्हें वोट देने की आवश्यकता थी। कर्नल प्रणाली के शासन के दौरान "दयालुता" का कार्य और कुछ नहीं बल्कि ब्याज का एक खेल था। मैं भी अब अपनी खुद की इच्छा के खिलाफ इस प्रणाली का एक

सहकारी बन गया। मैं अब और इसके बारे में सोचने की कोशिश नहीं करता और काम करना जारी रखता हूँ। मेरी रणनीति अब क्रिस्टीन के साथ संवाद करने का एक तरीका खोजना था और उसे, उसके भाग्य को ढूंढने का मौका देना था।

क्रिस्टीन के साथ पहला आमना-सामना

बहुत सारी प्रस्तुत सामग्री के साथ मैं बंगले में प्रवेश करता हूं, जहां मेजर रहता है। आगे के प्रकाशन कार्य के लिए उनकी स्वीकृति आवश्यक थी। रास्ते में, मेरे मन में कई विचार आते हैं और मैं समझता हूँ कि मैं उन विचारों को मेजर को बताऊंगा। मैं इसके बारे में बेहतर सोचता हूँ और मैंने इस बारे में विचार करना छोड़ दिया है, क्योंकि मेजर एक सख्त आदमी था और आमतौर पर सुझावों को स्वीकार नहीं करता था। मैं कुछ कदम और चलता हूँ और अंत में मैं निवास के पास पहुँच जाता हूँ। जब मैं आवाज देता हूँ, एक सुंदर लड़की मेरा अभिवादन करने के लिए आती है

– आपको क्या चाहिए, महोदय?

– मैं मेजर से बात करने के लिए आया हूँ।

– वह यहाँ नहीं है। क्या आप किसी और समय आ सकते हैं?

– कोई बात नहीं। क्या मैं आपसे बात कर सकता हूँ? आप सुश्री क्रिस्टीन हो, है ना?

– हाँ। मेरा नाम अलडीवन है और मैं राजधानी समाचार पत्र के लिए एक संवाददाता हूँ। मैं आपके पिताजी के लिए काम करता हूँ।

– ओह, मेरे पिताजी आपके बारे में बता चुके हैं। आप उनके बारे में लेख कर रहे हैं, है ना?

– हाँ। इसके अलावा, मुझे आपकी कहानी में दिलचस्पी है। क्या हम एक मिनट के लिए बात कर सकते हैं?

– मेरी कहानी? मुझे लगता है कि यह आपकी चिंता का विषय नहीं है।

– मैं आपसे आग्रह करता हूँ। मैं आपकी, अपने आप को खोजने में मदद कर सकता हूँ। मुझे मौका दो।

अचानक, क्रिस्टीन की निगाहें मेरी ओर रुक जाती हैं और हमारे विचारों की श्रृंखलाएँ एकजुट हो जाती हैं। कुछ ही पलों में, उसे मुझे थोड़ा बेहतर जानने का अवसर प्राप्त होता है। वह थोड़ी देर सोचती है और निर्णय लेती है।

– ठीक है, मैं हम दोनों के बरामदे में बैठने के लिए दो कुर्सियां लेकर आती हूँ।

वह घर में प्रवेश करती है और शीघ्र ही वापस आती है। वह मेरे बगल में बैठती है और मैं उसके खुशबूदार सुगंधित प्राकृतिक इत्र की महक ले सकता हूँ।

– अच्छा, क्रिस्टीन, जो समाचार मैंने हाल ही में रेसीफ के समाचार पत्र में पढ़ा था, उसने मेरा ध्यान खींचा। यह एक त्रासदी और एक व्यक्ति के रूप में आपके बारे में बता रहा था।

– जो लिखा है वह सच है और पूरे परनामबुको में दर्ज किया गया था। मैं एक चुड़ैल हूँ! मैंने उस लड़के के जीवन को समाप्त कर दिया। वह उस स्थिति का शिकार था, जैसे मैं थी। अब, त्रासदी के बाद, मैं अकेली हूँ और हर कोई मुझसे दूर चला जाता है। अब मेरे कोई दोस्त नहीं है, परमेश्वर भी नहीं। मैं बहुत अवसाद में हूँ।

– ऐसा मत कहो, क्रिस्टीन। यदि आप खुद को दोषी समझती हैं, तो ऐसा न करें। क्योंकि जो कुछ भी हुआ, वह क्लेमिलडा द्वारा दर्शायी गई बुराई की ताकत की एक घृणित साजिश थी। उसने आपसे आपका सब कुछ ले लिया है, यहाँ तक कि आपके परमेश्वर भी। यदि आप कोई प्रतिक्रिया व्यक्त करती हैं, तो आशा की अपेक्षा की जा सकती है।

– आप ये सब कैसे जानते हैं? आप वास्तव में कौन हैं?

– अगर मैंने इसे अभी आपको समझाया, तो आप समझ नहीं पाएंगी। मैं चाहता हूँ कि आप यह जान सकें कि मुझ में, आप हमेशा एक अच्छा दोस्त ही पाएंगी । आप अब अकेली नहीं हैं।

मेरी ईमानदारी के कारण क्रिस्टीन की आँख से आँसू बह कर चेहरे तक आने लगते हैं। उसने मुझे गले लगा लिया और कहा कि विगत दिनों स्नेह की कमी महसूस कर रही थी। मैं वार्तालाप को पुनः प्रारंभ करने की कोशिश करता हूँ।

– मुझे बताइये, कान्वेंट में आपका अनुभव कैसा था? क्या आपने वहाँ परमेश्वर को पाया था?

– हाँ, मैंने पाया था। हालांकि, हम कहीं भी परमेश्वर को पा सकते हैं, वह झरने के पानी में है, जो नीचे की ओर आता है, पूरी तरह से अपने गंतव्य की ओर पहुँच जाता है, वह भोर में पक्षियों के गायन में है, और वह उस मां द्वारा दिये गए संकेतों में है, जो उसके बेटे की रक्षा करते हैं। वैसे भी, वह हमारे अंदर है और लगातार हमें सुनना चाहते हैं। जब मैंने इस बात को समझ लिया और उसे सुनना सीख लिया, तो मुझे पता था कि मेरा काम नन बनना नहीं था। मैंने सीख लिया था कि मैं उनकी सेवा अन्य तरीकों से कर सकती हूँ।

– मैं आपकी इस भाव के लिए प्रशंसा करता हूँ और मैं आपकी परिभाषा से सहमत हूँ। कितने लोग अपने आप को पूरे जीवन धोखा देते हैं और अपने जीवन के उन रास्तों तक पहुंचते हैं, जो उनके लिए नहीं हैं। कभी-कभी, यह माता-पिता, समाज के प्रभाव, या अंदर के आवाज, जो हम सभी के पास है और जिसे हम परमेश्वर कहते हैं, को न सुन पाने के ऐसा होता है। यह जानने के लिए नहीं कि ये कैसे हम सभी आंतरिक आवाज को सुनें और जिसे आप परमेश्वर कहते हैं चूंकि आपने धार्मिक जीवन छोड़ने का फैसला किया है, मुझे लगता है कि आपको प्यार मिल गया है।

– हाँ, लेकिन मैं इसके बारे में बात नहीं करना चाहती। त्रासदी, और इससे पहले की सभी घटनाएं अभी भी मुझे बहुत दुख देती हैं।

मैं क्रिस्टीन की चुप्पी का सम्मान करने का संकल्प लेता हूँ और उससे कुछ भी नहीं पूछना चाहता हूँ। मैं विदाई लेता हूँ और पूछता हूँ कि क्या हम किसी अन्य समय बात कर सकते हैं। वह हां कहती है और जिससे मुझे खुशी होती है। क्रिस्टीन के साथ मेरी पहली मुलाकात सफल रही।

महल वापसी

क्रिस्टीन के साथ पहली मुलाकात के बाद, मैंने फिर से शक्तिशाली जादूगर क्लेमिल्डा का सामना करने का फैसला किया। उसे यह जानना आवश्यक है कि अच्छाई की ताकतें काम करने लग गई हैं और बुराई का मंत्रालय समाप्त होने जा रहा था। इसे ध्यान में रखते हुए, मैं फिर से भयानक काले महल में जाता हूँ। इससे पहले के समय में भी ऐसा ही स्वरूप था और मैं कंपकंपाना शुरू कर देता हूं, अनियमित रूप से श्वास लेता हूँ और मेरे दिल की गति बढ़ रही थी। यह किस तरह का रहस्य था? "विरोधी ताकतें" मेरे भीतर चिल्ला रही थीं। करीब पहुंचते वक्त, परेशान और भ्रमित कर देने वाली आवाजें मुझे मेरे रास्ते से दूर करने की कोशिश करती हैं। मैं फर्श पर घुटने टेकता हूँ और आगे बढ़ने के लिए अपना मन साफ करने की कोशिश करता हूँ। आवाजें वास्तव में मजबूत हैं। मैं संरक्षक की शिक्षाओं, चुनौतियों और गुफा को याद करना शुरू कर रहा हूँ । मुझे मेरा ध्यान भी याद है और यह कैसे मेरी मदद करता है यह भी याद है। मैं जो भी सीखता हूं, उसे लागू करता हूँ और बेहतर महसूस करना शुरू करता हूँ और मैं काम जारी रख सकता हूँ। मैं उठता हूँ और आखिरी कदम चलता हूं, अंत में पहुंच जाता हूँ। प्रवेश द्वार तुरन्त खुलता है और डर के बिना मैं इसके माध्यम से जाता हूँ। समय का डरावना दृश्य खुद को दोहराता है, लेकिन मैं इस बारे में और अधिक ध्यान नहीं देता। स्थिर और दृढ़ होकर, मैं दालान में जाता हूं, जहां टोट्न्हो, क्लेमिल्डा के साथी के द्वारा मेरा स्वागत किया जाता है। वह मुझे एक कमरे में भेजता है। अंदर, केंद्र में, क्लेमिल्डा एक टोप पहने हुए है।

– द्रष्टा की एक अन्य यात्रा का सम्मान करने के लिए मैं क्या करूँ? क्या आप उस काम को बधाई देने आए हैं, जो मैं इस देहाती जगह में करती हूं?

– मेरे साथ शुरू मत करो। मैं जितना जानता हूँ आप इससे भी ज्यादा जानती हैं, कि "विरोधी ताकतों" में असंतुलन मिमोसो और यहां तक कि ब्रह्मांड को भी धमकी दे रहा है। मैं चाहता हूँ कि आप जितनी जल्दी हो सके इसे छोड़ दें। आप लोगों के, विशेष रूप से क्रिस्टीन नाम की एक युवा लड़की के दुख का कारण बनी हैं। मुझे खुशी है कि मैं उसका दोस्त बन गया और मैं उसे उसका भाग्य दिखाना शुरू कर रहा हूँ।

– मुझे संदेह है कि आप उसे आत्मविश्वासी, पूरी तरह से दोषमुक्त, युवा लड़की बनने का विश्वास दिलाने में सक्षम होंगे। त्रासदी ने उसकी इंद्रियों और भावनाओं को प्रभावित किया। "विरोधी ताकतों" के बारे में," आप सही हैं, लेकिन मुझे यहां से बाहर निकालना आसान नहीं होगा। मैं एक सौदे का प्रस्ताव रखती हूँ। यदि आप क्रिस्टीन को उसके पाठ्यक्रम को वास्तव में बदलने के लिए प्रेरित करते हैं और यदि आप तीन अलग-अलग दिनों में तीन चुनौतियों को पूरा करते हैं, तो आप अंतिम लड़ाई के हकदार होंगे। "विरोधी ताकतें" एक दूसरे से मिलेंगी और एक दूसरे का सामना करेंगी, और जो भी जीत पाएगा, वह अनंत काल के लिए शासन करेगा।

– एक युद्ध? क्या यह खतरनाक नहीं है? अगर कुछ गलत हो जाता है तो ब्रह्मांड गायब होने के खतरे में है।

– आपके पास कोई विकल्प नहीं है। इसे ले लो या इसे छोड़ दो। क्या आप सचमुच मिमोसो को सहेजना चाहते हैं? तो फिर "अंधेरे" की शक्ति का सामना करें।

– राजी हूँ। मैं इसे करूँगा।

यह कहने के बाद, मैंने कमरे से बाहर निकलने की खोज की। एक युद्ध "विरोधी ताकतों" के बीच शुरू होने वाला था और मैं इस टकराव

के मुख्य पात्रों में से एक था। मुझे नहीं पता था कि क्या होने वाला था, लेकिन मैं "विरोधियों" के असंतुलन को बदलने और क्रिस्टीन को मदद करने के लिए कुछ भी करने को तैयार था।

द्वितीय संदेश

क्लेमिलडा के साथ बैठक ने मुझे बताया कि मुझे तुरंत कार्य करना होगा और मेरी योजना का क्रियान्वयन करना होगा। "विरोधी ताकतों" के बीच युद्ध घोषित किया गया था और मेरी इसमें एक प्रमुख भूमिका थी। इसलिए मैंने क्रिस्टीन को संबोधित करते हुए, एक टिप्पणी लिखने का निर्णय लिया, उसे एक और बैठक के लिए आमंत्रित किया। मेरे यह लिखने के बाद मैंने रेनाटो को बुलाया और मैंने यह टिप्पणी उसके हाथों में देने के लिए कहा। उसने इसे लिया और बिना देरी के निकल गया। लगभग बीस मिनट बाद वह वापस आ गया, उसके साथ जवाब लाया। मैं कागज को ध्यान से पकड़ कर धीरे-धीरे खोलता हूं, जैसे कि मुझे जवाब से डर लग रहा है। इसमें निम्नलिखित संदेश है: मुझे 7.00 बजे पूर्वाह्न पर क्लेमेरिओ जाने वाली सड़क पर मिलो। मुझे यह सुनकर खुशी हो रही है कि उसने निमंत्रण स्वीकार कर लिया और उसे संभालने की आशा में वृद्धि हुयी है। वह विरोध करने वाले बल के खिलाफ लड़ाई में एक प्रमुख खिलाड़ी थी।

क्लीमेरिओ की यात्रा

अंततः बैठक का अंतिम दिन आ गया था। मैं उठता हूँ और बैठक में इस्तेमाल होने वाली सबसे उपयुक्त रणनीति का प्रबंध करता हूँ। मैं स्नानघर में जाता हूँ और स्नान करता हूं, मेरे दांतों को साफ करता हूँ और नाश्ता करता हूँ। इन सभी चरणों को पूरा करने के बाद मैं बाहर जाने के लिए तैयार हूँ और क्रिस्टीन को ढूंढता हूँ बैठक की जगह मुझे अच्छी तरह से पता थी यह मिमोसो के पूर्व में स्थित क्लमेरिओ में था जिस स्वभाव के साथ मैं जाग गया था, मैं बैठक की जगह पर चलना शुरू कर देता हूँ। यह सुबह के 7.00 बजे थे और इस समय क्रिस्टीन को पहले ही अपने घर से निकल जाना चाहिए था। हमारी पहली मुलाकात की याद आती है और मुझे आश्चर्य है कि अगर क्रिस्टीन मुझे पहले से ही भरोसा करती है क्योंकि साक्षात्कार के पहले पलों के दौरान वह मुझ पर विश्वास नहीं कर पाई थी। ठीक है, कोई आश्चर्य नहीं है। मैं एक अजनबी था, एक अजनबी जो उसके जीवन के विवरणों के बारे में बहुत कुछ जानता था। यह एक अभूतपूर्व प्रभाव उत्पन्न करता है मुझे खुशी है कि मैंने स्पष्ट रूप से कहा था कि मैं उसका दोस्त बनना चाहता था और देख रहा था कि वह हाल ही में बहुत ही अकेला महसूस कर रही थी, उसने स्वीकार किया, कम से कम अस्थायी रूप से, मेरी सलाह और मेरी परामर्श को स्वीकार किया। अब मैं दूसरे चरण के लिए तैयार था जो सबसे महत्वपूर्ण था।

मैं एक ही दिशा में कुछ समय के लिए चलता हूँ और आगे मैं क्रिस्टीन की आकृति को देखता हूँ। तुरंत, मैं उससे मिलने के लिए उसकी ओर दौड़ना शुरू कर देता हूं

– तुम कैसी हो, क्रिस्टीन? क्या आपकी रात्रि अच्छी रही?

– इस त्रासदी के कारण, मेरी रात कोई अच्छी नहीं थी। मैं हमेशा मेरी शादी और सब कुछ जो वहां हुआ, उसका सपना देखती हूँ। मुझे नहीं पता है कि मैं इस तरह कितने समय जीने वाली हूँ।

– तुम्हें इसे जाने देने की जरूरत है, क्रिस्टीन अपराध और पश्चाताप भूल जाओ क्योंकि वे केवल आपको नुकसान पहुंचाते हैं। मैंने सीखा है कि जीवन में हमें वर्तमान क्षण में रहना होगा और हमारे दुखग्रस्त अतीत को भूलना होगा। वह अच्छा समय है जिसे हमें याद रखना चाहिए ताकि आप अपने आप को मजबूत कर सकें और अपने स्वाभिमान को बनाये रखते हुए चलना जारी रखें।

ये सिर्फ शब्द हैं मेरे अंदर का दर्द अभी भी बहुत ज्यादा है।

– एक दिन आप इसे दूर करेंगी मैं इसके बारे में निश्चित हूँ। खैर, क्रिस्टीन, मुझे आपसे कुछ गंभीर विषय में बात करनी है यह इस चुड़ैल क्लेमिल्डा के बारे में है जिसने मिमोसो गांव पर अपना आधिपत्य जमाने के लिए अंधेरे की शक्तियों का उपयोग किया था। तब से वह त्रासदी और अन्य सभी बुरी घटनाओं के लिए जिम्मेदार थीं। मैंने उसका सामना किया और मैंने उसका शासन खत्म करने का संकल्प लिया। जवाब में, उसने मुझे सौदे की पेशकश की अब मुझे एक लड़ाई के लिए "अच्छाई की ताकत" इकट्ठा करने की जरूरत है आपका क्या कहना है? क्या आप इस लड़ाई में मेरे बचाव के लिए तैयार हैं?

– मुझे नहीं पता कि मैं तैयार हूँ। क्लेमिल्डा गेरूसा की चचेरी बहिन है और गेरूसा व्यावहारिक रूप से मेरे लिए एक माँ थी मुझे पता है कि वह बुरी है और मैं पूरी तरह से उसके कार्यों के खिलाफ हूँ।

दूसरी ओर, वह व्यावहारिक रूप से परिवार है यह "विरोधी ताकतें" है जो मेरे दिल को भ्रमित करती हैं और मुझे संदेह में छोड़ देती हैं।

– मै समझता हूँ। मुझे आपको याद दिलाना होगा कि आने वाले युद्ध में आपकी एक महत्वपूर्ण भूमिका है। तय करने से पहले, लोगों, ईसाई धर्म और अपने बारे में सोचें।

– मैं वादा करती हूँ कि मैं इसके बारे में सोचूंगी मुझे कुछ और बताना चाहते हो?

मुझे जवाब देने से पहले कुछ पल लगता है और मुझे आश्चर्य है कि वह वास्तव में तैयार है। मैं जोखिम लेने का फैसला करता हूँ।

– हाँ, पूरी सच्चाई बताना चाहता हूँ। क्रिस्टीन, कई सालों तक मैं एक युवा सपने देखने वाला और आशा से भरा हुआ था। हालांकि, मेरे सर्वोत्तम प्रयासों के बावजूद मैं अपने लक्ष्यों को हासिल नहीं कर सका। मैं अपने जीवन के तीन साल पूरी तरह से निर्जन रहाः मेरे पास नौकरी नहीं थी और मैं पढ़ना नहीं चाहता था। चट्टान के नीचे होने के कारण मैं ऐसे संकट में पहुंच गया जो लगभग मुझे पागलपन में ले गये। इस संकट के दौरान, मैंने कुछ शांति और सांत्वना पाने के लिए निर्माता के करीब पहुंचने की कोशिश की। हालांकि, जितना अधिक मैंने आग्रह किया, उतना कम मुझे उत्तर प्राप्त हुआ इसलिए मैंने शैतान की शरण लेने की कोशिश की और इलाज और जवाब देख रहा था। मैं एक सत्र में गया और उन्होंने मुझसे वादा किया कि मैं खुश रहूंगा। बदले में, मुझे धर्मों को बदलना होगा और उन्होंने जो कहा, ठीक उसी प्रकार करना होगा। उस दिन और उस समय मेरे वापस लौटने के लिए चिह्नित समय पर मुझे जवाब मिल गया कि परमेश्वर ने मेरे बारे में ध्यान रखा। उसने अपने स्वर्गदूत को भेजा और मुझे चेतावनी दी कि मैं वापस नहीं जाऊँ , मुझे खुशी और इलाज के लिए बहुत ज्यादा ध्यान रखने वाला नहीं मिलेगा। इसलिए मैंने चेतावनी को ध्यान में रखते हुए कहा कि मैं वहां वापस नहीं जाना चाहता। मैंने एक डॉक्टर को देखा और उन्होंने कहा कि मेरा मामला गंभीर

नहीं था, यह एक साधारण सरल तंत्रिका अवसाद जैसा था। इसलिए मैंने कुछ दवाएं लीं और बेहतर हुआ परमेश्वर ने मेरी मदद करने के लिए उस डॉक्टर का इस्तेमाल किया। वह कितनी बार ऐसा साकार हुए बिना भी करता है। मेरे संकट के दौरान, मैंने चिकित्सा के रूप में थोड़ा मजा करने के लिए लिखना शुरू कर दिया। तब मुझे एहसास हुआ कि मेरे पास एक प्रतिभा थी जिसे मैंने कभी नहीं देखा। संकट के बाद, मुझे नौकरी मिली और स्कूल में वापस चला गया। साथ ही, एक लेखक बनने की इच्छा और लोगों के साथ संवाद करने की इच्छा शक्ति मेरे अंदर पनप रही थी। ऐसा तब हुआ जब मैंने ओरोरुबा पर्वत, पवित्र पर्वत के बारे में सुना। यह एक रहस्यमय जादूगर की मौत के कारण पवित्र हो गया, और इसकी शीर्ष पर एक राजसी गुफा निराशा की गुफा कहलाती है। यह किसी भी सपने को पूरा करने में सक्षम है, जब तक कि भावना शुद्ध और ईमानदार है। इसलिए मैंने सामान बांध कर और पहाड़ की यात्रा पर जाने का फैसला किया। मैंने अपने परिवार को अलविदा कहा, लेकिन वे मेरे सपने को नहीं समझ पाए। फिर भी, मैंने अपने परिवार को छोड़ दिया, मुझे अपनी प्रतिभा और क्षमता में विश्वास करना था। तो मैं पहाड़ पर चढ़ गया और संरक्षक से मिला, एक प्राचीन आत्मा। उनकी शिक्षाओं के साथ, मैं अपनी चुनौतियों का सामना कर रहा था जो गुफा में मेरे प्रवेश का द्वार पर थी। हालांकि, कहानी समाप्त नहीं हुई है। निराशा की गुफा ने किसी को भी उसके माध्यम से अपने सपनों को पूरा करने की अनुमति नहीं दी थी। जिसने भी कोशिश की थी, उन्हें संक्षेप में मिटा दिया गया था। हालांकि, मेरा एक सपना था, और मेरे अपने जीवन को खतरे में डालकर मेरे लिए बाधा नहीं होगी। मैंने गुफा में प्रवेश करने का फैसला किया मैंने इसमें चलना शुरू कर दिया और जल्द ही, पहला जाल दिखाई दिया। मैंने उन सभी से छुटकारा पा लिया और जल्द ही बाद में, मैं तीन दरवाजों पर आया। वे खुशी, विफलता और भय को दिखाते हैं। मैंने सही दरवाजे का चयन किया और मैं गुफा में उन्नत हुआ। फिर, मुझे एक निंजा मिल गया और उन्होंने मार्शल आर्ट्स के साथ मुझे नष्ट करने की कोशिश की। इस

अनुभव ने मुझे विजेता बना दिया और मैंने निंजा को गिरा दिया फिर में गुफा में और अधिक अंदर गया और मुझे एक भूलभुलैया दिखी। मैं उसमे अंदर गया और खो गया। यह वह समय था जब मुझे एक विचार आया और मैं अपना रास्ता खोजने में कामयाब रहा। फिर, मुझे दर्पण का सेट मिला इस परिदृश्य ने मुझे प्रतिबिंबित किया और मुझे अपने आप को खोजने में मदद की। इसलिए मैं गुफा में थोड़ी दूर आगे बढ़ गया। संक्षेप में, मैं गुफा के सभी परिदृश्यों को सहन कर आगे बढ़ाने में सक्षम था और ऐसा लगता है वह खुद मेरी इच्छा पूरी करने के लिए बाध्य थी। मैं द्रष्टा बन गया और मैंने समय पर वापस यात्रा की, मैंने एक आवाज सुनी, जो मुझे पता नहीं थी, यह आवाज तुम्हारी थी, क्रिस्टीन, और मैं तुम्हारी मदद करने के लिए यहां हूँ।

– एक ही बार में बहुत सारी जानकारी है मुझे नहीं पता कि क्या तुम पागल हो या मैं इसे सुनने के लिए अपना दिमाग खो रही हूँ। मैंने पहले से ही गुफा और इसकी आश्चर्यजनक शक्तियों के बारे में सुना था, लेकिन यह कभी नहीं सोचा था कि किसी ने आग में प्रवेश किया है और इसे दूर किया है। मुझे थोड़ा सोचना पड़ेगा और मैंने जो कुछ सुना है उस में खुद को रख कर देखना चाहूंगी।

– सोचें, क्रिस्टीन, लेकिन बहुत लंबा न लें मेरा समय जा रहा है और मुझे अपना मिशन पूरा करना होगा।

– मैं आपको जल्द ही एक प्रतिक्रिया देने का वादा करती हूँ। ठीक है, अब मुझे घर वापस जाना है।

मैं क्रिस्टीन की विदाई अभिवादन से करता हूँ और मैं होटल में वापस जाता हूँ मैंने अपना काम किया, अब जो कुछ बचा था वो जवाब था। मेरी आशा भाग्य के हाथों में थी और मुझे नहीं पता था कि किस तरह से यह इशारा करता है "विरोधी ताकतों" के बीच युद्ध जल्द ही हो सकता है और क्रिस्टीन की प्रतिक्रिया तय करने वाला कारक होगा।

निर्णय

"विरोधी ताकतों" के बीच युद्ध ने मुझे कोई आश्वासन नहीं दिया। मैंने इस प्रकार की प्रतियोगिता में कभी भाग नहीं लिया और यह एक अनूठा अनुभव होगा। मेरे दिल और दिमाग को राहत देने के लिए, मैं होटल से निकलता हूँ और सेंट सेबेस्टियन के पवित्र खंडहरों तक पहुंचता हूं, जो बहुत करीब है। रास्ते में, मुझे आश्चर्य है कि मुझे कौन सी चुनौतियों का सामना करना होगा और हो सकता है कि वे गुफा की बाधाओं की तरह मुश्किल हों। खैर, मैं कोई भी कठिनाइयों के बीच में जीतने की मेरी शक्ति के अंतर्गत सब कुछ करूँगा। मुझे विचार आते हैं और मैं अपने सपने और हर बाधा के बारे में सोचता हूँ जो इसमें शामिल हैं। मुझे आश्चर्य है कि अगर मुझे अपनी पुस्तक के लिए एक व्यावसायिक प्रकाशक मिलेगा तो क्या सफलता हासिल करने के लिए पुस्तक के लिए पर्याप्त निवेश करना चाहिए? मुझे ब्रहुत अधिक जानकारी है कि गुफा ने वास्तव में मेरी मदद की है लेकिन मेरी सारी समस्याओं का समाधान नहीं करेगी। मुझे उम्मीद थी कि गुफा केवल एक लंबी और जोरदार साहित्यिक कैरियर की शुरुआत थी। हालांकि, यह मेरे लिए चिंता करने का समय नहीं था। मेरे पास और ज्यादा महत्वपूर्ण काम था मुझे "विरोधी ताकतों" का पुनर्मिलन करना होगा और क्रिस्टीन को खुद को खोजने में मदद करनी होगी। इन लक्ष्यों ने मुझे खंडहर के और करीब पहुंचा दिया, और अगले ही क्षण में, मैं ईसाई धर्म क़े प्रतीक के अवशेषों को छू रहा हूँ। मैं उस क्रूस को देखने के लिए सोच रहा हूँ जो बरकरार रह गया था और इसे छूने के लिए मैं

अपने धर्म और इसके संस्थापक के बारे में और अधिक समझना शुरू कर रहा हूँ। उसने खुद को एक प्यार के लिए अपने आप को दिया था जिसे हम समझ नहीं सकते। एक प्यार इतना महान है कि वह चमत्कार करने में सक्षम था। इसी की मुझे जरूरत थी: एक चमत्कार की।

मैं अज्ञात ताकतों का सामना करने वाला था जो अहंकार, व्यसनों, कमजोरियों और मानव घृणा, बल जो मानव जीवन को नष्ट करने में सक्षम थीं। मैं क्रॉस को फिर से देखता हूँ और यह मुझे साहस से भरता है। यह एक विजेता का उदाहरण था वह मेरे जैसे स्वप्नहार थे और उनकी शिक्षाओं ने दुनिया को जीत लिया है । उसने हमें दूसरों से प्यार और सम्मान करना सिखाया है और यह वह संदेश था जिसका मैंने रोज रोज आज तक प्रचार किया था। मैं अपने आस-पास की हर चीज और चारों ओर देखता हूँ: मैं लोगों को देखता हूं, नीला आकाश और बहुत दूर, क्षितिज। मैं उन्हें या खुद को निराश नहीं कर सकता मेरी छाती में सभी शक्तियों के साथ, मैं चिल्लाता हूँ:

– *मैं तैयार हूँ!*

पृथ्वी ने कांपना शुरू हुआ और एक सेकंड के अंदर मुझे लगता है कि मैं उस स्थान से छीन लिया गया जहां मैं था। बालों के द्वारा मेरा नेतृत्व किया जा रहा है और उस समय की भावना ने मेरी दृष्टि को अस्पष्ट करती है, सब कुछ अंधेरा है और खाली है।

रेगिस्तान में अनुभव

मैं बिलकुल ये पता करने ले लिए उठा कि मैं कहां हूँ। मैं चार दिशाओं में देखता हूँ और मैं सिर्फ रेत और आकाश को देख सकता हूँ। ऐसा लगा जैसे मैं रेगिस्तान के बीच में था मैं यहाँ क्या कर रहा था? यह किस तरह का मजाक था? एक पल में, मैं चौपल के खंडहर (मीमोसो में) में था और दूसरे क्षण में मैं इस अंधेरी, खाली जगह में था। मैं चलना शुरू करता हूँ, कुछ तलाश करने के लिए। कौन जानता है कि मुझे एक रमणीक स्थान या कोई व्यक्ति मिल सकता है जो मेरा मार्गदर्शन कर सकता है और मुझे बता सकता है कि मैं कहाँ हूँ। अकेलेपन की भावना मेरे विश्वास के बावजूद हर मिनट बढ़ जाती है कि मैं हमेशा एक स्वर्गदूत के साथ रहता हूँ। इन क्षणों में मैं अपने आपको याद दिलाता हूँ कि दोस्तों या कोई ऐसा जिस पर आप भरोसा कर सकते हैं। धन, सामाजिक उपेक्षा, बेहिसाब, सफलता और जीत बेतुकी हैं अगर आपके पास कोई ऐसा व्यक्ति नहीं है जिसके साथ आप ये साझा कर सकते हैं। मैं चलना जारी रखता हूँ और पसीना टपकना शुरू होता है, भूख मुझे परेशान करना शुरू करती है और प्यास भी उतनी ही परेशान करना शुरू करती है। मैं वैसे ही भटका हुआ महसूस करता हूँ जैसे गुफा की भूलभुलैया में खो चुका था। मैं अब किस रणनीति का उपयोग करूँगा? रमणीक स्थान कहीं भी हो सकता है मैं थोड़ी देर के लिए रुकता हूँ। मुझे अपनी ताकत ठीक करने और सांस लेनी होगी। मैं अभी तक अपनी सीमा तक नहीं पहुंचा था, लेकिन मुझे काफी थका हुआ महसूस हुआ। खड़ी सीढ़ियों पर आगे बढ़ना मेरे मन में

आता है, जैसा की सेंक्चुरी ऑफ अवर लेडी ऑफ, गार्डियन साइट, ट्रस में है। मैं सिर्फ एक बच्चा था और चढ़ाई के प्रयास ने मुझे बहुत थका दिया। शीर्ष पर पहुंचने पर, मैं अपने आप को खडे रिज से गिरने के डर के कारण एक सुरक्षित जगह में गया। मेरी मां ने एक मोमबत्ती जलाई और उसने जो वादा किया था, उसका भुगतान किया। इस मंदिर में कई पर्यटकों ने दौरा किया था और उस जगह मैरी की उपस्थिति के कारण ऐसा था।

यह कहानी इस प्रकार थी: 1936 में, "लंदन", दंगल वर्गुलिनो फेरेरा और उनके गिरोह ने पेस्केरा के माध्यम से चक्कर लगाया जहां उन्होंने स्थानीय किसानों के खिलाफ अत्याचार किया था। मारिया दा लुज ने कॉन्सेसीओ को पूछा था कि वह उस पल में क्या करेगी यदि उसे लेंटर्न दिखेगा। लड़की ने कहा था: "ओह मुझे, मुझे एक रास्ता निकालना होगा, ताकि यह राक्षस हमें नुकसान नहीं पहुँचा सके"। तब पहाड़ी को देखकर, उन्होंने उसकी छवि एक महिला के आकार में देखी। अगले दिनों में यह रूप दोहराया गया और समाचार पूरे क्षेत्र में फैल गया। वेटिकन ने स्वीकार किया है कि अवर लेडी ऑफ ग्रेस पेस्केरा में और पृथ्वी के विभिन्न हिस्सों में पांच स्थानों पर दिखाई दिया। वॉच साइट पर भेष केवल अमेरिकी महाद्वीप में दर्ज किया गया था।

अभयारण्य नीचे आने पर, मुझे और अधिक आराम और आत्मविश्वास महसूस हुआ। बिलकुल वैसा जैसा में एक हरा भरा स्थान खोजने पर महसूस होता है। मैं अपने घूमने पर वापस आता हूँ और मेरे मन में एक सवाल है जो कि मेरे दिमाग से बाहर नहीं निकलता है। चुनौती कहाँ थी? यह मेरे लिए बिना किसी जवाब के चलते रहना और मेरी समझ के बाहर था। चूंकि मैंने पवित्र पर्वत की यात्रा की थी, चुनौतियों को पूरा किया और उस गुफा में प्रवेश किया क्यूंकि मेरे पास एक योजना थी और एक उद्देश्य था। मैं अब भ्रमित और दिशाहीन था। मैं आसमान पर विचार करना शुरू कर देता हूँ और मैं कुछ पक्षियों को देखता हूँ। एक महान विचार मेरे दिमाग में आता है और मैं उसका पालन करना तय करता हूँ जैसे मैंने गुफा में चमगादड़ का किया था। तीस मिनट चलने के बाद, मुझे एक झील दिखाई देती है जहां पक्षी रुकते हैं और मेरी आशा एक

बड़ी ताकत के साथ वापस आ जाती है। मैं झील के पास और पानी पीना शुरू कर रहा हूँ मैं थोड़ा पीता हूँ लेकिन खराब स्वाद मुझे रोक देता है। इसलिए मैं झील के पास थोड़ी देर के लिए बैठता हूँ कि अपने पैरों को आराम दिया जाए जो यात्रा से थक गए थे। एक पल के बाद, एक हाथ मेरे कंधे को छूता है और मैं वापस मुड़ता हूँ। संरक्षक, जो मुझे पहाड़ पर मिले थे सीधे मेरे सामने थे।

– आप, यहाँ? मुझे यह उम्मीद नहीं थी।

– मेरे बेटे, आप थोड़े थके हुए दिखते हैं। क्या तुम घर जाना नहीं चाहते हो? तुम्हारा परिवार आपको बहुत ज्यादा याद करता है।

– मैं नहीं कर सकता। मुझे अपना मिशन पूरा करना है यह वही महिला थी जिसने मुझे "विरोधी ताकतों" के पुनर्मिलन के लिए और क्रिस्टीन को मदद करने के लिए मीमोसो में भेज दिया।

– अपने मिशन को भूल जाओ अपने प्रतिद्वंद्वी को हराने के लिए आपके पास सामर्थ्य नहीं है। याद रखें कि शैतान की आज्ञा न मानने के कारण ही आपके स्वामी यीशु मसीह क्रूस पर मारे गए।

– आप गलत समझते हैं। यीशु मसीह उस विवाद के विजेता बनकर बाहर आए और क्रॉस उनकी जीत का प्रतीक है। रुकिए। आपने बताया नहीं कि आप कौन हो? मुझे यकीन है कि आप अपनी दिखावट संरक्षक की तरह होने के बावजूद भी संरक्षक नहीं हैं।

महिला व्यंग्यात्मक रूप से चीखते हुए गायब हो गई। तो यह मेरे साथ गड़बड़ करने के लिए एक तरीका या सोच थी। मुझे दिखावे से बहुत सावधान रहना होगा। मैं किसी भी विचार के बिना बैठा रहता हूँ कि कैसे उस व्यापक और खाली जगह छोड़ने के लिए। मैं केवल अपने दिल को धड़कता हुआ महसूस करता हूं, मेरे पैर हिलते हैं और मेरे अवचेतन कह रहे हैं कि यह खत्म नहीं हुआ है। क्या छूट रहा है? मैं पहले से ही इस चुनौती से थक गया हूँ मैं क्षितिज को देखता हूँ और दूरी में देख रहा हूँ कि कोई व्यक्ति आ रहा है। क्या यह सिर्फ एक दृष्टि से अधिक था? मुझे सावधान रहना होगा, मैं डर गया और विश्वास नहीं कर सकता था।

व्यक्ति मुझे गले लगाता है और अविश्वास के बावजूद मैं इसे वापस गले लगता हूँ।

क्या तुम सच में मेरी मां हो? आप यहाँ कैसे पहुँचे?

– मैं हूँ। संरक्षक ने आपको ढूंढने में मदद की, आपके छोड़ने के बाद, मैं पहाड़ पर गया था क्योंकि मैं बहुत चिंतित था। इसलिए मुझे संरक्षक मिल गया और उसने मुझे निर्देशित किया।

– रुकिए। मुझे सबूत देखना है कि आप वास्तव में मेरी मां हैं मेरी पसंदीदा बिल्ली का नाम क्या था और किस उपनाम से मेरे भतीजे मुझे आवाज देते हैं?

– वह आसान है। आपकी पसंदीदा बिल्ली का नाम पेचो था और आपका उपनाम चाचा दिविना है।

जवाब ने मुझे शांत किया और मैंने उसे गले लगाया मुझे उस रेगिस्तान में किसी परिचित की वास्तव में आवश्यकता थी।

– आप यहां पर क्या कर रहे हैं?

– मैं तुम्हें इन सब को छोड़ने के लिए समझाने आई हूँ। आप इस रेगिस्तान में बड़े खतरे में हैं चलो चलते हैं। मुझे तुम्हें घर छोड़ने नहीं देना चाहिए था।

– मैं नहीं जा सकता। मुझे एक अभियान पूरा करना होगा मुझे "विरोधी ताकतों" को फिर से संगठित करने और क्रिस्टीन की सहायता करने की आवश्यकता है इसके अलावा, मुझे एक किताब में सब कुछ लिखना है ताकि मैं अपना साहित्यिक कैरियर शुरू कर सकूं।

– तुम्हारा यह अभियान एक पागलपन है। आप अंधेरे की शक्तियों को नहीं तोड़ सकते हैं और न ही आप एक पुस्तक प्रकाशित कर सकते हैं मुझे कितनी बार यह कहना है कि किताबों का लेखन आपको कोई परिणाम नहीं देने वाला हैं? आप गरीब और अज्ञात हैं कौन उन्हें खरीदेंगे? इसके अलावा, आपके पास प्रतिभा नहीं है

– आप पूरी तरह गलत हैं मैं "विरोधी ताकतों" का पुनर्मिलन करा सकता हूँ और मेरा सपना सच हो सकता है। मुझे विश्वास नहीं होता कि आप मेरी मां हैं, हालांकि उसने मुझे प्रोत्साहित नहीं किया। मुझे पता है कि उसमें उम्मीद की एक चमक है कि मैं वाकई एक लेखक बनूंगा मेरे पास प्रतिभा हैं नहीं तो, मैं गुफा में प्रवेश नहीं कर सकता था ताकि पहाड़ मुझे सिद्ध पुरुष में बदल सके।

तुरन्त, मेरी मां हल्के रंग की उपस्थिति और आग की आंखों के साथ एक आदमी बन गई मैं थोड़ा हैरान था, लेकिन मुझे संदेह था कि यह उसका नहीं था। उस आदमी ने मेरे चारों ओर घूमना शुरू दिया।

– दृष्टा, परमेश्वर का बेटा क्या आपने कभी सोचा है कि इन सभी नामों का क्या मतलब है? परोक्षदर्शन एक ऐसा उपहार है जो किसी व्यक्ति को भविष्य को समझने में मदद करता है या यह सटीक धारणा है कि कहीं और क्या हो रहा है। आपके पास ये क्षमता नहीं है। दरअसल, आपके पास क्या एक अविकसित श्रव्यता है एक शक्तिशाली मानसिक होने का दावा करना बड़ा दिखावा है। जैसा कि तथ्य है कि आप ईश्वर के पुत्र हैं, यह एक बड़ा मजाक है। क्या आप उस गलती को याद नहीं रखते हैं जो आपने किसी रेगिस्तानी क्षेत्र में की थी? क्या आपको लगता है कि परमेश्वर ने तुम्हें माफ कर दिया? फिर आपमें अपने आप को परमेश्वर के बेटे कहने की ताकत है? मेरे लिए, आप ईश्वर के बेटे से अधिक शैतान हैं। ये सही है। तुम मेरे जैसे शैतान हो!

– मैं एक शक्तिशाली मानसिकता वाला नहीं हो सकता, लेकिन मुझे सृष्टिकर्ता से संदेश मिलता है। वह मुझसे कहते हैं कि मेरे पास एक उज्ज्वल भविष्य होगा। मैं हर दिन अपने काम में, मेरे अध्ययन में और पुस्तकों में लिखता हूँ। मेरी गलतियों के लिए, मैं उन्हें जानता हूँ और मैंने माफी मांगी है। कौन गलती नहीं करता? मैंने एक नए आदमी बनने पर ध्यान केंद्रित किया है और मैं अपने सभी अतीत को भूल गया हूँ मुझे जो सन्देश प्राप्त होते हैं, वह यह हैं कि परमेश्वर मुझे

अपने बेटे को समझते हैं और मुझे दृढ़ विश्वास है। अन्यथा उसने मुझे कई बार बचाया नहीं होता।

आंसुओं से भरी आँखों के साथ, मैं ब्रह्मांड को देखता हूँ और मेरे अभियुक्त से मुँह फेर लेता हूँ। मैं बहुत अधिक रोता हूँ ।

– मैं शैतान नहीं हूँ! मैं एक इंसान हूँ जिसने एक दिन खोजा कि मेरे पास परमेश्वर का अनंत मूल्य है उन्होंने मुझे संकट से बचाया और मुझे रास्ता दिखाया। अब, मैं उनके साथ रहना चाहता हूँ और अपने आप को पूरा करना चाहता हूँ कि मुझे बाधाओं और कठिनाइयों को दूर करना पड़े। वे मुझे परिपक्व करेंगे और मैं एक बेहतर इंसान बन जाऊंगा। मैं खुश रहूंगा क्योंकि ब्रह्मांड उस के लिए तैयार है।

शैतान ने थोड़ा पीछे हटकर कहा:

– हम फिर मिलेंगे, अलडीवन "विरोधी ताकतों" के बीच युद्ध की अभी शुरुआत है। अंत में, मैं विजेता बनकर बाहर आऊंगा।

ऐसा कह कर वह चला गया था। उस क्षण के तत्काल बाद में, मैं फिर से भावविभोर हो गया। सेकंड के भीतर, मैं खुद को पिछले परिदृश्य में, चौपल के खंडहर के नीचे फिर से ढूंढता हूँ। आराम करने के लिए और मैं अपनी ताकत और आत्मा को ठीक करने के लिए मैं तुरंत होटल पर वापस लौट आया हूँ। पहली चुनौती पूरी हो चुकी थी, अब केवल दो शेष हैं।

अंधेरे के उपासक

अगले दिन, मैं उसी स्थान पर वापस जाता हूँ जहां मुझे पहले अनुभव पर ले जाया गया था। अचेतन, मुझे लगता है कि यह चुनौतियों का प्रवेश द्वार है। जब मैं खंडहर को देखता हूं, तो मुझे लगता है कि जगह का उजाड़ होने के कारण मेरा दिल टूट गया। एक दुष्ट और विकृत चुड़ैल द्वारा सच्चा रास्ता दबा दिया गया था। अब, मेरा काम "विरोधी ताकतों" को संतुलित करना था और उस स्थान पर शांति बहाल करना था। तैयार, मैं दिन से पहले और दोबारा पासवर्ड को दोहराता हूँ। मैं अपने आप को एक अजीब और अंधेरी जगह पर देखता हूँ जहां एक अनुष्ठान किया जा रहा है। इसमें लगभग दस लोग हैं, जिन्होंने गोले में बैठकर एक भाषा, जिसे मैं नहीं में, बड़बड़ा रहे थे। बीच में, एक आदमी बैठा है और दूसरे लोग उसके सिर पर असहनीय गंध वाला एक तरल डाल रहे हैं। एक पल के बाद, उसके सिर पर दो सींग उगते हैं और उसका चेहरा भयानक लग रहा है। वह मुझे देखता है और उठता है। एक तलवार उठाता है और मेरी ओर फेंकता है। मैं परेशान हूँ, क्योंकि मुझे हथियारों से निपटना नहीं आता था।

उसने मुझे लड़ने के लिए बुलाया और वार करना शुरू कर दिया। मैं उन्हें अपनी तलवार से अवरुद्ध करने की कोशिश करता हूँ और ऐसा करता हूं, लगभग चमत्कार से। वह हमला कर रहा है और मैं खुद का बचाव करता हूँ। मैं इसके बाद प्रतिक्रिया देने के लिए उनकी गतिविधियों को देखना शुरू करूँगा वह काफी तेज और कुशल है। धीरे-धीरे, मैं

वापस लड़ना शुरू कर देता हूँ। और वह आश्चर्यचकित दिखाई देता है मेरी चाल में से एक से उसे दर्द होता है लेकिन वह अभी भी अविनाशी दिखता है। इसलिए, मैं अपील करने का संकल्प करता हूँ मैं उससे संपर्क करता हूँ और उसके बिना देखे उस पर अंतिम हमले के लिए तैयार हूँ। तलवार मुझे उसे असंतुलित करने में मदद करती है और मुरझाई मुट्ठी के साथ मैंने उसे सब कुछ के साथ मारा। वह जमीन पर गिर जाता है, बेहोश हो गया। इसी समय, मैं चौपल के खंडहर में ले जाया जा रहा हूँ। दूसरी चुनौती पूरी हो चुकी थी।

कब्जे का अनुभव

तीसरे दिन अंत में मैं यहाँ था फिर मैं चौपल के खंडहरों में जाना चाहता हूँ। तीसरे अनुभव को चिह्नित किया गया था। और मैं अब किसी भी समय इंतजार नहीं कर सकता। क्या मुझे रोक रहा था? मैं वास्तव में नहीं जानता, लेकिन मैं सब कुछ के लिए भी तैयार था। संरक्षक, चुनौतियों और गुफा ने इसके लिए काफी योगदान दिया था अब मैं देख रहा था और अब डर नहीं सकता था। विश्वास और शांत मैं एक दिन पहले से पासवर्ड को दोहराता हूँ। एक ठंडी हवा मुझसे टकराती है, मेरे शरीर को हिलाती है और निरंतर आवाजें मुझे परेशान करने लगती हैं एक पल में, मेरी अंतरात्मा को मेरे मन तक पहुंचाया जाता है और वहाँ पहुंचने पर, मैं किसी की दरवाजे पर दस्तक सुनता हूँ। मैं इसका जवाब देने के लिए हल करता हूँ दरवाजा खोलने पर, एक हल्के रंग का आदमी, पतला, शहद के रंग की आँखों के साथ और उसके सिर पर कांटों का मुकुट है। अंदर आता है:-

- तुम कौन हो?

- मैं यीशु मसीह हूँ क्या तुम मेरे मुकुट को नहीं पहचानते हो? यह मेरे साथ था जब उन्होंने मेरे सिर को घायल किया।

- आप यहाँ मेरे मन में क्या कर रहे हो?

- मैं तुम्हारा कब्जा लेने आया हूँ यदि तुम सहमत हो, तो मैं तुम्हें सबसे शक्तिशाली और पुरुषों में सबसे प्रतिभाशाली बना दूंगा।

– मैं कैसे मान लूं कि आप वही हैं जो कह रहे हैं? मैं सबूत चाहता हूँ।

– वह आसान है। तुम छब्बीस साल के एक जवान आदमी हो, शांत, अच्छे और बहुत बुद्धिमान हो, आपका सपना एक लेखक बनना है और यही कारण है कि आपने एक पहाड़ की यात्रा की है, जो कि सभी का दावा है, पवित्र है। आप संरक्षक, युवा लड़की, भूत, लड़के से मिले, आपने चुनौतियों को हराया और दुनिया में सबसे खतरनाक गुफा में प्रवेश किया। जाल को धोखा देकर आप आगे बढ़ने के परिदृश्य में जीत गए। तो आपने आपके सपने को पूरा कर लिया और आप को द्रष्टा में बदल दिया गया। हालांकि, गुफा आपके आध्यात्मिक विकास में सिर्फ एक कदम था। अब, आपको मुझे पथ जारी रखने देने की आवश्यकता है।

– तो तुम वाकई यीशु मसीह हो हालांकि, मुझे नहीं पता कि क्या मैं अपने दिमाग में किसी को चाहता हूँ। एक आवाज के लिए हर समय मुझे मार्गदर्शन करने के लिए किसी का इस्तेमाल करना कठिन है। आप स्वर्ग से मेरी मदद नहीं कर सकते? यह मेरे लिए अधिक आरामदायक होगा।

अगर मैं यहाँ नहीं रहूंगा, तो आप विफल हो जाएंगे। जल्दी तय करो: क्या तुम एक पुरुष बनना चाहते हो या क्या तुम ईश्वर बनना चाहते हो? यदि आप दूसरा विकल्प चुनते हैं तो मैं आपको उड़ान भरने, पानी पर चलना और चमत्कार करना सिखा दूंगा।

– मैं इसमें विश्वास नहीं करता। फिर मुझे सबूत की आवश्यकता है

मैं अपने शरीर को एक बाढ़ के मैदान में बदल देता हूं, जहां नदी मिमोसो से गुजरती है मुझे मेरे साथ क्या हो रहा था, इसका वास्तविक प्रमाण चाहिए था। नदी पर पहुंचने पर मैं पानी पर अपना पहला कदम उठाने की कोशिश करता हूँ। इसे पार करने पर मुझे उसके धोखे का सबूत मिलता है। मुझे धोखा दिया जा रहा था।

– *राक्षस! तुम यीशु मसीह नहीं हैं! अब मेरे दिमाग से निकल जाओ, मैं तुम्हे आज्ञा देता हूं!*

आदमी एक सींग और एक लंबी पूंछ वाले प्राणी में बदल गया था। एक मजबूत हवा उस पर झुकने लगी और उसे मेरे दिमाग के प्रवेश द्वार के ठीक दाहिनी ओर धकेल दिया। वह बाहर निकलता है और दरवाजा बंद हो जाता है मेरा विवेक सामान्य होने लगता है और मुझे अच्छा लगता है। अनुभव ने मेरी ताकत को समाप्त कर दिया था और इसलिए मैं तुरंत तीसरी चुनौती के लिए होटल में लौटने का संकल्प करता हूँ अब मुझे केवल क्रिस्टीन को समझना था और अंतिम लड़ाई के लिए जाना था।

कारागार

होटल में पहुंचने पर, मुझे प्रतिनिधि पोम्पे और उसके अधीनस्थों की उपस्थिति से आश्चर्य हुआ।

– अच्छा, देखो कि कौन आया है, हम किसके लिए उम्मीद कर रहे थे। श्री द्रष्टा, महोदय आप, गिरफ्तार किए जाते हैं। (पोम्पे)

– क्यों? मेरा आरोप क्या है?

– उसे रानी क्लेमिल्डा के आदेश से कैद किया जा रहा है और वह पर्याप्त है।

जल्दी ही, अधीनस्थों ने मुझ को हथकड़ी डाल दी। क्रोध और आवेश का एक मिश्रण मेरे पूरे अस्तित्व को भरने लगा। अंधेरे का बल, अच्छाई की जीत को रोकने के लिए अपने आखिरी उपाय का उपयोग कर रहा था। जेल में मैं कुछ नहीं कर सकूँगा और इस तरह से मिमोसो खत्म हो जाएगा। "विरोधी ताकतों" और क्रिस्टीन का क्या होगा? इस सटीक क्षण में मैंने पहले ही सभी आशाएँ खो दी थी। उन्होंने मुझे चलने का आदेश दिया और यही है जो कि मैं कर सकता हूँ। स्टेशन के रास्ते में, मेरे जीवन में सहे गए सभी अन्यायों का सामना मैंने किया, वो मेरे दिमाग में आते हैं: एक खराब सुधार परीक्षण, एक अमानवीय सार्वजनिक परिचर्या, एक बुरी परीक्षा और अन्य लोगों से अनभिज्ञता। इन सभी परिस्थितियों में मुझे समान ही महसूस हुआ: कुचला हुआ। मैं अपना ध्यान प्रतिनिधि की ओर खींचता हूँ और मैं उससे पूछता हूँ कि क्या वह पछतावा नहीं करता है।

वह कहता है कि वह नहीं करता है, लेकिन अगर वह आदेश पूरा नहीं करेगा, तो वह निश्चित रूप से अपनी नौकरी खो देगा। मैं उसकी बात समझता हूँ और मेरे पास और कोई सवाल नहीं है। कुछ समय बाद, हम अपने गंतव्य पर पहुंचें। वे मेरे हाथों से हथकड़ी को हटा देते हैं और मुझे एक ऐसे जेल के एकांत कमरे में डालते हैं, जहां कुछ अन्य कैदी हैं। मैं पूरी तरह से बंदी बनकर मेरी पहली रात बिताता हूँ।

संवाद

कुछ समय में मुझे अन्य कैदियों के साथ अनुकूलित होने का एक रास्ता मिल गया। वे वहाँ कई कारणों से हैं: एक मुर्गियों की चोरी करने के लिए, दूसरा करों का भुगतान करने से इनकार करने के लिए और कुछ क्योंकि वे प्रमुख द्वारा नामांकित उम्मीदवार के लिए मतदान नहीं करते। उनमें से एक क्लाउडियो है। मैं उसके साथ बातचीत करना शुरू कर देता हूँ।

– क्या आप यहाँ लंबे समय से हैं?

– हाँ, एक लंबा समय। जब मेजर को पता चला कि मैं उनकी बेटी के साथ मेल मिलाप कर रहा था, तब से मैं यहां रहा हूँ और आप, आप जेल में क्यों हो?

– अच्छा, मुझे क्लेमिडा नामक एक महिला के साथ असहमति थी। उसने इस तरह यहाँ निरंकुश रूप से मुझे ताले में बंद करा दिया है। लेकिन मुझे अपने बारे में बताएं, आप इस लड़की को इतना ज्यादा पसंद करते हैं कि आपने मेजर का सामना करने का जोखिम उठाया?

– हाँ, मैं उससे प्यार करता हूँ। जब से मैं क्रिस्टीन से मिला, मैं एक नया आदमी बन गया हूँ। मैं वास्तव में महत्वपूर्ण चीजों की सराहना करने आया हूँ। मैंने अपनी बुरी आदतों और जंगली तरीकों को भी त्याग दिया। उसके बिना, मुझे नहीं पता कि मेरे जीवन का क्या होगा।

– मै समझता हूँ। जिस क्षण मैंने उससे मुलाकात की, मैंने सोचा कि वह वास्तव में विशेष थी। यह शर्म की बात है कि उसे ऐसी त्रासदी के माध्यम से गुजरना पड़ा।

– मैंने यहां जेल में त्रासदी के बारे में सुना। हालांकि, मैं यह मानने से इनकार करता हूँ कि जिस स्त्री को मैं प्यार करता हूँ, वह एक हत्यारिन है। उसका स्वभाव इस तथ्य के अनुरूप नहीं है।

– वह चुड़ैल क्लेमिल्डा का सिर्फ एक और शिकार थी। इस प्राणी ने "विरोधी ताकतों" को असंतुलित किया है और इस पूरे ब्रह्मांड को खतरे में डाल दिया है। इसलिए यह भाग्य के लिए छोड़ दिया गया था, मैं पवित्र पर्वत पर गया, जहां मैं असंरक्षक, युवा लड़की, भूत और लड़के से मिला। मैंने चुनौतियों को पूरा किया और मुझे निराशा की गुफा में प्रवेश करने का अधिकार प्राप्त कराया, गुफा जो आपके गहरे सपनों को अनुदान देती है। जाल को चकमा देने और आगे बढ़ने वाले परिदृश्यों को मैं अंत तक पहुंचाने में कामयाब रहा। फिर गुफा ने मुझे द्रष्टा में बदल दिया और मैंने एक चीख के बारे में सुना, जिसके बाद मैंने एक यात्रा की। यह चीख क्रिस्टीन की थी। वर्तमान दिन में पहुंचने पर मैं क्लीमिल्डा के सामने खड़ा था और उसने मुझे तीन चुनौतियां दी जो मैंने पूरी कीं। अब केवल एक चीज है जो करना है, वह अंतिम युद्ध तक पहुँचने के लिए अपने प्रिय जनों को मनाना है। हालांकि, मैं अब जेल में हूँ और इससे मुझे कोई कार्रवाई करने से रोकता है।

– क्या कहानी है! मैंने पहले ही गुफा और उसकी आश्चर्यजनक शक्तियों के बारे में सुना था, लेकिन कभी नहीं सोचा था कि कोई इसे दूर कर सकता है। आप सबसे पहले थे जिसे मैंने इसके बारे में बात सुना है। देखो, अगर आपको मेरी मदद की जरूरत है, तो मैं उपलब्ध हूँ।

– धन्यवाद। क्या यहां से पलायन का कोई तरीका है?

– माफी चाहता हूँ, लेकिन नहीं है। ये द्वार बहुत मजबूत हैं और इमारत के बाहर सभी पर नजर रखी जाती है।

क्लाउडियो के जवाब ने मुझे निराश किया। "विरोधी ताकतों," क्रिस्टीन और मिमोसो का क्या होगा? जेल में गुजरने वाला हर क्षण मेरे लिए बदतर हो रहा था। अब, एकमात्र काम करना था प्रार्थना करना और एक चमत्कार की प्रतीक्षा करना।

रेनाटो से मुलाकात

मैंने अभी जाग उठा हूँ और मुझे लग रहा है, जैसे कि सब कुछ गलत था, मुझे बिल्कुल भी अच्छा नहीं लगता। यह जगह मेरे लिए उपयुक्त नहीं थी, क्योंकि मैं उच्च नकारात्मक चार्ज से प्रभावित हुआ था। "विरोधी ताकतें" मेरे अंदर चिल्लाती थीं और पहले से ज्यादा सक्रिय थीं। थोड़ी देर बाद, रक्षक में से एक आता है और हमें सूर्य की रोशनी में बाहर जाने के लिए कक्ष खोलता है। मैं कतार में दाखिल हो रहा हूँ। हम थोड़ा आसपास चलते हैं और कम समय में हम कक्ष में वापस आ जाते हैं। लौटने पर, मुझे सूचित किया जाता है कि कोई व्यक्ति मुझे मिलने वाले क्षेत्र में इंतजार कर रहा है। एक रक्षक मेरे साथ आता है और मैं इस व्यक्ति से मिलने जाता हूँ। अतिथि कक्ष में प्रवेश करने पर, मैं आश्चर्यचकित हूँ।

– आप? आप यहाँ क्या कर रहे हो, लड़के?

– मैं आपकी मदद करने आया हूँ। अब मेरे लिए यह साबित करने का समय आ गया है कि मैं उपयोगी हूँ और आपका साथ देने के लिए मुझे संरक्षक को आपके साथ का भेजने का निर्णय सही था।

– मेरी मदद करोगे? कैसे?

– चिंता मत करो। मैंने पहले से ही सब कुछ योजना बनाई है। जब सब कुछ होता है, दोबारा नहीं सोचना, भाग जाना।

– आप क्या करना चाहते हो? क्या यह खतरनाक नहीं है?

– मैं कुछ नहीं कह सकता। बस करो, जो मैं कहता हूँ।

– धन्यवाद, लेकिन मेरे लिए इतना जोखिम नहीं उठाएं। आप केवल एक बच्चे हैं।

– मैं एक बच्चा हूँ, लेकिन मुझे पता है कि एक इंसान के दिल को कैसे अलग करना है। मुझे लगता है कि आप एक बहुत ही खास व्यक्ति हैं।

रेनाटो के शब्द मुझे छूते हैं और मैं उसे गले लगाता हूँ। यात्रा शुरू होने के बाद से वह पूरे समय मेरे साथ रहा है और इसने हमारे बीच स्नेह पैदा कर दिया है। मैं पहले से ही अपने आपको उसके पिता की तरह महसूस कर रहा था, लेकिन उस वक्त वह मुझे दिलासा देने और मुझे प्रोत्साहित करने वाला था। गले लगाने के बाद, वह अलविदा कहता है और मैं वापस कक्ष में जाता हूं, एक रक्षक के साथ। मुझे क्लाउडियो मिलता है और हम एक नई बातचीत शुरू करते हैं। रेनाटो के प्रस्थान के लगभग तीस मिनट बाद, मैं एक अजीब गंध सूंघता हूं, धुएं से बाड़े को ढँक दिया जाता है और सभी में तहलका मचना शुरू होता है, जिसमें मैं खुद भी शामिल हूँ। प्रतिनिधि को बुलाया जाता है और सभी कक्षों को खोलने का आदेश दिया जाता है। भ्रम में, मुझे रेनाटो की सलाह याद आती है और मैं बिना किसी के देखे पुलिस स्टेशन से बाहर निकलता हूँ क्योंकि धुआँ इतना घना है। बाहर निकलने पर, मैं रेनाटो को मिलता हूँ और हम एक साथ बचते हैं। हम होटल में वापस जाते हैं और कारमेन हमें एक विशेष कमरे में डालती है। यह एक भूमिगत प्रवेश द्वार था और वहाँ हम रहे थे। मैं अंतिम लड़ाई तक सुरक्षित रहूँगा।

क्रिस्टीन के साथ तीसरी मुलाकात

क्रिस्टीन ने आखिरकार निर्णय लिया और मेरे साथ फिर से मिलने के लिए तैयार हुई। उसने सुना है कि मुझे गिरफ्तार कर लिया गया था और इस तथ्य ने उसे फैसला लेने में मदद की। वह भी अपने पिता द्वारा किए गए अन्याय और बुराई की जादूगर क्लेमिल्डा द्वारा थकी हुई थी। एक निश्चित तरीके से, वह पहले से ही अपनी "विरोधी ताकतों" को नियंत्रित करती थी और यह उसके निर्णय में सर्वोपरि था। इसलिए उसने होटल के मालिक कारमेन को खोजने का फैसला किया। वह निश्चित थी कि कारमेन मेरे ठिकाने के बारे में कुछ जानती थी। वह होटल के प्रवेश द्वार पर अपने हाथों से ताली बजाती है और तुरंत उसकी सेवा में कोई उपस्थित होता है।

– क्या आप सुश्री कारमेन हैं? मुझे आपसे बात करने की जरूरत है महोदया।

– हाँ। अन्दर आइए.

क्रिस्टीन ने निमंत्रण का जवाब दिया और अंदर गई। कारमेन चाय और बिस्कुट लाने के लिए चली गई। वह एक मनोरम मुस्कान के साथ वापस आती है।

– मैं आपके लिए क्या कर सकती हूं, प्रिय? (कारमेन)

– मैं अलडीवन, दृष्टा से मिलना चाह रही हूँ। वह जेल में था, लेकिन आज मैंने सुना कि वह जेल से भाग गया। क्या आपको पता है कि वह कहाँ है? क्या यह महत्वपूर्ण है।

– मुझे पता नहीं है। चूंकि उसे गिरफ्तार किया गया था, इसलिए मैंने उसके साथ संपर्क बंद कर दिया।

– यह मुमकिन नहीं है। मुझे उसकी और मिमोसा दोनों की बहुत ज्यादा जरूरत है। तो क्या सब कुछ हमेशा की तरह ही रहेगा? हम कितनी देर तक क्लेमिल्डा की तानाशाही सहेंगे?

आंसू क्रिस्टीन का चेहरा भिगो देते हैं और वह निराशा में चली जाती है। उसकी प्रतिक्रिया कारमेन में परिवर्तन लाती है और वह उसे आराम करने के लिए कहती है।

– अगर उसके साथ यह बैठक बहुत महत्वपूर्ण है, तो मुझे लगता है कि मुझे एक रास्ता मिल सकता है।

कारमेन एक क्षण के लिए बैठक कक्ष से बाहर निकल जाती है और मुझे कमरे में बुलाती है। क्रिस्टीन की उपस्थिति के बारे में जानकर मैं खुश हो गया और उसे तुरंत देखने के लिए तुरंत जाता हूँ। मैं बैठक कक्ष की तरफ मुड़ता हूँ, जबकि रेनाटो कमरे में रहता है और कारमेन रात के खाने की तैयारी करने के लिए रसोई में जाती है। जब वह मुझे देख लेती है, तो क्रिस्टीन उठती है और भाग कर मुझे गले लगाती है। मैं स्नेह पर प्रतिदान करता हूँ। हम कमरे में एक तरफ बैठे थे।

– तो, आपने क्या फैसला किया है?

– आपने जो कुछ कहा, उसके बारे में मैंने बहुत सोचा है और मैं यह कहना चाहती हूँ कि मुझे इस पर विश्वास है। कान्वेंट में, उन्होंने मुझे सिखाया है कि एक ईमानदार व्यक्ति की पहचान कब होती है।

– विश्वास के अलावा, क्या आप अपना जीवन बदलना चाहती हैं?

– हाँ और मैं जो कुछ भी हुआ उसे भूलना चाहती हूँ। आप इस तथ्य के बारे में सही थे कि मैं त्रासदी की दोषी नहीं हूँ। यह एक शाप था कि जब उसने मेरे सिर को छुआ तो वो चुड़ैल मुझ पर हावी हो

गयी। मुझे अभी भी उम्मीद है कि वह पराजित होगी और मैंने पर्वत पर जो इच्छा रखी थी उसे प्रदान किया जाएगा।

– तो मैंने ऐसा कर दिखाया। आपने खुद को पाया है। अब आप दुखी नहीं रहोगी, ना ही निराश युवा लड़की। मैं तुम्हारे लिए खुश हूँ। अब मेरे पास अंतिम लड़ाई का अधिकार हो सकता है। "विरोधी ताकतों" की मुठभेड़ होने वाली है।

– युद्ध? आप यह क्या कह रहे हैं?

– यह सौदा है जिसे मैंने क्लेमिल्डा के साथ किया था। अगर मैंने तीन चुनौतियों को पूरा किया और आपको अपनी नियति खोजने के लिए आश्वस्त किया, तो मुझे इस लड़ाई का अधिकार होगा। यह "विरोधी ताकतों" को इकट्ठा करने और उन्हें एक बार फिर संतुलित करने का एकमात्र मौका है।

– मै समझती हूँ। क्या मैं आपकी मदद कर सकती हूँ? मेरी उत्परिवर्ती शक्तियां युद्ध में बहुत मददगार होगी।

– मुझे नहीं पता। यह बहुत खतरनाक है। अगर आपको चोट लगी, क्रिस्टीन, तो मैं खुद को माफ नहीं कर पाऊंगा।

मैं उसके प्रस्ताव के बारे में कुछ क्षणों के लिए सोचता हूँ। मुझे लग रहा है कि क्या वह वास्तव में युद्ध के मैदान पर जरूरी होगी। मुझे नहीं पता था कि यह किस तरह का युद्ध होगा।

– ठीक है, आप कर सकती हैं। हालांकि, आपको मेरे पीछे रहना होगा मैं अंधेरे की सेनाओं से आपकी रक्षा करूंगा। इस बीच, आप अपने उत्परिवर्ती शक्तियों के साथ पीछे के भाग को ढँक लेना।

– धन्यवाद। यह कब होगा?

– आने वाले कल। 7.00 पूर्वाह्न पर पूजाघर के खंडहर पर मुझे मिलो।

मैं वहाँ से जाता हूँ और उसे मेरे स्थान को गुप्त रखने के लिए कहता हूँ। वह इससे सहमत हैं और एक निश्चित पश्चाताप मुझे परेशान कर रहा

है कि मैंने एक युद्ध स्वीकार करने के लिए हाँ कहा, लेकिन अब बहुत देर हो चुकी है। अगला दिन मिमोसो के भाग्य के संबंध में अंतिम होगा और मैं एक ऐसी लड़ाई में भाग लूँगा जो पूरी तरह से मेरी जिंदगी और निश्चित रूप से ब्रह्मांड को भी बदल देगा।

दूत के लिए आमंत्रण

क्रिस्टीन और मैं निकटस्थ बिंदु पर समय पर पहुंचे। वह मुझसे पूछती है कि यह विशेष स्थान ही क्यों और मैं इसका जवाब देता हूँ कि यह मेरे अनुभवों का प्रवेश द्वार था। मैं उसे "विरोधी ताकतों" और वर्तमान असंतुलन के बारे में ब्योरे से समझाता हूँ। उसके बाद, मैं चुप्पी की मांग करता हूँ और दूत का आह्वान शुरू करना चाहता हूं, क्योंकि यह लड़ाई में बहुत मददगार होगा। "विरोधी ताकतों" के दृष्टिकोण के बीच इस युद्ध में, भौतिक और व्यर्थ प्राणी एक दूसरे का सामना करेंगे। हमारे समूह में केवल दो लोगों के होते हैं: मैं, द्रष्टा और क्रिस्टीन, जो एक उत्परिवर्ती है। हमें एक अमूर्त सुरक्षा देने के लिए एक उच्च शक्ति की आवश्यकता है, ताकि हम अपने परमेश्वर से इस खतरनाक लड़ाई में हमारे साथ देने के लिए और हमें बचाने के लिए दूत को भेज सकें। मिमोसो का भाग्य संतुलन में लटका हुआ है और अच्छाई की शक्ति को पूरा करना है।

मैं प्रार्थना को तीन बार दोहराता हूँ और आखिर में मुझे लगता है कि मेरा दिल अनियमित रूप से धड़कता है और मेरी छठी इंद्री पूरी तरह से तेज हो जाती है। एक पल के बाद, मेरे दरवाजे खुलते हैं और मेरे पास अन्य दुनिया के रहस्यों को खोलने की अनुमति है। मैं देख रहा हूँ, एक शाही महल के बड़े कमरे में, एक दरवाजा खोल दिया गया है और उस में सात स्वर्गदूतों को छोड़ दिया गया है, जो एक साथ ईश्वर का प्रतिनिधित्व करते हैं। उनमें से एक अपने हाथ में एक जाम लेता है, जिनकी सामग्री मेरी आग्रहपूर्ण प्रार्थना है। सात स्वर्गदूत सर्वशक्तिमान परमेश्वर के सिंहासन

पर पहुंचते हैं। जिनमें से एक के पास प्याला है, वह उसे परमेश्वर के दाहिनी ओर आग में फैला देता है। गड़गड़ाहट होती है और बदलती हुई आवाजें सुनाई देती हैं। दो संसारों के बीच का दरवाजा खोला गया है और यह प्याले के साथ दूत इसके माध्यम से चला जाता है। दरवाजा मुहरबंद और लौटाए जाने तक बंद किया गया है। उस पल में, मेरे दरवाजे बंद हैं और मैं सामान्य स्थिति में वापस आ जाता हूँ। चेतना को पुनः प्राप्त करने पर, मैं क्रिस्टीन को घुटना टेके हुए देखता हूँ और मेरे पास लम्बी और उज्ज्वल पंखों के साथ एक चमकदार परी है, जो पूरी जगह को रोशन कर रही है। उसके चेहरों पर राजाओं का राजा और परमेश्वरों का परमेश्वर लिखा गया है। उसके पैर के पंजे आग पर रखे हुए लगते हैं और उसका पतला शरीर किसी मूर्तिकला पर काबू पा लेने वाला लगता है। मैं उसकी सुंदरता को निहारते हुए कुछ पलों के लिए खड़ा रहता हूँ। यह "सोच की" ताकतों के माध्यम से मुझसे संपर्क करने का निर्णय करता है। यह मुझसे चुप रहने और क्रिस्टीन को उसके पैरों को बढ़ाने के लिए कहता है, क्योंकि उसके पास उसकी पूजा करने का कोई कारण नहीं था। मैं दूत की आज्ञा का पालन करता हूँ और पूछता हूँ कि क्या होने वाला है। यह मुझसे कहता है कि मुझे नहीं पता है, कि "विरोधी ताकतों" के बीच की बैठक अप्रत्याशित है। यह मुझे आश्वासन देता है कि हम इसके साथ सुरक्षित होंगे। नए सिरे से बलों और खगोलीय संरक्षण के साथ, मैं अपने पिछले अनुभव के एक ही सांकेतिक शब्द का प्रयास करने का संकल्प लेता हूँ। मेरी छाती में मौजूद सभी शक्तियों के साथ, मैं चिल्लाता हूँ:

– *हम तैयार हैं!*

जमीन हिलती है, आकाश अंधकारमय होता है, सितारे टूट कर बिखर जाते हैं और पूरे ब्रह्मांड क्षण की भावना महसूस करता है। आखिरी लड़ाई शुरू हो जाएगी और दोनों विश्व का भविष्य दांव पर होगा।

अंतिम लड़ाई

परिदृश्य अभी भी बदल रहा है। गृहतल गायब हो जाता है और स्वर्गदूत को हमें शक्तियां देनी होती हैं ताकि हम उड़ सकें। क्षितिज पर एक विभाजन रेखा बल क्षेत्र के एक प्रकार के रूप में प्रकट होती है जो हमें गुजरने से रोकती है। तब वह क्षण आता है, जिसमें सब कुछ शुरू होता है। एक विशाल अंधेरा, एक पिशाच और कुछ टोप लगाए हुए पुरुषों के साथ। दूसरी तरफ क्लीमिल्डा है, हर चीज को उसकी माचियावेलीय सुपर-शक्तियों के साथ नियंत्रित करती है। लड़ाई आखिरकार शुरू होती है दूत और राक्षस, क्रिस्टीन और पिशाच, और मैं और हुड वाले पुरुष अमूर्त प्राणियों के बीच लड़ाई केवल अकल्पनीय है। अविश्वसनीय गति और उनकी चोट के साथ दोनों कदम अत्यंत शक्तिशाली हैं। हर प्रभाव के साथ, दो दुनियां कांप उठती है। क्रिस्टीन और पिशाच के बीच संघर्ष भी समान रूप से संतुलित है। वह अपने हमलों से खुद को बचाने के लिए उसकी किरणों का उपयोग करती है। मैं भी कठिनाई का सामना कर रहा हूँ। ढके हुए पुरुष कुशल योद्धा हैं, उनका सामना करने के लिए मुझे अपने सभी भेदक शक्तियों का उपयोग करना चाहिए। "विरोधी ताकतों" के बीच युद्ध केवल शुरुआत थी और कठिनाइयां कई थीं।

लड़ाई जारी है और संघर्ष धीरे-धीरे बदलना शुरू हो जाता है। कुछ टोप वाले पुरुषों में थकावट के कारण गिरावट होती है और मुझे लगता है कि वे आजाद होते हैं। दूत और राक्षस और क्रिस्टीन और पिशाच के बीच की लड़ाई समान बनी रही। लेकिन मेरे दृष्टिकोण से अच्छाई जीत

रही थी। कुछ ही क्षणों में, मैं अपने कक्ष के विरोधियों को उखाड़ने में सफल रहा। फिर मैं थोड़ा आराम करता हूँ और दूसरे झगड़े का निरीक्षण करता हूँ। मैं उन सभी के लिए जीत की उम्मीद कर रहा हूँ। कलेमिल्डा अपनी जल्द ही हार मानती है और उसकी ताकत के साथ मरे हुए का आह्वान करती है। वे एक प्राचीन स्वदेशी कब्रिस्तान की कब्र छोड़ देते हैं और सभी लोग हैं जो एक तरह से या किसी अन्य तरीके से स्वयं को अपने सच्चे मार्गों से अलग करते हैं। वे युद्ध में मेरे नए विरोधी हैं। उनमें से, मैं स्वदेशीय कुआलूपू को पहचानता हूं, एक जादूगर जो लगभग क्षुकुरु राष्ट्र के विलुप्त होने का कारण बना। वह मेरा सबसे डरपोक विरोधी है, क्योंकि क्लीमेल्डा की तरह, वह अंधेरे बल पर हावी हैं। लड़ाई शुरू करने से पहले, मैं संरक्षक, चुनौतियों और गुफा की शिक्षाओं को याद करना शुरू कर रहा हूँ। इन सभी चरणों ने मेरे लिए अद्भुत आध्यात्मिक विकास के रूप में काम किया है। अब, मुझे लड़ाई में मेरे पक्ष में इसका उपयोग करना होगा। लड़ाई शुरू होती है और जीवित मृत मुझे एक बार में सभी पर हमला करने के उद्देश्य से संलग्न करने का प्रयास करते हैं। मैं जल्दी से इस घेराबंदी से छुटकारा पा रहा हूँ और हमला करता हूँ। मेरे हमले की ताकत के साथ, उनमें से कुछ चीर कर अलग हो जाते हैं। कुओलूप एक मौन प्रार्थना को दोहराता है और एक ही क्षण में, एक चमकीला वृत मुझे सुरक्षित करता है और मुझे स्थिर छोड़ देता है। मुझ पर हमला करने के लिए अन्य मृतक शक्तियाँ खड़ी हो जाती हैं। गुफा की स्मृति आगे आती है, जब मुझे मिरर के पूरे परिदृश्य का सामना करना पड़ता था। तीन प्रतिबिंब जीवन में आए और एक पन्द्रह वर्ष के युवक का प्रतिनिधित्व किया, जिसने अपने पिता, एक बच्चा और एक बूढ़े आदमी को खो दिया था। मैं इन सभी पहलुओं के खिलाफ गया और पाया कि इनमें से कोई भी वर्तमान में एक छब्बीस वर्ष का युवा, लेखक, गणित में अधिकार प्राप्त नहीं था। मुझे घेरने वाला वृत्त, सभी कमजोरियों का प्रतिनिधित्व करता है, गुफा में प्रवेश करते हुए, जिन्हें नियंत्रित करने में मैं कामयाब रहा। इस बारे में सोचकर मैंने अपनी शक्तियों पर ध्यान केंद्रित किया और एक आवेग के साथ, चक्र टूट गया। तब मैं मृतकों की एक बड़ी संख्या को बदल और नष्ट कर सकता था। कुओलोपू ने मेरी ताकत

को पहचानने से इनकार कर दिया और अंतिम झटके से मैं उस पर काबू पाने सक्षम था। इसे देखकर, क्लीमेलडा डर गई और अपनी नवीनतम रणनीति को स्पष्ट करना शुरू कर दिया।

जब क्लीमेल्डा तैयारी कर रही थी, तब मैंने देखा कि अच्छा के अन्य बल, विपरीत बल के खिलाफ पहले से ही फायदे में थे। इसने मुझे खुश और आरामप्रद कर दिया। मैं आराम करने और मेरी सांस को पकड़ने के लिए समय लेता हूँ। अंत में क्लीमेल्डा फैसला करती है। वह सीधे मेरे खिलाफ लड़ाई में शामिल होने के लिए आती है। अंधेरे बलों का उपयोग करते हुए, वह एक तलवार और ढाल के साथ खुद का शस्त्र तैयार करती है। दूत मेरी स्थिति को देखता है और उसकी ताकत से मुझे वही हथियार मिल जाता है। युद्ध शुरू होता है और मैं अपने प्रतिद्वंदी की चपलता के साथ चकित हूँ। वह कोई शौकिया नहीं थी मैं एक समय के लिए सभी मामलों में उसका निरीक्षण करने के लिए रक्षात्मक बना रहता हूँ। मेरा रवैया मुझे अपना संतुलन खोने पर मजबूर कर देता है और जादूगर मुझे चेहरे पर मारने में सक्षम थी। मैं अपनी योजनाओं को फिर से संगठित करने और फिर से हमला करने की कोशिश करता हूँ। मेरी जवाबी कार्यवाही को परिणाम मिलता है और मैं लड़ाई में वापस आ जाता हूँ। एक और लंघ के साथ, मैं उसे निशस्त्र करता हूँ और उसके पास कोई सुरक्षा नहीं बचती है। फिर स्थिति को आगे बढ़ाने के लिए मैं अपने कवच से छुटकारा पाता हूँ। मैं उसे पकड़ लेता हूँ और हम अपने बलों को मापते हैं। वह शैतान और मैं, यीशु मसीह और उनकी सूली का आह्वान करता हूँ। उसी पल में, वह पराजित हो जाती है। दानव और पिशाच गायब हो जाते हैं; सूर्य और जमीन दिखाई देते हैं। दूत पहले से अधिक चमकता है और मैं स्वर्ग से महान उत्सव का शोर सुना सकता हूँ। मैं "विरोधी ताकतों" की इकट्ठा करने में मदद कर रहा था और क्रिस्टीन को मदद कर रहा था। एक पल में, स्वर्गदूत अलविदा कहता है और गायब हो जाता है। समय के दौरान मेरी यात्रा सफल रही थी और जब भी ऐसा करना आवश्यक होगा ,मैं इसे दोहरा दूँगा।

मौजूदा संरचनाओं के संकुचन

क्लीमेल्डा के पतन के साथ, काले बादलों का भी नाश हो गया, उसके अनुयायी भाग गए और क्रिस्टीन के घाव भी भर गए। इसके साथ, मिमोसो सामान्य स्थिति में वापस आ गया और ईसाई धर्म ने अपनी जगह फिर से बनाई। जश्न मनाने के लिए, क्रिस्टीन ने निवासी संघ की इमारत में एक समारोह का आयोजन किया। मैं मुख्य अतिथि था। समारोह उन पत्रकारों से भरा हुआ था, जो सवाल पूछ रहे थे।

– क्या यह सच है, श्री द्रष्टा, आपने मिमोसो को एक दुष्ट जादूगर के पंजे से बचाया? ये कैसे हुआ?

– वैसे, मैं सिर्फ भाग्य का एक साधन था और साथ ही मेरी लड़ाई में साथी, क्रिस्टीन भी थी। "विरोधी ताकतें" असंतुलित थीं और मेरा मिशन फिर से दोबारा उन्हें संतुलित करना था।

– आप अब क्या करने जा रहे हैं, महोदय?

– अच्छा, मुझे नहीं पता। मुझे लगता है कि मुझे एक नये रोमांच का इंतजार करना होगा।

– क्या आप शादीशुदा हैं, श्रीमान? आपका पेशा क्या है?

– नहीं। मैं अपनी पढ़ाई को प्राथमिकता दे रहा हूँ। मेरे पेशे के बारे में, मैं एक प्रशासनिक सहायक हूँ। इसके अलावा, मैं गणित में लाइसेंस प्राप्त कर रहा हूँ और एक लेखक हूँ।

सवाल जारी हैं, लेकिन मैं पत्रकारों से दूर जा रहा हूँ। मैं क्रिस्टीन के साथ बात करने जा रहा हूँ और देखने कि वह कैसी है। वह कहती है कि वह त्रासदी भूल गई थी, लेकिन वह अभी भी क्लाउडियो के बारे में चिंतित हैं। उसे कुछ समय पहले गिरफ्तार किया गया था और उसका कोई समाचार नहीं मिला है। उसने अपने प्यार की पुष्टि की और कहा कि वह अविस्मरणीय है। मैं उसे दिलासा देता हूँ और उसे खुश करने की कोशिश करता हूँ। समारोह के दौरान, मैं उसे ताकत देने के लिए उसके पक्ष में रहता हूँ। जब यह समाप्त होता है, मैं उससे विदाई लेता हूँ और मैं होटल में वापस आता हूँ।

मेजर के साथ वार्तालाप

मिमोसो को छोड़ने से पहले, मैंने क्रिस्टीन के लिए एक अंतिम प्रयास करने का फैसला किया। उसके और क्लाउडियो के जैसा महान प्यार एक आखिरी मौके के बिना नहीं जा सकता था। इसलिए मैं मेजर के साथ अंतिम बातचीत के लिए भयभीत होकर मेजर के निवास के पास गया। घर के बगीचे में प्रवेश करने के बाद, मैंने खुद के आने की घोषणा की और उसके तुरंत बाद मैं उसके सामने था।

– श्रीमान मेजर, मैं आपकी सुंदर बेटी क्रिस्टीन के बारे में आपसे बात करने आया हूँ। मैं बस उसके साथ था और मुझे एहसास हुआ कि वह पीड़ित है। आप टैक्स कलेक्टर, क्लाउडियो को एक मौका क्यों नहीं देते? देखो, क्या आप नहीं देखते हैं कि उसके लिए सबसे उपयुक्त आदमी कौन है?

– परिवार के मामलों में खुद को शामिल न करें। मैंने अपनी बेटी के लिए मेरे दामाद के रूप में एक टैक्स कलेक्टर बनाने के लिए नहीं बढ़ाया।

– मैं अपने आप को शामिल कर रहा हूँ, क्योंकि मैं उसका दोस्त हूँ और उसकी खुशी मेरे लिए मायने रखती है। आपकी महिमा क्लाउडियो को अस्वीकार करती है, क्योंकि वह गरीब और सरल है। क्या आप मिमोसो में अपने गरीब बचपन को भूल गए हैं? आपकी महिमा भी सरल है। इंसान में क्या मायने रखता है उसके गुण, उसकी प्रतिभा और करिश्मा। हमारी सामाजिक स्थिति हमें परिभाषित नहीं करती है। हम सभी हमारे कर्मों से महान बनते हैं।

मेरे जवाब ने मेजर को कुछ हिला कर रख दिया और उसकी आंखों से आंसुओं का प्रवाह होने लगता है। वह उन्हें शर्म के साथ पोंछ देता है।

– आप यह कैसे जानते हो? मैंने किसी को अपने जीवन के इस अंधेरे भाग के बारे में कभी नहीं बताया।

– यदि इसे नहीं समझेंगे, भले ही मैंने इसे समझाया है। समस्या यह है कि आप क्रिस्टीन के साथ अनुचित हैं और उसे सच्चे प्यार से वंचित कर रहे हैं। क्या आप उस त्रासदी को देखते हैं, जो आपने अपने व्यवस्थित विवाह से उकसाई? यह व्यवस्था काम नहीं करती है।

मेजर कुछ क्षणों के लिए विचारशील था और कुछ देर बाद उत्तर देता है।

– ठीक है। मैं दोनों को मेल मिलाप करने की और फिर शादी करने की अनुमति देता हूं, लेकिन मैं उन्हें यहां नहीं देखना चाहता हूँ। मेरी बेटी, मेरे जीवन में लगातार एक निराशा की तरह रही है।

– और क्लाउडियो का क्या? क्या आप उसे छोड़ देंगे?

– हाँ, आज ही।

– मेजर, एक और बात। मैंने पत्रकार के रूप में अपनी नौकरी छोड़ना चाहता हूँ। मैं इन लोगों से अब आपके बारे में झूठ नहीं बोल सकता हूँ।

मेजर गुस्से में एंठने लगा था, लेकिन मैं पहले ही बाहर निकल चुका था। यहाँ से पर, मैं एक स्पष्ट विवेक का आनंद लेता हूं, क्योंकि मैंने अपनी भूमिका पूरी कर ली है। अब, जो भाग्य के लिए छोड़ा गया था, उन दोनों दिलों में शामिल होना था, जो वास्तव में एक दूसरे से प्यार करते थे।

विदाई

आखिर में, क्लाउडियो के मुक्त होने का पल आ गया। पुलिस सीमा के बाहर, वह अपने दोस्तों के लिए इंतजार कर रहा था और उत्तेजित क्रिस्टीन सभी इस अवसर के लिए उत्सुक और परेशान थे। स्टेशन के अंदर, क्लाउडियो ने पिछले जारी कागजात में हस्ताक्षर किया।

– मैंने सब कुछ समाप्त कर दिया है, प्रतिनिधि पोम्पे। क्या मैं अभी जा सकता हूं? यह, यहाँ अंदर बहुत दुख और पीड़ा का समय था। मुझे अच्छी तरह याद है जब उन्होंने मुझे यहाँ बंद कर दिया था और यह मेरे जीवन का सबसे खराब दिन था। (क्लाउडियो)

– आप अब जा सकते हैं। यदि आप लड़कियों के साथ छेड़खानी से दूर नहीं रख सकते हैं, तो आपको यहाँ से नहीं जाना चाहिए?

– मेरी गिरफ्तारी एक अत्याचार थी और आप जानते हैं, महोदय। क्या प्यार करना अपराध है? मैं अपने दिल को नियंत्रित नहीं करता।

– अच्छा, आपको चेतावनी दी गई है। सैनिक पैकसीटो बाहर निकलते हुए इस विषय पर बात करता है।

क्लाउडियो वापस निकलता है और सैनिक प्रतिनिधि के आदेश का पालन करता है। बाहर निकलने पर, क्लाउडियो थोड़ा पीछे की तरफ देख रहा था, जैसे कि वह जेल में बिताए गए क्षणों को अलविदा कह रहा था। उसके बाद, उसने आकाश को देखा जैसे कि पूरे ब्रह्मांड को ध्यान में रखना चाहता है। वह स्वतंत्र और खुश महसूस करता है, क्योंकि वह

अपने जीवन का पुनरुत्थान करेगा। बाद के क्षणों में, वह अपने दोस्तों को गले लगा रहा था और क्रिस्टीन ने अपनी बारी का इंतजार किया। दोनों ने एक दूसरे को गले लगाया और उन्होंने लंबा चुंबन किया।

– मेरे प्यार! तुम आजाद हो! अब हम खुश हो सकते हैं, क्योंकि मेरे पिता ने हमारे रिश्ते की अनुमति दी है। पर्वत वास्तव में पवित्र है, क्योंकि इसने हमारे अनुरोध का उत्तर दिया है। (क्रिस्टीन)

– क्या ये सच है? मैं यह विश्वास नहीं करता! क्या इसका मतलब है कि हम एक साथ हो सकते हैं और हमारे बच्चे भी हो सकते हैं? धन्य है पर्वत, मुझे इस चमत्कार की उम्मीद नहीं थी।

दोनों ने पुण्यस्मरण किया और इस दौरान मैं पहुँच गया। हम अपने प्रस्थान के समय तक पहुंच रहे थे।

– आपको एक साथ और खुश देखकर शानदार लगता है। मुझे लगता है कि मैं अब वापस लौट सकता हूं, बाकी के आश्वासन के साथ, मेरे वास्तविक समय में वापस जा सकता हूँ।

– क्या आपको वास्तव में जाना है? अफसोस की बात है! देखें कि हमने अपने प्रयासों और दृढ़ संकल्प की प्रशंसा करना कैसे सीखा है। मैं कभी नहीं भूल सकता कि आपने मेरे लिए और क्लाउडियो के लिए क्या किया है, धन्यवाद!

– मुझे भी आपकी याद आयगी। जेल में, जहां हम एक साथ रखे गए थे, मुझे आपको थोड़ा सा जानने का मौका मिल गया और मुझे लगता है कि आप जीवन और ब्रह्मांड में एक अवसर के लायक हैं। सौभाग्य! (क्लाउडियो)

– जाने से पहले, मैं एक आखिरी चीज, क्रिस्टीन से पूछना चाहता हूँ क्या मैं आपकी कहानी के साथ एक पुस्तक प्रकाशित कर सकता हूं?

– हाँ, एक शर्त के साथ। मैं इसका शीर्षक देना चाहती हूँ।

– ठीक है। यह क्या है?

इसे "विरोधी ताकतों" कहा जाएगा।

मैं क्रिस्टीन के संकेत को स्वीकार करता हूँ और उन्हें एक आखिरी आलिंगन देता हूँ। वे सभी मेरी कहानी का एक हिस्सा थे। मेरी आँखों में आँसू के साथ, मैं वापस दूर और होटल के लिए खुद को निर्देशित करता हूँ। मैं अपने सूटकेस बांधता हूँ और निकलूँगा। रास्ते में, मुझे ग्राम्य जगह में बिताया हर पल याद आता है। जिस चीज के माध्यम से मैं गया था, उसने मेरे आध्यात्मिक और नैतिक गठन में योगदान दिया था। अब, मैं नए रोमांच और दृष्टिकोण के लिए तैयार था। धीमे चरणों के साथ, मैं होटल से संपर्क करता हूँ। मैं कहता हूँ कि पिछली बार मेरे आस-पास की हर चीज के लिए विदाई देता हूँ और मैंने निष्कर्ष निकाला कि मैं उन्हें पूरी तरह से इसे नहीं भूलूंगा। समय के दौरान मेरी पहली यात्रा से यादों के रूप में वे मेरे दिमाग में हमेशा के लिए उभरे रहेंगे, एक यात्रा जिसने मिमोसो नामक छोटे गांव के इतिहास को बदल दिया। इसके बारे में सोचकर, मैं खुशी और परिपूर्णता महसूस करता हूँ। कुछ ही क्षण बाद में, मैं होटल में आता हूँ और मैं अपने कमरे में जाता हूँ। रेनाटो सो रहा है और मैं उसे जगा रहा हूँ। हम अपने सूटकेस बांधते हैं और कारमेन को अलविदा कहने के लिए रसोई में जाते हैं।

– सुश्री कारमेन, हम जा रहे हैं। मैं यह कहना चाहता हूँ कि मेरी मदद के लिए और त्रासदी के ब्योरे जानने के लिए, आपकी सहायता बहुत महत्वपूर्ण थी। इसके अतिरिक्त, मैं आपको हमारे आतिथ्य और धैर्य के लिए धन्यवाद देना चाहता हूँ।

– यह मैं हूँ जिसे आप सभी के लिए धन्यवाद करना चाहिए, जो आपने मिमोसो के लिए किया है। हम एक तानाशाही के अधीन रहते थे और आपने हमें मुक्त कर दिया है। मुझे आशा है कि आपके सभी सपने सच होंगे।

– धन्यवाद। रेनाटो, सुश्री कारमेन को अलविदा कहो।

– मैं यह कहना चाहता हूँ कि आप इस समय मेरी मां की तरह हैं। मुझे भोजन और आपकी सलाह पसंद है।

हम तीनों आपस में गले लगते हैं और उन क्षणों की भावना से मेरी आँखों से आँसू बह निकले। जो तीस दिनों के दौरान हम रहते थे, उसका अंत होने जा रहा था। वह हमेशा के लिए मेरे जीवन में विशेष होगा। जब आलिंगन समाप्त हो गया, हम दरवाजे पर चले गए और एक अंतिम अलविदा किया। वहाँ से निकलने पर, हम एक ही बिंदु के लिए प्रस्थान करेंगे। जहां हमने यात्रा को समय पर पूरा किया था।

वापसी

होटल के बाहर से, इन तीस दिनों के दौरान जो मेरा घर बन गया था उसे एक आखिरी बार देखा। वहां मेरा पहला दर्शन था, जिसने मुझे पूरी कहानी दिखाई। यह द्रष्टा के स्वप्न की प्राप्ति थी, एक सर्वज्ञ, अपने दर्शन के माध्यम से। तथ्यों के साथ, मैं घटनाओं के समय सारिणी में प्रवेश करने और कार्य करने में सक्षम था, ताकि अन्याय को पूर्ववत कर दिया गया। यह मुझे एक स्पष्ट, सुखी विवेक के साथ छोड़ रहा था क्योंकि मैंने उस मिशन को पूरा किया था, जो संरक्षक ने मुझे सौंपा था। मैं "विरोधी ताकतों" के पुनर्मिलन में कामयाब रहा और क्रिस्टीन को सच्ची खुशी पाने में मदद मिली। नतीजतन, मिमोसो में ईसाई धर्म लौट आया और इसके कई विश्वासयोग्य निर्माता, स्तुति और प्रजापति को बड़ा कर सकते थे। मेरी इच्छा थी कि मैं इस सब काम का आनंद लेने के लिए थोड़ा और समय ले सकता था। ठीक है, मैं आत्मा में देख रहा हूँ। एक नजर से, मैं रेनाटो को देखता हूँ और यह महसूस करता हूँ कि वह मेरे मिशन में महत्वपूर्ण क्यों था। उसके बिना, क्रिस्टीन के साथ मेरा संपर्क पर्याप्त रूप से नहीं हो पाता और न ही मैं जेल से बच पाता। उसे इस यात्रा पर लेना वास्तव में सार्थक था।

हम चलना प्रारम्भ करते हैं और जल्दी से ओरोरुबा पर्वत पहुंचते हैं, यह पर्वत जो सभी के द्वारा पवित्र माना जाता है। यह वहां था जहां कि मैं संरक्षक, भूत, युवा महिला और बच्चे से मिला, मैंने चुनौतियों का सामना किया और मैं दुनिया की सबसे खतरनाक गुफा में प्रवेश किया। गुफा

के अंदर, जाल और आगे बढ़ने वाले परिदृश्यों को मैंने अपने सपने को पूरा करने में कामयाब किया और यह मुझे दृष्टा में बदल दिया। यह सब बहुत महत्वपूर्ण था, इसलिए मैं समय-समय पर यात्रा कर सकता हूँ और घटनाओं की रेखा को बदल सकता हूँ। अब मैं वहां गया था, पहाड़ के पैरों में, परिपूर्ण और पहले से ही अगले साहसिक कार्य के बारे में सोच रहा था। मैंने इस पर इतना ध्यान केंद्रित किया था कि मुझे नहीं पता था कि एक छोटे से हाथ मुझे खींच रहा था। मैं देख रहा था कि क्या चल रहा था। यह रेनाटो था।

- मेरा अब क्या होगा, श्री दृष्टा?

- अच्छा, मैं आपको संरक्षक को वापस करूँगा। जो आपके लिए परवाह करती है, है ना?

- वादा करें कि आप मुझे अपनी अगली यात्रा पर ले जाएंगे। मुझे तीस दिन मीमोसो गांव में रहना पसंद था। पहली बार, मुझे उपयोगी और महत्वपूर्ण महसूस हुआ।

- मुझे नहीं पता। अगर यह सख्ती से जरूरी होगा तब देख लेंगे।

मेरा जवाब रेनेटो को बिल्कुल खुश नहीं कर पाया है, लेकिन मुझे कोई दिक्कत नहीं है। मैं मानसिक होने के बावजूद भविष्य के बारे में कुछ भी गारंटी नहीं दे सकता। इसके अलावा, मैं भविष्यवाणी नहीं कर सका कि मेरी उस पुस्तक के साथ क्या होगा, जो मैं प्रकाशित करूंगा। उस पर मेरा नया रोमांच निर्भर था। मैं किताब के मुद्दे के बारे में थोड़ा भूल जाता हूँ और मैं आसपास के प्रकृति में ध्यान केंद्रित करता हूँ: भूरे बादल, शुद्ध हवा, विपुल वनस्पति और गर्म धूप सात दिन जो मैंने पहाड़ की चोटी पर बिताया था, उसने मुझे यह पूरी तरह से सम्मान करने के लिए सिखाया था। जब हम ऐसा नहीं करते हैं, तो यह नकारात्मक रूप से प्रतिक्रिया करता है। उदाहरण कुछ नहीं हैं: प्राकृतिक आपदाएं, ग्लोबल वार्मिंग और प्राकृतिक संसाधनों की कमी। अंत निकट है अगर हम इस स्थिति में अमान्य रहते हैं। समय बीत चुका है और हम पर्वत पर पूरी तरह से चढ़ते हैं। हम उस बिंदु पर वापस जाते हैं, जहां हमने समय की

यात्रा की थी और मैं ध्यान केंद्रित करना शुरू कर रहा हूँ। मैं अपने चारों ओर प्रकाश का एक चक्र बना देता हूँ और हम धीमा करना शुरू करते हैं। समय पर आगे बढ़ने के लिए पहले जो कुछ किया गया था उसके विपरीत करना आवश्यक था। एक ठंडी हवा की टक्कर, मेरे दिल की गति बढ़ाती है, गुरुत्वाकर्षण बल ताकत खो देते हैं और इसके साथ हम वापसी की यात्रा शुरू कर सकते हैं। प्रकाश वर्ष बढ़ता है और साल बीतते हैं: १९ १०, १९ २०, १९ ३०, १९ ४०, १९ ५०, १९ ६०। । । । । । । । २०१०. जब हम उस बिंदु पर ठीक मिल गए, तो वृत को पूर्ववत कर दिया गया और हम फर्श पर आ गए। उठने पर, मैं संरक्षक को देखता हूँ और इससे मुझे खुशी होती है।

– इसलिए, मुझे लगता है कि आप पहले से ही वापस आए हैं। आप "विरोधी ताकतों" के पुनर्मिलन में कामयाब रहे और लड़की, परमेश्वर के बच्चे की मदद की?

– हाँ। यह यात्रा एक सफलता थी और मैंने चीजों के अर्थ को पुन: व्यवस्थित करने में कामयाब रहा। मेरे लिए सफल होने के लिए गुफा बहुत महत्वपूर्ण थी।

– तुम्हारी राह पर सिर्फ एक कदम पर गुफा होगी। तुम्हे विकास और शिक्षा के लिए समर्थन के रूप में सेवा करनी चाहिए। देखने वालों को अभी भी कई चुनौतियों का सामना करना पड़ता है। अपने निर्णय में बुद्धिमान और विवेकपूर्ण रहें।

– अच्छा, मैं आपको रेनाटो लौटा रहा हूँ। आप उसे मेरे साथ भेजने को लेकर सही थे। वह महत्वपूर्ण था इसके अलावा, मैं आपको सभी ध्यान और समर्पण के लिए धन्यवाद देना चाहता हूँ जो आपने मुझे दिया था। आपकी शिक्षाओं के बिना, मैं गुफा को नहीं हराता और न ही दृष्टा हो पाता।

– अभी मुझे धन्यवाद मत करो। जब भी आवश्यक हो, आपको इस पवित्र स्थान पर वापस जाना होगा। तब मैं आपको दिखाई दूँगी और आपको पथ दिखाती रहूँगी। कुछ भी करने से पहले, याद रखें: प्रेम

और विश्वास दो शक्तिशाली ताकत हैं, जब सही ढंग से इस्तेमाल किये जाते है, तो चमत्कार होता है। संदेह में या आपकी आत्मा के अंधेरी रात के दौरान, अपने आपको परमेश्वर की शरण में ले जाओ और इन दो ताकतों के साथ जुड़ जाओ। वे आपको मुक्त करेंगे।

यह कहने के बाद, रेनाटो के साथ संरक्षक गायब हो गई। मैं कुछ पलों के बारे में सोच रहा था कि संरक्षक क्या कहती है। मेरी आत्मा की अंधेरी रात है? मुझे लगता है कि मुझे इसके बारे में और जानना चाहिए। मैंने अपने सूटकेस पकड़े और मैंने पहाड़ पर चढ़ना शुरू कर दिया। मुझे घर वापस जाने के लिए पहली कार को पकड़ना होगा।

घर पर

मैं अभी अपनी यात्रा से लौटा हूँ और मेरे रिश्तेदार मेरे लिए एक समारोह आयोजित करते हैं। मेरी माँ चिंतित है, क्योंकि वह मुझे सवाल पूछने में निडर है। मैं कुछ जवाब देता हूँ और वह शांत हो जाती है। मैं अपने सूटकेस को रखने के लिए अपने कमरे में जाता हूं, फिर से मैं हाल के वर्षों में जो काम पढ़ चुका हूं, मैं उस पर गौर करता हूँ और मुझे लगता है कि जल्द ही मेरा आनंद बढ़ता ही जा सकता है। अब मैं साहित्य का हिस्सा हूँ और इसके बारे में बहुत गर्व महसूस कर रहा हूँ। मेरा ध्यान विचलित होता है और मुझे लगता है कि मेरा बिस्तर गणित की किताबों से भरा है। मैंने एक महीने में थोड़ी देर के लिए उन्हें छोड़ दिया ऐसा करने के लिए मैं खुद को दोषी महसूस करता हूँ। मैं उनके माध्यम से पन्ने पलटना शुरू करता हूं, कुछ गणना कर रहा हूँ। अंत में, मैं गणित करने के लिए वापस आ रहा हूं, मेरे जीवन का दूसरा जुनून।

उपसंहार

मिमोसो को छोड़ने के बाद, बहुत सी चीजें हुई। क्रिस्टीन और क्लाउडियो ने शादी की और सात सुंदर बच्चों के माता-पिता बन गए। सेंट सेबेस्टियन के छोटे चौपल का पुनर्निर्माण किया गया था और गवर्नर ने मेजर के प्रति अपना वादा पूरा किया। और उसे पस्केरा के मेयर के लिए समर्थन दिया। वह चुने गए और वर्चस्व और सत्तावादीवाद के अपने इतिहास को जारी रखा। हाल के दिनों में, राजमार्ग बीआर -२३२ का निर्माण किया गया था और वह सेवाओं और व्यापार हस्तानांतरण को आरकेवरदे (जब यह किताब गई थी उस समय यह रियो ब्रैंको गांव था) लाने में मददगार साबित हुआ था। फिर रेलगाड़ी के क्रमिक रूप से छूटने के बाद और मिमोसो एक घोस्ट शहर बन गया।

वर्तमान में, मिमोसो में तीन हजार निवासियों और जिले की अर्थव्यवस्था पड़ोसी शहरों, पेसकुएइरा और अरकोर्डे से जुड़ी हुई है। असल में, यह अपने सेवानिवृत्त लोगों द्वारा प्राप्त उत्पादन और पशु-प्रजनन वेतन के चारों ओर घूमता है। मिमोसो के मुख्य आकर्षण पॉसिइडोनियो टेनोरियो डे ब्रिटो नींव जाना है। जो सेवानिवृत्त न्यायाधीश अलुइज टेनोरियो डे ब्रिटो के माध्यम से शिक्षा और संस्कृति के अवसर प्रदान करता है। उन्होंने एक मूल्यवान पुस्तकालय स्थापित किया, एक सूचनात्मक शिक्षा पाठ्यक्रम शुरू किया और एक वीडियो पुस्तकालय भी शुरू किया। मैं युवा लोगों में से एक हूँ जो इस पहल से लाभान्वित हुआ और आज मैं एक लेखक हूं, “विरोधी ताकतों” का लेखक।